行政办公
规范化管理制度与
表格范例

冯宝珠 ◎ 主编

扫一扫，获取
本书规范表格

中国纺织出版社有限公司

内 容 提 要

本书以制度、表格及公文写作为主要内容，涵盖行政组织结构设计、行政日常工作规范、行政办公人员管理、日常行政办公管理、公司后勤保障管理等方面。本书力求将行政办公管理的实用性、全面性和可操作性融为一体，提供全方位的行政办公管理工作指导与参考范例。

本书可以作为行政管理、后勤管理、文秘工作的参照范本，也可供高等院校相关专业师生阅读和参考。

图书在版编目（CIP）数据

行政办公规范化管理制度与表格范例 / 冯宝珠主编. -- 北京：中国纺织出版社有限公司，2022.6
ISBN 978-7-5180-9594-0

Ⅰ. ①行… Ⅱ. ①冯… Ⅲ. ①企业管理制度—行政管理—规范化 Ⅳ. ①F272.9-65

中国版本图书馆CIP数据核字（2022）第095984号

责任编辑：段子君　　责任校对：高　涵　　责任印制：储志伟

中国纺织出版社有限公司出版发行
地址：北京市朝阳区百子湾东里A407号楼　邮政编码：100124
销售电话：010—67004422　传真：010—87155801
http://www.c-textilep.com
中国纺织出版社天猫旗舰店
官方微博 http://weibo.com/2119887771
天津千鹤文化传播有限公司印刷　各地新华书店经销
2022年6月第1版第1次印刷
开本：710×1000　1/16　印张：22.25
字数：389千字　定价：68.00元

凡购本书，如有缺页、倒页、脱页，由本社图书营销中心调换

前言
Preface

  企业行政管理是企业的中枢神经系统。它不仅仅是企业的办公管理工作，而且是协调领导和各部门、众员工之间的重要桥梁，涉及公司的每个人。建立规范化、科学化、标准化的管理模式，树立全新的企业发展理念，建立高效的行政办公管理体系，才能最大限度地发挥企业人力、物力和财力优势，使企业在日益激烈的市场竞争中立于不败之地。

  科学的管理制度必须匹配相应的管理表格，才能相得益彰。行政办公管理表格是行政办公管理制度的进一步落实和执行体现，只有配备相关管理表格，管理制度才能在管理体系中得到有效、具体的实施和执行。

  为了帮助企业建设完善的行政办公管理体系，我们组织编写了本书。本书以满足企业在行政办公制度建设和实际执行的切实需求为目标，力求为读者提供全方位的行政办公管理工作指导和参考依据。

  本书本着"一看就会、拿来即用"的思路，内容精炼，简单扼要，主要针对企业管理者和相关工作人员在行政办公管理中所必需的、常用的制度、表格编写，力求将行政办公管理的实用性、全面性和可操作性融为一体，为读者提供全方位的行政办公管理工作指导与参考范例。另外，为了更好地帮助读者进行制度建设，本书设置了"小贴士"，主要讲解制度设计上的难点、突出问题及注意事项等。

  本书中的管理制度和实用表格具有极强的实操性和可借鉴性，读者只需根据企业自身的实际情况，对本书所提供的管理制度、实用表格稍加完善或修改即可使用。希望通过本书，可以让读者大大提升工作效率和执行效果，让公司的管理工作更上一层楼。

  由于编者水平有限，加之时间仓促、参考资料有限，书中难免有一些不当之处，恳请广大读者批评指正。

编者
2021 年 12 月

目 录
Contents

第一章 行政组织结构设计

第一节 行政组织结构类型选择 …………………………………… 2
　　一、职能型行政组织 …………………………………………… 2
　　二、综合型行政组织 …………………………………………… 3
　　三、混合型行政组织 …………………………………………… 4
第二节 行政组织结构设计程序 …………………………………… 4
　　一、确定进行组织设计的基本思路 …………………………… 5
　　二、进行职能分析和职能设计 ………………………………… 5
　　三、进行业务流程设计 ………………………………………… 6
　　四、按照优化原则设计岗位 …………………………………… 6
　　五、将各岗位纵横联系形成一个整体 ………………………… 6
　　六、岗位人员的定质与定量 …………………………………… 7
　　七、确定岗位形成的各级组织结构 …………………………… 7
　　八、组织设计的反馈和修正 …………………………………… 7
第三节 企业行政组织结构设计模板 ……………………………… 9
　　一、大中型企业行政组织结构 ………………………………… 9
　　二、中小型企业行政组织结构 ………………………………… 10
　　三、小型企业行政组织结构 …………………………………… 10
第四节 行政组织结构设计工作细则 ……………………………… 11
　　一、行政组织结构设计的原则 ………………………………… 12

二、行政组织结构设计的基本要素 …………………………………… 14
三、行政组织结构设计的基本内容 …………………………………… 15

第二章　行政日常工作规范

第一节　行政协调工作规范 …………………………………… 18
一、行政协调工作内容 …………………………………………… 18
二、行政协调工作程序 …………………………………………… 19

第二节　行政沟通工作规范 …………………………………… 20
一、行政沟通的层次 ……………………………………………… 21
二、行政沟通的阶段 ……………………………………………… 22

第三节　行政经费管理工作规范 ……………………………… 23
一、行政经费管理制度 …………………………………………… 24
二、行政经费管理实用表格 ……………………………………… 29

第三章　行政办公人员管理

第一节　人事行政管理 ………………………………………… 34
一、人事行政管理制度 …………………………………………… 34
二、人事行政管理实用表格 ……………………………………… 59

第二节　员工行为规范管理 …………………………………… 74
一、员工行为规范管理制度 ……………………………………… 74
二、员工行为规范管理实用表格 ………………………………… 85

第三节　员工考勤管理 ………………………………………… 88
一、员工考勤管理制度 …………………………………………… 89
二、员工考勤管理实用表格 ……………………………………… 102

第四节　员工值班管理 ………………………………………… 107
一、员工值班管理制度 …………………………………………… 107

二、员工值班管理实用表格 ················· 114
第五节　员工差旅管理 ····················· 117
　　一、员工差旅管理制度 ··················· 117
　　二、员工差旅管理实用表格 ················· 122

第四章　日常行政办公管理

第一节　行政办公室事务管理 ··················· 130
　　一、行政办公室事务管理制度 ················ 130
　　二、行政办公室事务管理实用表格 ·············· 137
第二节　行政文书档案管理 ···················· 145
　　一、行政文书档案管理制度 ················· 146
　　二、行政文书档案管理实用表格 ··············· 160
第三节　印信管理 ························ 172
　　一、印信管理制度 ····················· 172
　　二、印信管理实用表格 ··················· 181
第四节　会议管理 ························ 192
　　一、会议管理制度 ····················· 192
　　二、会议管理实用表格 ··················· 201
第五节　计算机网络信息管理 ··················· 210
　　一、计算机网络信息管理制度 ················ 210
　　二、计算机网络信息管理实用表格 ·············· 216
第六节　公共关系管理 ····················· 218
　　一、公共关系管理制度 ··················· 218
　　二、公共关系管理实用表格 ················· 227
第七节　机要保密管理 ····················· 234
　　一、机要保密管理制度 ··················· 234
　　二、机要保密管理实用表格 ················· 246

第五章　公司后勤保障管理

第一节　员工食宿管理 …… 250
　　一、员工食宿管理制度 …… 251
　　二、员工食宿管理实用表格 …… 257

第二节　环境卫生管理 …… 261
　　一、环境卫生管理制度 …… 261
　　二、环境卫生管理实用表格 …… 265

第三节　车辆管理 …… 269
　　一、车辆管理制度 …… 270
　　二、车辆管理实用表格 …… 275

第四节　物资财产管理 …… 282
　　一、物资财产管理制度 …… 282
　　二、物资财产管理实用表格 …… 286

第五节　治安与消防安全管理 …… 289
　　一、治安与消防安全管理制度 …… 289
　　二、治安与消防安全管理实用表格 …… 298

第六章　行政公文写作

第一节　行政公文处理规范 …… 304
　　一、公文种类 …… 304
　　二、公文文体与结构常识 …… 305
　　三、公文格式 …… 306
　　四、行文规则 …… 307
　　五、公文语言运用 …… 308
　　六、发文办理 …… 309

七、收文办理…… 311
　　八、公文归档…… 312
　　九、公文管理…… 313
　第二节　常用行政公文及事务文书写作…… 313
　　一、通知…… 314
　　二、通报…… 318
　　三、请示…… 321
　　四、批复…… 324
　　五、报告…… 325
　　六、函…… 328
　　七、会议纪要…… 332
　　八、计划…… 335
　　九、总结…… 337
　　十、调查报告…… 340
　　十一、简报…… 342

参考文献…… 345

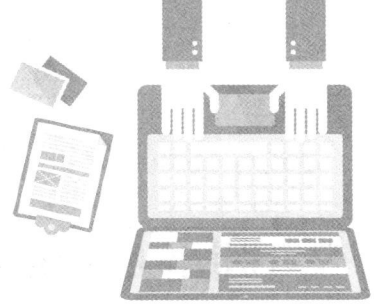

第一章
行政组织结构设计

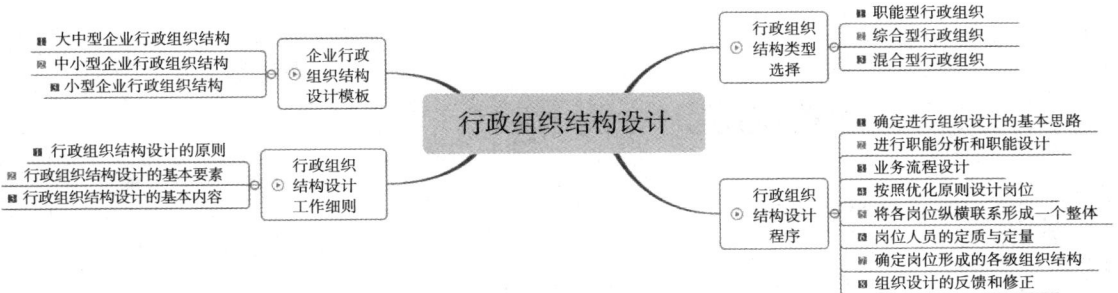

第一节　行政组织结构类型选择

　　行政组织结构是指构成行政组织各要素的配合方式，包括行政组织各成员、单位、部门和层级之间的分工协作。

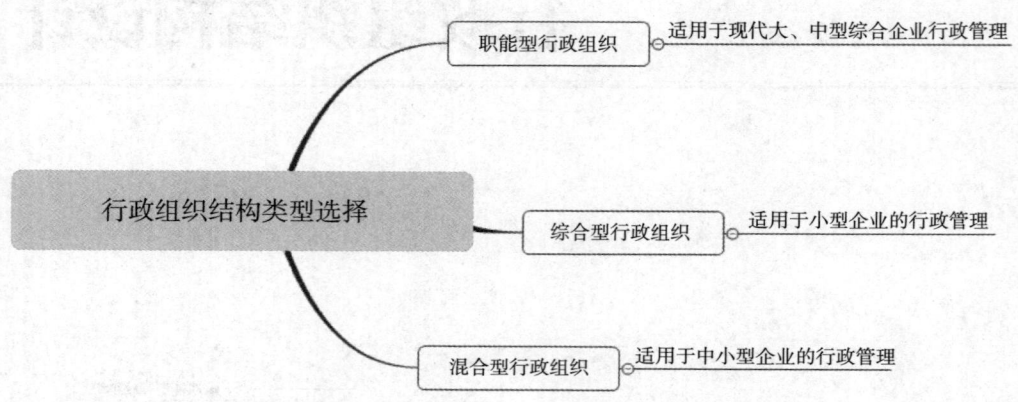

一、职能型行政组织

　　职能型行政组织的结构为：

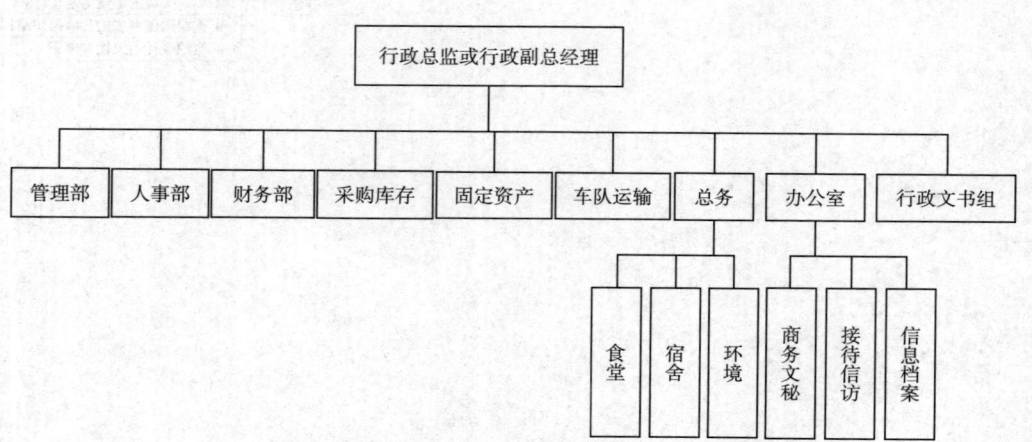

职能型行政组织的结构的适用范围及结构特点如下：

（1）适用于现代大、中型综合企业行政管理。

（2）总务部和办公室主要负责行政管理的事务型工作，除总务部和办公室外，其他部门都可以在一定范围内作为独立的职能部门。

（3）采取职能型行政组织结构的企业行政总监对管理部、人事部、财务部、采购库存等工作的控制、指导职责降低。

（4）职能型行政组织结构主要体现不同工作部门的职能，每个部门都有专门的负责人和较固定的岗位。

二、综合型行政组织

综合型行政组织的结构为：

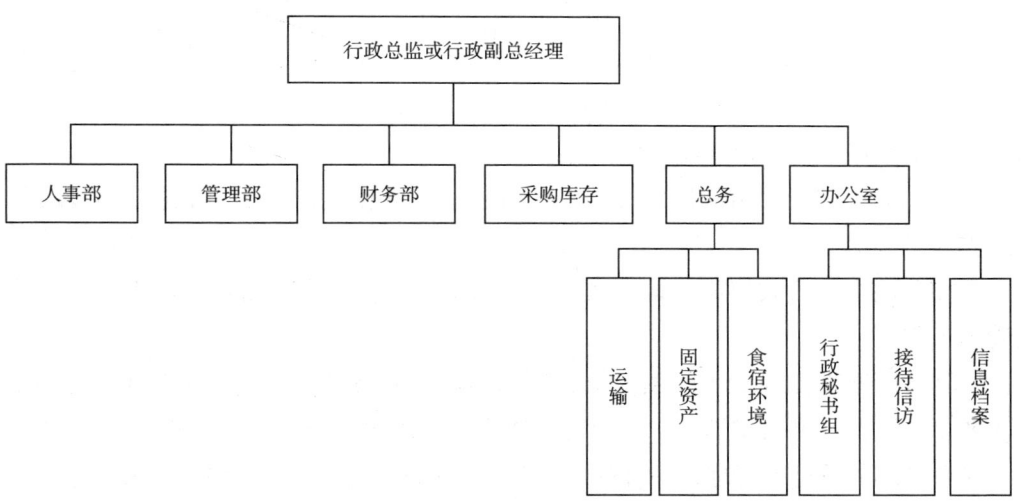

综合型行政组织的结构的适用范围及结构特点如下：

（1）适用于小型企业的行政管理。

（2）综合型行政组织结构的功能及职能进行了相对的平衡。

（3）综合型行政组织结构下的行政总监主要负责企业的政务性工作，其他人员通常负责企业行政管理的事务性工作。

（4）综合型行政组织结构下行政工作范围较广，但工作人员数量较少，常常一人身兼数职。

（5）综合型行政组织结构灵活性、机动性强。

三、混合型行政组织

混合型行政组织的结构为：

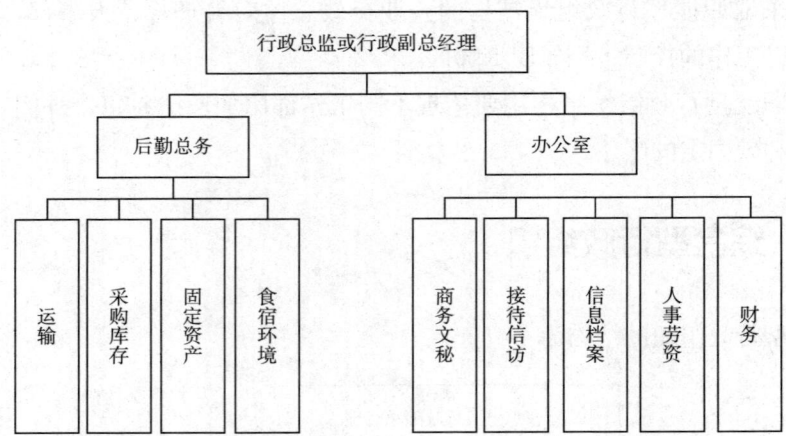

混合型行政组织的结构的适用范围及结构特点如下：

（1）适用于中小型企业的行政管理。

（2）混合型行政组织结构部分管理事务从总务和办公室独立出来，由专门的工作人员去负责。

（3）混合型行政组织结构行政总监或行政副总经理主要肩负行政事务的总体管理工作。

（4）行政性方面的工作主要由管理部和行政秘书组负责；事务性方面的工作主要由总务部和办公室负责；人事部（或人力资源部）、财务部、采购库存主要按其专业管理体系进行管理，并且逐渐从企业行政事务管理工作范围中脱离。

（5）混合型组织结构既有结构灵活性特点，又有职能管理性特点。

第二节　行政组织结构设计程序

企业组织结构的设计只有按照正确的程序进行，才能达到组织设计的高效化。

行政组织设计可能出现以下三种情况：

（1）新建企业需要进行组织结构设计。

（2）原有组织结构出现较大问题或企业目标发生变化，原有组织结构需要进行重新评价和设计。

（3）组织结构需要进行局部的调整和完善。

以上三种情况下的组织设计程序大体相同，其中对新建企业的组织设计程序最为完整。通常根据以下几个步骤进行。

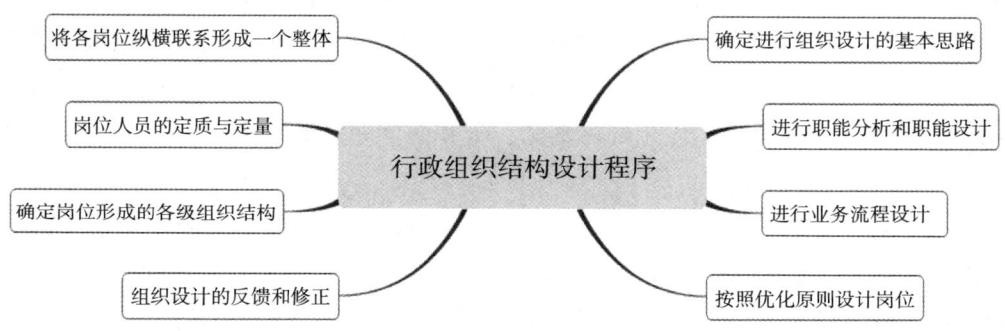

一、确定进行组织设计的基本思路

进行行政组织设计时，必须根据企业的战略、目标以及企业的内部条件和外部环境，确定进行组织设计的基本思路，制定设计的主要原则、参数，以作为进行组织设计的基本依据。例如，确定企业管理幅度的宽、窄，确定各部门分工形式采用职能制还是事业部制，确定实行集权制还是分级分权制管理等。

二、进行职能分析和职能设计

根据企业的战略和目标，对企业需要设置的各种职能进行组织设计，并且确定其关键职能。职能设计的主要内容是对企业的管理业务进行总体设计，确定企业的各项管理职能及其结构，并且层层分解为各个管理层次、管理部门、管理职务及岗位的业务工作。其内容可以概括为三个方面，分别是基本职能设计、关键职能设计及职能的分解。职能设计是组织设计过程中的首要工作，因为职能设计是否正确合理关系到整个管理组织是否能够顺利有效地运转。

三、进行业务流程设计

业务流程设计是组织结构设计的开始，只有总体业务流程达到最优化，才能实现企业组织高效化。

（1）业务流程是指企业生产经营活动在正常情况下，不断循环流动的程序或过程。企业的活动主要包括物流、资金流和信息流，它们都是按照一定流程流动的。企业实现同一目标，可以有不同的流程，而采用哪种流程是企业需要面临的一个问题。所以，在企业组织结构设计时，首先要对流程进行分析对比、择优确定，即优化业务流程。优化的标准为：流程时间短、岗位少、人员少、流程费用少。

（2）业务流程可分为主导业务流程和保证业务流程。其中，主导业务流程指的是产品和服务的形成过程（如生产流程）；保证业务流程指的是保证主导业务流程顺利进行的各种专业流程（如物资供应流程、人力资源流程、设备工具流程等）。

①优化设计主导业务流程，确保产品形成的全过程周期最短、效益最高；
②围绕主导业务流程设计保证业务流程；
③进行各种业务流程的整体优化。

四、按照优化原则设计岗位

按照优化原则进行岗位设置，主要是从岗位所需的业务素质和工作技能、人员分配、目标考核的方面出发，提高岗位的应用性，使人员分配合理，充分发挥工作人员的能力。岗位的划分要适度，不能太大或太小，既要考虑流程的需要，也要考虑管理的方便。

五、将各岗位纵横联系形成一个整体

岗位是工作的转换器，就是将输入的业务经过加工转换为新的业务输出。通过输入和输出就能从时间、空间和数量上将各岗位纵横联系起来，形成一个整体。

六、岗位人员的定质与定量

1. 岗位人员的定质

岗位人员的定质指的是确定本岗位需要使用的人员的素质。工作效率与人员的素质密切关联，人员素质的要求主要根据岗位业务内容的要求来确定。如要求过高，可能会导致人员的浪费；要求太低，则很难确保正常的业务活动和一定的工作效率。

2. 岗位人员的定量

岗位人员的定量指的是确定本岗位需用人员的数量。人员数量的确定要以岗位的工作业务量为依据，同时也要以人员素质为依据。人员素质与人员数量在一定条件下成反比。定量就是在工作业务量和人员素质平衡的基础上确定的。

七、确定岗位形成的各级组织结构

主要是指按照流程的连续程度和工作量的大小来确定岗位形成的各级组织结构。整个业务流程是个复杂的系统，组织结构是实现这个流程的组织保证，每个部门的职责是负责某一段流程并保证其畅通无阻。岗位是保证整个流程实施的基本环节，应该先有优化流程，后有岗位，再组织车间、科室，顺序不可颠倒。流程是客观规律的反映，因人设机构是造成组织结构设置不合理的主要原因之一，必须进行改革。

八、组织设计的反馈和修正

组织设计是一个动态的过程，在组织结构运行过程中，可能会出现设计缺陷和不足，需要完善和改进，因此企业应定期或不定期地收集组织结构运行状况的反馈，及时发现和改善原有设计中的不足，使之不断完善，适应新的情况。

以上各步骤既有区别又有联系，在进行组织结构设计时必须经过反复的综合平衡、不断地修正改善，才能获得最佳效果。

> ❖ **小贴士**
>
> 行政组织结构设计时，必须考虑以下因素：
>
> 1. 明确组织等级
>
> 行政组织结构设计时，在明确权力与责任的基础上设立组织等级结构，但需要具体的规章制度以保证等级结构的可实现性。
>
> 2. 统一指挥
>
> 每位员工只能对一个直接上级负责，不可以越级汇报，但可以越级投诉；可以越级检查，但不可以越级监督。
>
> 3. 控制适当的管理幅度
>
> 管理者直接控制下属人员的数量应具有一定的限度，一般情况下，3～6人较为适合。幅度太大，可能出现无法有效控制的情况；幅度太小，则控制力度不够或造成人力浪费。
>
> 4. 明确授权
>
> 企业领导人授权时应明确各级人员的工作范围、内容，使各级人员知道自己应做什么，报告请示什么，工作成绩如何评定等问题。
>
> 5. 责权相应
>
> 权力和责任都应在企业的规章制度中明确界定，相互统一。
>
> 6. 协调配合
>
> 分工后的企业行政需要密切协调配合，共同为企业的战略目标奋斗。
>
> 7. 非人情原则
>
> 传统的行政组织崇尚规章制度的约束和程序的规范，不考虑人的情感因素，以避免个人偏好和成见的影响——行为科学的行政组织设计理论。

第三节　企业行政组织结构设计模板

企业行政组织结构主要包括大中型企业、中小型企业和小型企业行政组织结构。

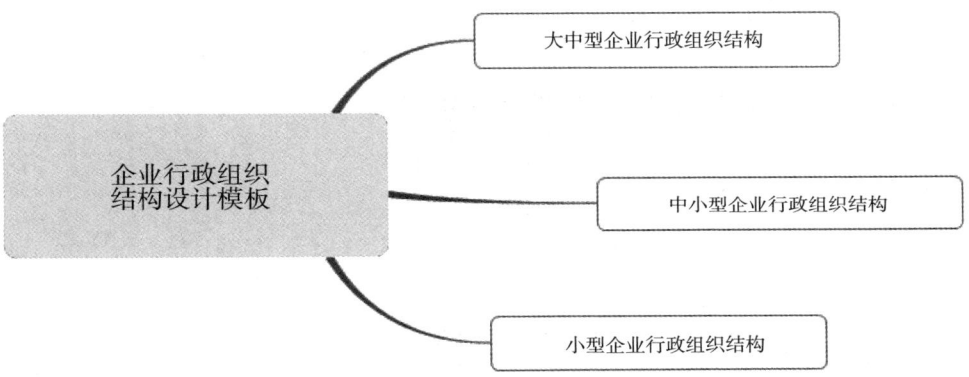

一、大中型企业行政组织结构

大中型企业行政组织结构：

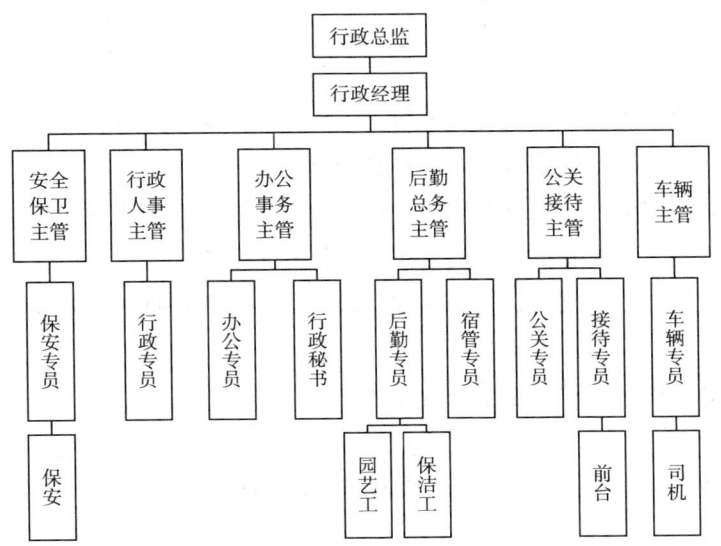

大中型企业行政组织结构的主要特点：

（1）适用于大中型现代企业行政事务管理的需要。

（2）决策性工作通常是从企业行政事务管理范围中分离出来，成为独立的职能部门，总务部和总经办主要负责行政管理的事务性工作。

（3）负责企业行政事务管理的企业主要负责人除了对行政管理外，对其他部门（如管理部、人力资源部、财务部及采购部等）工作的控制、指导职责减少。

（4）大中型企业行政组织结构主要体现不同部门的职能，每个部门都有专门的负责人和相对固定的岗位。

二、中小型企业行政组织结构

中小型企业行政组织结构：

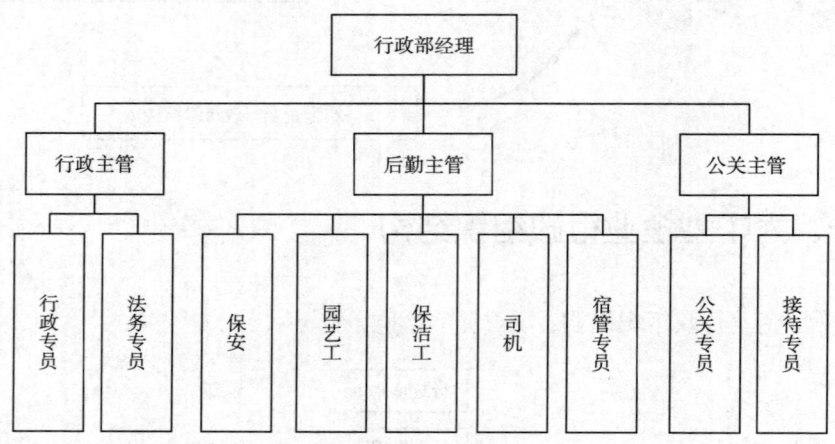

中小型企业行政组织结构的主要特点：

（1）适用于中小型现代企业行政事务管理的需要。

（2）部分管理事务从行政部和办公室独立出来，由专门人员负责。

（3）行政部经理主要负责行政事务的总体管理工作。

（4）中小型企业行政组织结构具有灵活性和职能管理性的双重特点。

三、小型企业行政组织结构

小型企业行政组织结构，小型企业行政组织结构的主要特点：

第一章　行政组织结构设计

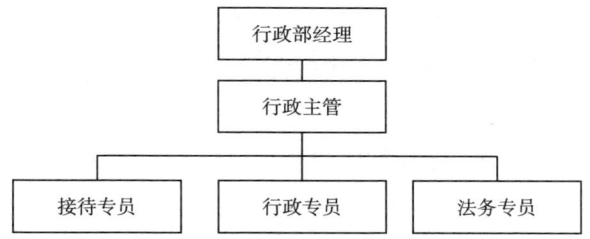

（1）适用于小型现代企业行政管理的需要。
（2）功能及职能较为综合。
（3）行政部经理负责企业管理的行政管理工作，其他人员负责企业行政管理的事务性工作。
（4）小型企业行政组织结构工作范围较广，工作人员数量通常较少，往往一人身兼数职。

第四节　行政组织结构设计工作细则

本节主要介绍行政组织结构设计的原则、基本要素和基本内容。

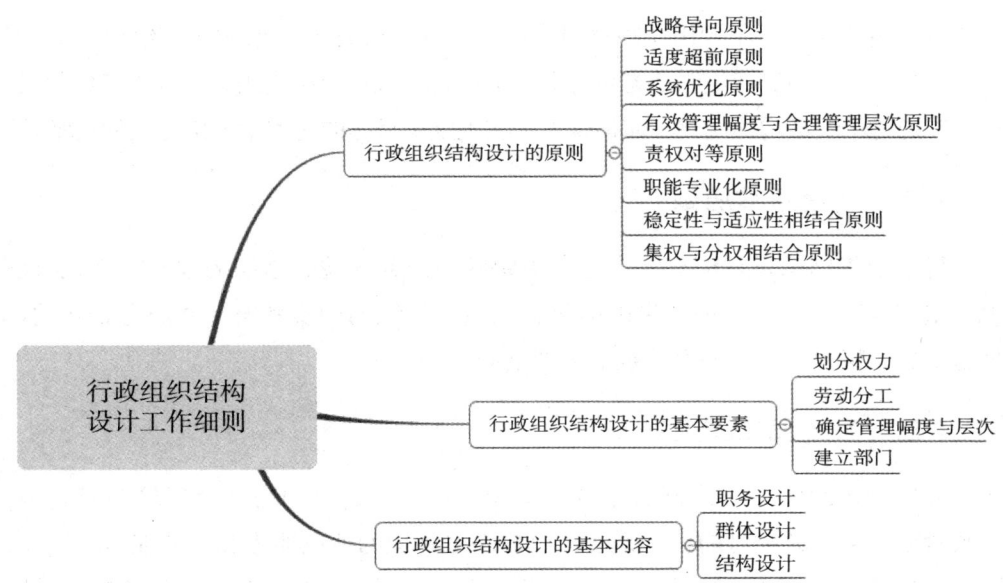

一、行政组织结构设计的原则

行政组织结构的设计需要遵循以下原则：

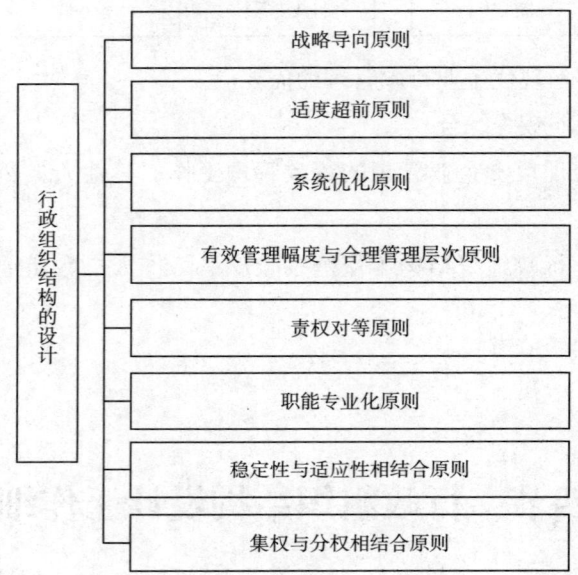

（一）战略导向原则

行政组织结构是实现组织战略目标的重要基础与载体，组织的结构、体系、过程、文化等均是为完成组织战略目标服务的，达成战略目标是组织设计的最终目的。组织应通过组织结构的完善，使每个人在实现组织目标的过程中做出更大的贡献。

（二）适度超前原则

行政组织结构设计应当综合考虑组织的内外部环境、组织的理念与文化价值观、组织当前以及未来的发展战略等，以适应组织的现实状况，并随着企业的成长与发展，组织结构应当有一定的拓展空间。

（三）系统优化原则

现代行政组织是一个开放系统，组织中的人、财、物与外界环境频繁交流，联系紧密，需要开放型的组织系统，以提高对环境的适应能力和应变能力。因此，组织机构应当与组织目标相适应。组织设计应当简化流程，有利于信息畅通、决策迅速、部门协调，充分考虑交叉业务活动的统一协调和过程管理的整体性。

（四）有效管理幅度与合理管理层次原则

管理层次与管理幅度在某一特定规模的行政组织内呈反比关系。管理层次多，则每一层行政机构的管理幅度就窄；反之，管理层次少，则每一行政机构的管理幅度就宽。

管理幅度受主管直接有效的指挥、监督部属能力的限制。管理幅度的设计没有一定的标准，要具体问题具体分析，一般高层管理幅度3～6人较为合适，中层管理幅度5～9人较为合适，低层管理幅度7～15人较为合适。

影响管理幅度设定的主要因素如下：

（1）员工的素质。管理者与被管理人员的能力强、学历高、经验丰富，管理幅度可加大；反之，则应小一些。

（2）沟通的程度。组织目标、决策制度、命令可迅速而有效地传达，渠道畅通，管理幅度可加大；反之，则应小一些。

（3）工作内容和性质。工作的同一性高，较容易，且规范、稳定，变化小，不需要创造性，管理幅度可加大；反之，则应小一些。

（4）协调工作量。利用幕僚机构及专员作为沟通协调者，可以扩大控制的层面。

（5）追踪控制。设有良好、彻底、客观的追踪执行工具、机构、人员及程序者，可以扩大控制的层面。

（6）组织文化。具有追根究底的风气与良好的企业文化背景的公司可以扩大控制的层面。

（7）地域相近性。所辖的地域近可扩大管理控制的层面，地域远则缩小管理控制的层面。

（五）责权对等原则

权责对等原则也就是权责一致原则，是指在一个组织中的管理者所拥有的权力应当与其所承担的责任相适应的准则。在进行组织结构设计时，应当着重强调职责和权力的设置，使公司能够做到职责明确、权力对等、分配公平。

（六）职能专业化原则

公司整体目标的实现需要完成多种职能工作，应当充分考虑专业化分工与团队协作。特别是对于以事业发展、提高效率、监督控制为首要任务的业务活动，

行政办公规范化管理制度与表格范例

更应当以此原则为主来进行部门划分和权限分配。此外，公司的整体行为并不是孤立的，各职能部门应做到既分工明确，又协调一致。

（七）稳定性与适应性相结合原则

稳定性和适应性相结合原则要求组织设计时，既要保证组织在外部环境和企业任务发生变化时，能够继续有序地正常运转；同时又要保证组织在运转过程中，能够根据变化的情况做出相应的变更，组织应具有一定的弹性和适应性。为此，需要在组织中建立明确的指挥系统、责权关系及规章制度；同时又要求选用一些具有较好适应性的组织形式和措施，使组织在变动的环境中具有一种内在的自动调节机制。

（八）集权与分权相结合原则

集权与分权相结合是保证二者互相取长补短的基本结构形式。

（1）集权是大生产的客观要求，它既有利于保证企业的统一领导和指挥，又有利于人力、物力、财力的合理分配和使用。而分权是调动下级积极性、主动性的必要组织条件。

（2）合理分权有利于基层根据实际情况迅速而正确地做出决策，也有利于上层领导摆脱日常事务，集中精力抓重大问题。企业在确定内部上下级管理权力分工时，主要应当考虑的因素有：企业规模的大小、企业生产技术特点、各项专业工作的性质、各单位的管理水平和人员素质的要求等。

二、行政组织结构设计的基本要素

（一）划分权力

在划分企业行政组织权力时，需要把握以下几个原则：
（1）明确责任与权力。
（2）对权力之间进行均衡与制约。
（3）要培养掌权者的民主作风。

（二）劳动分工

劳动分工是组织设计的首要内容，既可以很好地实现企业目标，又可以充分发挥企业行政人员的聪明才智，减少资源浪费，提高工作效率。

（三）确定管理幅度与层次

影响管理幅度和管理层次的因素主要有领导者的知识、能力、经验，被领导者的素质、业务熟练程度和工作强度，管理业务的复杂程度，所承担任务的绩效要求，工作环境以及信息沟通方式等。

（四）建立部门

建立部门，即部门化，是为协调共同完成工作而按关键要素决定和划分组织的各个部门。部门化一般有四种方式：功能部门化、产品或服务部门化、用户部门化与地区部门化。

部门化形成企业行政组织的基本构架，为企业行政组织的进一步发展奠定了基础。

三、行政组织结构设计的基本内容

企业行政组织结构设计的基本内容如下：

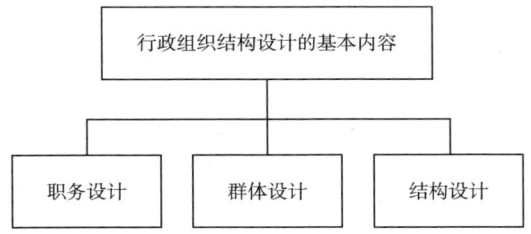

（一）职务设计

进行职务设计工作时主要把握两个基本原则：专业化和自主性。

（1）专业化。即将职务划分为细小的、专业化的任务，专业化分工既有利于提高雇员的工作熟练程度，又有利于减少因工作变化而损失的时间，还有利于达到减少人员培训的要求，以及扩大雇员来源和降低工作成本等。

（2）自主性。职务设计自主性是指行政人员履行职务时，决定自己工作的自由度，将专业化程度高低与自主性程度高低结合起来。

（二）群体设计

群体设计不同于个人的职务设计，它包括有关的部分或全部任务和人员的安排。其具体做法可分为两个阶段：

（1）将整个组织中的工作流程、任务和有关人员的关系图绘制出来，分析任务、人员与工作流程的相关联系。

（2）任务和人员构成活动区，评价活动区之间的联结关系，确定执行任务的活动组，这种活动组便构成各种群体。

（三）结构设计

进行行政组织结构设计工作时，需要把握以下几点要求：

（1）在行政组织组织结构中，每个人（包括经理和工人）都应明确自己所处的位置，应该做什么，不应该做什么。

（2）企业行政费用应降到最低，以期获得最大效益。

（3）行政组织结构设计应当能使企业员工的注意力和活动均指向企业的绩效而不是指向企业本身，指向工作成果而不是工作本身。

（4）行政组织结构设计应能增强决策程序运行的有效性，减少决策的偏差和失误。

（5）企业行政组织结构一经建立，需要一个相对稳定期，同时又要求有高度的适应性。

（6）企业行政组织应能够促使员工在工作中学习和发展，顺应新的形势并形成新的观念。

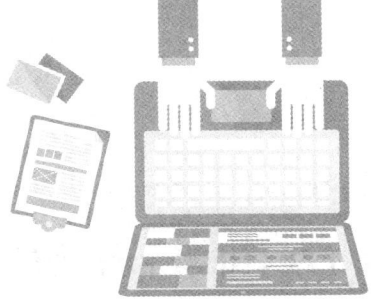

第二章

行政日常工作规范

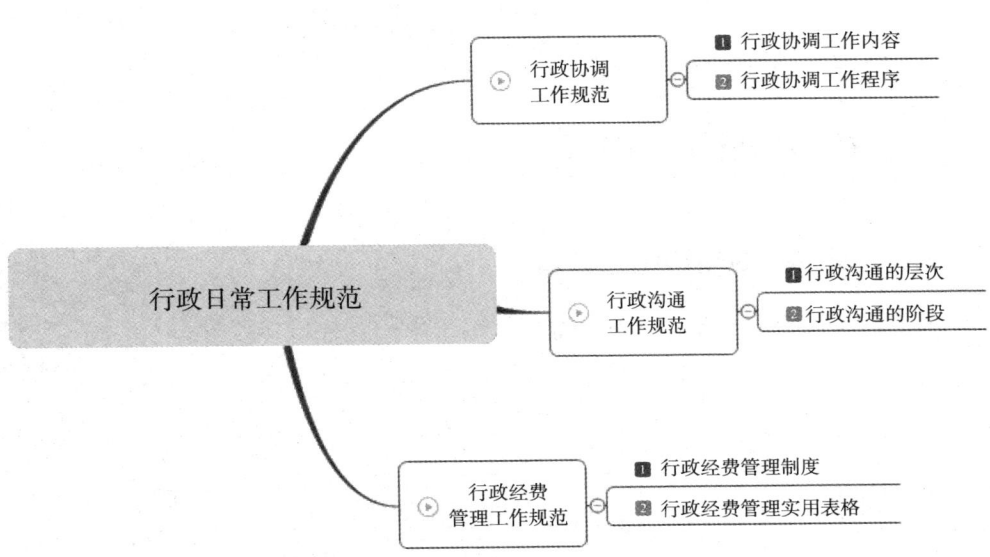

扫一扫，获取
本章规范表格

第一节 行政协调工作规范

行政协调是行政主体在行政管理过程中通过沟通、协商以及对相关主体职能、权责关系的明晰和调整，以促进组织目标实现的过程。

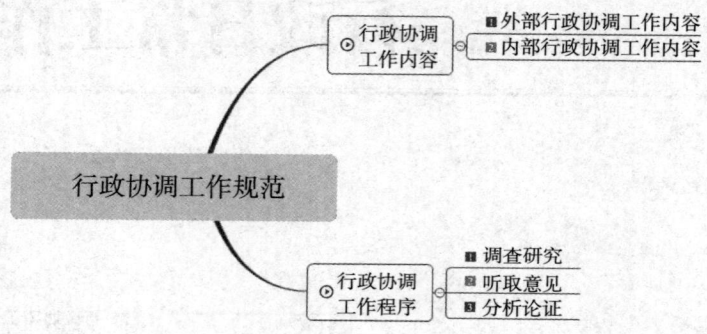

一、行政协调工作内容

（一）外部行政协调工作内容

外部行政协调工作的主要内容为：

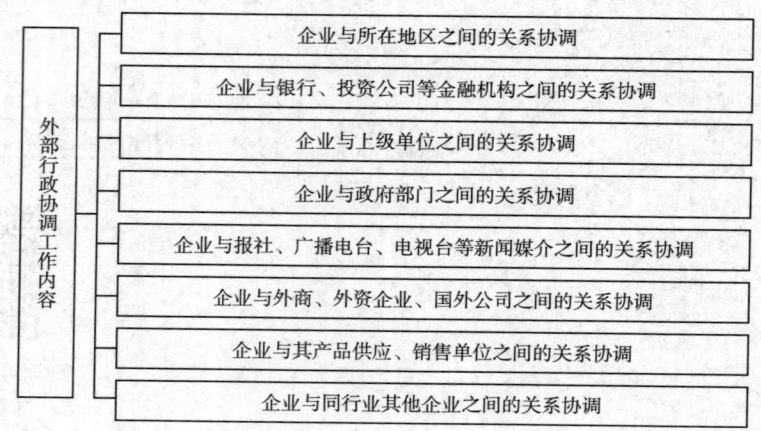

（二）内部行政协调工作内容

内部行政协调工作的主要内容为：

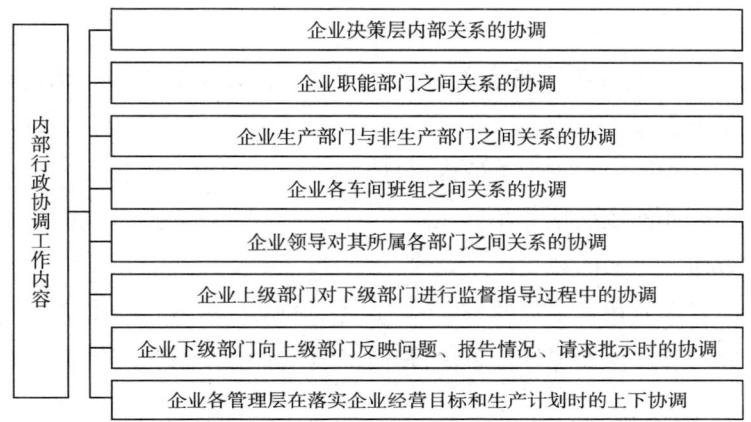

二、行政协调工作程序

行政协调工作的一般程序为：

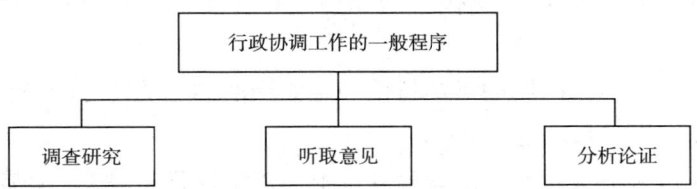

（一）调查研究

调查研究是行政协调工作的第一步，具体方法有以下几种：

（1）档案调查：调出有关不协调问题的各种档案资料（包括文字的、图片及音像），认真了解和分析问题的背景材料。

（2）文字调查：要求被协调的双方以文字形式写出矛盾的前因后果，各自的困难、对问题的认识和各自对解决方案的设想，通过文字调查可以进一步了解不协调部分的所在以及矛盾各方对问题的看法。

（3）问询调查：向矛盾的各方或对该问题较为熟悉人员了解事实真相，调查者应多问、多听，尽量少发表个人意见，通过这样的调查，可以更多地了解问题细节。

行政办公规范化管理制度与表格范例

（4）实际调查：投入实际的活动中，亲身感受事情发展的经过，切身体会不协调事物的矛盾焦点，从而抓住所协调事物的要害。

（二）听取意见

协调过程中，应多听取各有关方面的意见，借以交流思想，沟通信息，互相了解。应主要把握以下几点：

（1）出现这种不协调现象的原因是什么。
（2）当前企业的主要任务是什么。
（3）各方需要申明的意见。
（4）如站在对方位置会怎样做。
（5）对此问题应采取怎样的解决方式比较合适（效果比较好）。

（三）分析论证

在协调解决重大问题时，有时有必要对提出的解决意见进行分析论证。一般有以下几个步骤：

（1）根据调查、了解到的情况，每个协调者都可以提出一个或多个协调方案。
（2）对提出的每个方案，应认真地进行分析和比较，列出各自的优点和缺点，有利和弊端。
（3）结合需要协调问题的具体特性和企业当前的主要任务和发展方向，对每个方案进行相互比较和优化。
（4）在对各个方案对比、优化的基础上，逐步优化和完善，最后确定一个最合理、最切实可行的协调方案。
（5）做出结论或仲裁。

第二节　行政沟通工作规范

沟通是指人与人之间进行交换信息和传达思想的过程。企业行政沟通是指企业行政工作中，部门之间或工作人员之间为了达成某种目标，用语言、文字、图片、动作等交换有关问题的内心感受、观念、意见、事实与信息等，以此获得相互的了解并产生一致行为的过程。

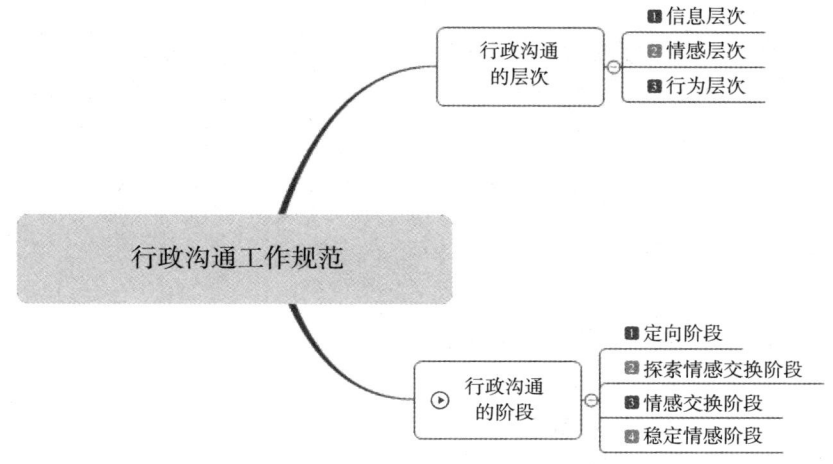

一、行政沟通的层次

行政沟通主要有三个层次,分别为信息层次、情感层次和行为层次。

（一）信息层次

对于沟通而言,最基础的层面是信息的传递。在这个层次上,沟通的双方完成了信息传递和信息反馈的任务,使信息得以交流。在此基础上,彼此产生一定的认识,形成一定的印象。如果信息交流不能实现,则人与人之间不会相互认识,更不会有情感交换和行为互动,人际关系就不会建立。如果交往双方的信息沟通出现障碍,人际关系就得不到发展。因此,信息交流很重要,情感层次和行为层次都是在这个层次的基础上进行的。

（二）情感层次

在人际交往中,通常会组织一些轻松的活动来联络感情。在信息交流中,双方对所交流信息的译码和对对方的动机、需求、兴趣、性格、世界观、价值观、定势的感知,都伴随着情感体验。这种情感体验包括两种情感状态：情感共鸣和情感排斥。若参与交流者的个性特征彼此都能被对方接受,就会产生情感共鸣,双方相互吸引,建立起良好的人际关系。反之则会产生情感排斥,拉大距离,形成疏远或紧张的人际关系。

（三）行为层次

行为层次是交往双方的行为互动层次。人际关系的最终目的是引起对方的行为。为了使自己与对方的关系更加友好，可根据沟通对象对自己的评价期望调整自己的行为。只有不断调整自己的行为，双方才能建立心理相容的关系，否则就会出现人际冲突而导致关系破裂。行为层次是人际信息沟通的最高层次，它是以信息层次和情感层次为基础进行的。

二、行政沟通的阶段

从纵向看，人际信息沟通还可以划分为四个阶段，如下图所示，这四个阶段的连接，社会心理学称为社会渗透过程。

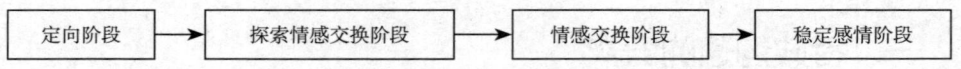

（一）定向阶段

定向阶段包含着对交往对象的注意，抉择和初步沟通等多方面的心理活动。在这一阶段，双方仅掌握对方的基本信息，我们究竟决定选择谁作为交往对象，并与之保持良好的人际关系，往往要经过自觉的选择过程。只有那些在我们的价值观念上具有重要意义的人，我们才会选作交往和建立人际关系的对象。如果双方互感满意，希望可以继续相处，信息沟通就进入下一阶段。

（二）探索情感交换阶段

在这一阶段，随着双方共同情感领域的发现，双方的沟通也会越来越广泛，自我暴露的深度与广度也逐渐增加。但在这一阶段，人们的话题仍避免触及别人私密性的领域，自我暴露也不涉及自己根本的方面。如果双方互感满意，就会有进一步了解的强烈愿望，沟通向深层发展。

（三）情感交换阶段

在这一阶段，由于经常表露有关"自我"的信息，自我区域明显增大，双方进行了较浓厚的感情交流，很少有保留地表现自己的个性，责任感大大增强，如果关系在这一阶段破裂，将会给人带来相当大的心理压力。在这一阶段，双方都能够较自由地相互赞许或批评对方的行为。这一阶段人际关系的典型表现是朋友人际关系和恋爱人际关系。

（四）稳定感情阶段

在这一阶段，信息互动高度频繁，信息量剧增，沟通方式丰富多彩，"自我暴露"彻底，这一阶段的外部行为表现为相亲相爱、近距离交往等。由自由恋爱而发展的夫妻关系属于这一阶段的人际关系。

在上述四个阶段中，无论哪一阶段出现问题，都可能导致信息沟通的中断或人际关系的破裂。

第三节 行政经费管理工作规范

企业行政经费管理应以合理安排资金、及时供应、保证部门需要为基本原则，合理控制经费预算，对经费活动的合法性、合理性和有效性进行监督，保证和支持正常经营活动的开展。

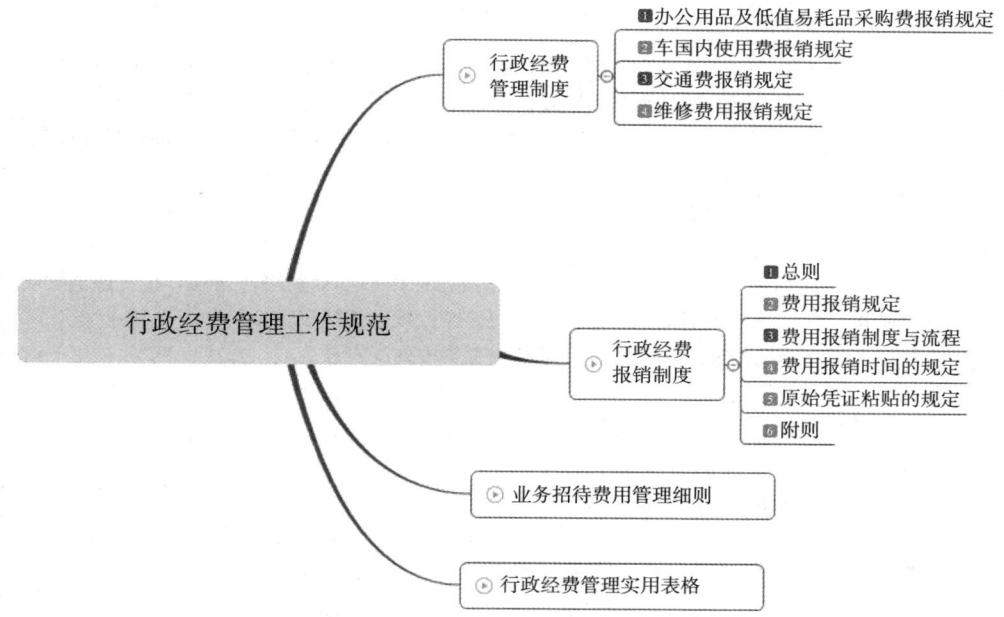

一、行政经费管理制度

范例一：行政经费管理制度

制度名称	××公司行政经费管理制度	受控状态	
		编号	

　　第一条　为了厉行节约、精打细算，帮助公司节省开支，特制定本制度。
　　第二条　行政经费的范围具体包括：办公用品及低值易耗品采购费、车辆使用费、交通费、应酬招待费等。
　　第三条　办公用品及低值易耗品采购费报销规定。
　　1. 每个部门将所需的日常办公用品于每季初_____日前填写"办公用品购买申报单"交行政管理部，由行政管理部汇总，报财务部、总经理审核批准后统一购买，发放时要进行登记。
　　2. 各部门急需或特殊的办公用品，经批准后可自行购买：
　　单价在××元以下或总价在××元以下，由行政部长批准；
　　单价在××元以上或总价在××元以上，由分管副总批准。购买后，提交发票、实物；经行政部查验入库单及入账单后方可报销。
　　3. 办公费用一律凭完备的"办公用品购买申报单"及其他相关手续办理。凡未归口行政管理部，又未报相关领导同意，擅自购买办公用品和业务书籍的，公司不予报销。
　　4. 原则上不予报销办公用品的装卸费用。
　　第四条　车辆使用费报销规定。
　　1. 车辆使用费包括汽油费、维修费、路桥费、泊车费、打车费、代驾费和驾驶员补贴等。
　　2. 行政部在掌握车辆维护、用车和油耗情况基础上，制订当月车辆费用开支计划。
　　3. 汽油费的报销需由驾驶员在发票背面注明行车起始点和路程，由行政部根据里程表、油耗标准、加油时间、加油数量和用车记录等复核，经行政部长签字验核。
　　4. 路桥费和洗车费由驾驶员每月汇总报销一次，由行政部根据派车记录复核，经行政部长签字验核。
　　5. 车辆维修前驾驶员须提出书面报告，说明维修原因和预计费用，报销时在发票上列明详细费用清单，由行政部根据车辆维修情况复核，经行政部长签字验核。
　　6. 驾驶员行车补助按加班标准计算，每月在工资中列支发放。
　　第五条　交通费报销规定。
　　1. 交通补贴见公司《补贴津贴标准》。
　　2. 交通补贴与员工工资一起发放。
　　3. 员工外勤不能按时返回就餐者可给予误餐补贴。
　　4. 员工外勤每天交通费标准为××元，经批准可乘坐出租车并予以报销。凡公司派车和未经批准乘坐出租车者，均不予报销外勤交通费。

续表

第六条 维修费用报销规定。
1. 各部门设备出现质量问题时，报行政管理部处理。
2. 对于在保修期内的设备，由行政管理部直接联系厂家进行维修；对于超过保质期的设备，行政管理部接到报修后，应与维修厂家进行联系，商定修理费用。
3. 维修费用单笔在_____元及以上的支出，由行政管理部经理审批。
4. 维修费用单笔在_____元以下的支出，由部门经理审批。

第七条 严禁铺张浪费，不准擅自开支；严禁少买多报、虚报冒领；不准私设小金库；不准无限拖延报销日期；不准将现金挪作他用或擅自借给他人。

第八条 本制度自发布之日起开始执行。

执行部门		监督部门		编修部门	
编制日期		审核日期		批准日期	

范例二：行政经费报销制度

制度名称	××公司行政经费报销制度	受控状态	
		编号	

第一章 总则

第一条 目的。
为促进公司各项工作的顺利开展，明确费用报销的标准、程序和办法，根据公司有关规定，结合公司实际情况，特制定本制度。

第二条 适用范围。
本制度适用于公司全体员工。

第三条 公司日常费用内容。
公司日常费用包括工资、办公费、差旅费、招待费、会议费、车辆使用费、通信费、房屋租赁费、咨询顾问费、低值易耗品购置费、工会经费、福利费和职工培训费等支出。

第二章 费用报销规定

第四条 报销人必须取得相应的合法票据，且发票背面有经办人的签名。

第五条 填写报销单应注意根据费用性质填写对应单据严格按单据要求项目认真填写，注明附件张数；金额大小写须完全一致（不得涂改）；简述费用内容或事由。

第六条 报销5000元以上需提前一天通知财务部以便备款。

第七条 费用报销的一般流程：报销人整理报销单据并填写对应费用报销单→总经理审批→到会计处报销。

第三章 费用报销制度与流程

第八条 电话费报销制度及流程。
1. 移动通信费：为了兼顾效率与公平的原则，员工的手机费用报销采用与岗位相关制，即依据不同岗位，根据员工工作性质和职位不同设定不同的报销标准，具体标准见相关管理制度。

2. 固定电话费：公司为员工提供工作必须的固定电话，并由公司统一支付话费。但不鼓励员工在上班期间打私人电话。

第九条　交通费报销制度及流程。

1. 市内因公打车车费应保存相应车票报销。
2. 市内公交车费填写出入记录，月末统一报销。
3. 报销流程。

（1）员工整理交通车票（含因公公交车票），在车票背面签经办人名字，并由行政部派车人员签字确认，按规定填好《交通费报销单》。

（2）审批：按日常费用审批程序审批。

（3）员工持审批后的报销单到出纳处办理报销手续。

第十条　办公费及办公用品、低值易耗品等报销制度及流程。

1. 办公费指日常办公耗用的电脑耗材（如打印纸、传真纸、墨盒、硒鼓等）、办公文具（如笔、计算器、文件夹、便笺等）、办公场所的零星维修费用和办公过程中发生的各项杂费等。

2. 管理规定。为了合理控制费用支出，此类费用由公司行政部统一管理，集中购置，并指定专人负责。

3. 报销流程。报销人先填写费用报销单（附明细单），按日常费用审批程序报批。审批后的报销单及原始单据（包括结账小票）交财务部，按日常费用报销流程付款或冲抵借支。

第十一条　招待费、资料费及其他报销制度及流程。

1. 费用标准。

（1）招待费：为了规范招待费的支出，大额招待费应事前征得总经理的同意。礼品费用及中介费用因情况特殊没有合法票据的，应填写无单据报销单。

（2）资料费、其他等费用据实际需要据实支付。

2. 报销流程。

（1）招待费由经办人按日常费用报销一般规定及一般流程办理报销手续。

（2）资料费在报销前需办理资料登记手续，按审批程序审批后的报销单及申请表到财务处办理报销手续。

（3）其他费用报销参照日常费用报销制度及流程办理。

第十二条　差旅费报销制度及流程。

1. 差旅费内容。公司差旅费包括交通费、住宿费、出差补助和邮电通信等费用。

2. 差旅费报销办法。公司差旅费报销根据公司任职和出差地区不同，采取实报实销与定额补助相结合的办法。

3. 出差地区划分。出差地区划分为一般地区与特殊地区，特殊地区指深圳、珠海、厦门、广州、汕头、上海、海南等，出差天数按自然天数计算，出发、返回当日均算在内。

4. 报销流程。

（1）出差申请：拟出差人员首先填写"出差申请表"，详细注明出差地点、目的、行程安排、交通工具及预计差旅费用项等，出差申请表由总经理批准。

（2）借支差旅费：出差人员将审批过的"出差申请表"交财务部，按借款管理规定办理借款手续，出纳按规定支付所借款项。

续表

（3）返回报销：出差人员应在回公司后 7 日内办理报销事宜，根据差旅费用标准填写"差旅费报销单"，总经理审批；原则上欠款未清者不予办理新的借支。

第十三条　其他专项支出报销制度及流程。

1. 费用范围：其他专项支出包括其他所有专门立项的费用（含咨询顾问、广告及宣传活动费、公司员工活动费用、办公室装修及其他专项费用）支出。

2. 费用标准：此类费用一般金额较大，由主管部门经理根据实际需要向总经理提交请示报告，经总经理签署审核意见后报董事长及其授权人审批。

3. 财务报销流程。

（1）审批报告文件后到财务部备案，以便财务备款。

（2）签订合同：由直接负责部门与合作方签订正式合作合同。

（3）付款流程：由经办人整理发票等资料，并填写费用报销单（填写规范参照日常费用报销一般规定），然后按审批程序审批，财务部根据审批后的报销单金额付款。

（4）若需提前借款，应按借款规定办理借支手续，并且在 5 个工作日内办理报销手续。

第四章　费用报销时间规定

第十四条　根据公司的实际情况报销及借支不受时间限制，正常工作日可随时办理。

第五章　原始凭证粘贴规定

第十五条　应按照原始凭证内容进行分类整理、序时粘贴，不得随意、无序粘贴。

第十六条　在空白报销单上，将原始报账凭证按小票在下、大票在上的要求，从右至左呈阶梯状依次粘贴；若票据较少，可直接在正式报销单的反面粘贴（原始凭证的正面与报销单的正面同向）；若票据较多，可以在多张空白报销单上粘贴。

第十七条　将已填写完毕的正式报销单粘贴在已贴好的原始报销凭证的空白报销单上（将左面对齐粘贴）。

第六章　附则

第十八条　本制度自发布之日起执行。

第十九条　本制度的编写、修改及解释权归人力资源部所有。

执行部门		监督部门		编修部门	
编制日期		审核日期		批准日期	

范例三：业务招待费用管理细则

制度名称	××公司业务招待费用管理细则	受控状态	
		编号	

第一条 为规范公司的业务招待费支出管理，以"厉行节约，合理开支，严格控制，超标自负"为原则，结合公司实际情况，制定本细则。

第二条 业务招待费是指因业务需要，招待公司外部人员所发生的礼金、礼品、赞助费、会务费、餐费、娱乐费用、差旅费、住宿费等。

第三条 业务招待要坚持如下三个原则：

1."提前申请，定额开支，超标自负"原则。

2."禁止非业务性接待，适当控制业务接待"原则。

3."对口接待，控制陪同人数"原则。

第四条 需要业务招待时，由负责接待的部门领导填写"业务招待审批表"，送公司行政部，转报公司总经理审核，报董事长审批后安排接待。

第五条 业务招待费用开支标准（含酒水）。

1.就餐费。

（1）接待政府类相关部门的领导及随行人员，接待标准为××元/人以内；非领导人员，××元/人以内。

（2）接待有关业务单位领导及随行人员，接待标准为××元/人以内；非领导人员，××元/人以内。

（3）公司管理层人员的会议聚餐，标准为××元/人以内。

（4）总经理接待的人员不受招待费标准限制，仅受招待费预算限制。

（5）陪餐人员控制在1～3人，最多不超过5人。

2.住宿费。住宿接待由公司行政部统一安排，财务部统一结算付款。

3.旅游、娱乐、礼品、礼金和赞助费。由公司总经理审核，董事长批准，其他人员无决定开支权。

第六条 日常业务招待用烟、用酒，由经办人填写"业务招待用品申请表"，送公司行政部，按规定程序购买或领用。

第七条 业务接待过程中赠送礼金、礼品、烟、酒等，赞助钱、物的一律事先报公司总经理批准，由行政部门统一采购，填写借款单，并按批准的额度标准开支。

第八条 报销规定。

1.凡是不按本管理规定提前申请，未经过公司执行总经理审核，报董事长批准的招待费，一律不予报销。

2.招待费用超过标准的部分由主持接待人员自负（特殊情况经公司执行总经理审核，董事长批准的除外）。

3.严禁利用工作之便，以公司业务执行的名义招待亲属、朋友，一经发现，对当事人处以两倍的罚款，从工资中扣除。

续表

4. 报销经董事长特许批准的招待餐费时,必须附上用餐饭店的消费明细单(点菜单),且消费明细单金额必须与用餐地出据的发票一致,不一致的,财务室不予报销。

5. 公司员工报销业务招待费,均应提供真实、合法、足额的票据,并附上当次招待的付款小票或清单,票据余额不足、与实际付款金额不符或不符合规定的部分,不得报销。

6. 业务招待费报销遵循谁经手谁报销的原则,不得由他人代报业务招待费,报销时所附发票必须是开有业务发生日期的正式发票,并在费用开支后7日内办理报销。

第九条 公司行政部、财务部是本规定的监督管理部门,凡是不符合本规定的招待费用一律不得报销。行政部、财务部工作人员不遵循本规定或任意扩大业务招待费报销标准和范围的,将追究当事人责任。

第十条 本细则自发文之日起执行。

第十一条 本细则的编写、修改及解释权归行政部所有。

执行部门		监督部门		编修部门	
编制日期		审核日期		批准日期	

二、行政经费管理实用表格

(一)部门办公费用预算计划表

编号:

单位:元

部门	日常办公费用	维修费用	印刷费用	网络维护费用	咨询费用	资料文件费用	其他费用	合计
研发部								
生产部								
销售部								
售后服务部								
行政部								
人力资源部								
合计								
编制部门								
编制日期								

（二）费用报销申请单

表格名称	\multicolumn{10}{c}{××公司费用报销申请单}
编号	

员工姓名		所属部门			岗位职务						
费用项目	费用说明	费用金额									附件 张
		千	百	十	万	千	百	十	元	角	分	
金额（大写）				合计								
财务审批	财务主管审批	财务复核	部门流程审核	经办人	报销人
签字：日期：	签字：日期：	签字：日期：	签字：日期：	签字：日期：	签字：日期：

（三）外勤费用报销单

编号：
报销时间：

员工姓名			所属部门		岗位职务						
序号	费用项目	费用说明	费用金额								
			千	百	十	万	千	百	十	元	角	分
1	交通费											
2	资料费											
3	交际费											
4	补贴费											
5	其他费用											
合计（大写）			合计									
财务审批	财务主管审批	财务复核	部门经理审核	经办人	报销人
签字：日期：	签字：日期：	签字：日期：	签字：日期：	签字：日期：	签字：日期：

（四）差旅费用报销单

编号：
填表时间：

员工姓名				岗位职务									
出差地点				出差事由									
备注													
起止日期	＿＿＿年＿＿月＿＿日至＿＿＿年＿＿月＿＿日，共计＿＿天												
日期	起止地点	交通费	住宿费	餐费补助	其他杂费	费用金额							附件　　　张
						十万	万	千	百	十	元	角	分
金额（大写）				合计									
财务审批	财务主管审批		财务复核		部门流程审核		经办人			报销人			
签字：日期：	签字：日期：		签字：日期：		签字：日期：		签字：日期：			签字：日期：			

（五）车辆费用报销单

编号：
填表日期：

部门		驾驶员	
车号		车　型	
预支期间	＿＿＿年＿＿月＿＿日至＿＿＿年＿＿月＿＿日		
备注			
项目	金额	（单据粘贴处）	
合计		金额（大写）	
财务审批	财务主管审批	财务复核	部门经理审核	经办人	报销人
签字：日期：	签字：日期：	签字：日期：	签字：日期：	签字：日期：	签字：日期：

（六）招待费用报销单

编号：
填表日期：

员工姓名				所属部门								
岗位职务				招待事由								
招待对象												
招待人数				客人_____人，陪同_____人								
备注												
日期	招待地点	餐饮费	住宿费	礼品礼金	其他费用	金额合计						
						十万	万	千	百	十	元	角	分
金额（大写）					合计							
财务审批	财务主管审批		财务复核	部门经理审核		经办人		报销人				
签字：日期：	签字：日期：		签字：日期：	签字：日期：		签字：日期：		签字：日期：				

附件　　张

（七）通信费用报销单

编号：
填表日期：

员工姓名		所属部门		岗位职务	
通信工具类别	□固定电话 □移动电话 □其他		通信号码		
费用明细					
费用（合计）			大写金额		
部门经理审核				签字： 日期：	
财务审批				签字： 日期：	

第三章

行政办公人员管理

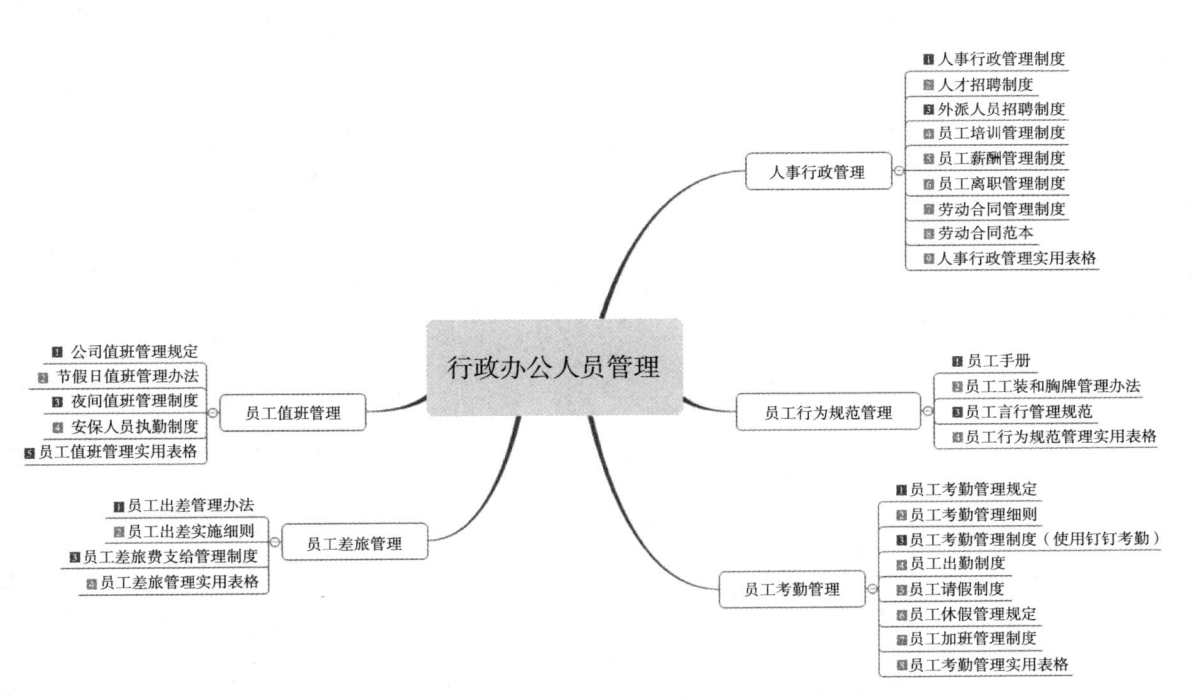

- 人事行政管理
  - 1 人事行政管理制度
  - 2 人才招聘制度
  - 3 外派人员招聘制度
  - 4 员工培训管理制度
  - 5 员工薪酬管理制度
  - 6 员工离职管理制度
  - 7 劳动合同管理制度
  - 8 劳动合同范本
  - 9 人事行政管理实用表格

- 员工值班管理
  - 1 公司值班管理规定
  - 2 节假日值班管理办法
  - 3 夜间值班管理制度
  - 4 安保人员执勤制度
  - 5 员工值班管理实用表格

- 员工行为规范管理
  - 1 员工手册
  - 2 员工工装和胸牌管理办法
  - 3 员工言行管理规范
  - 4 员工行为规范管理实用表格

- 员工差旅管理
  - 1 员工出差管理办法
  - 2 员工出差实施细则
  - 3 员工差旅费支给管理制度
  - 4 员工差旅管理实用表格

- 员工考勤管理
  - 1 员工考勤管理规定
  - 2 员工考勤管理细则
  - 3 员工考勤管理制度（使用钉钉考勤）
  - 4 员工出勤制度
  - 5 员工请假制度
  - 6 员工休假管理规定
  - 7 员工加班管理制度
  - 8 员工考勤管理实用表格

扫一扫，获取
本章规范表格

第一节　人事行政管理

企业人事行政管理工作主要包括制订人力资源计划、组织人才招聘、进行人才任用与升迁以及工资待遇、劳动保障等内容。

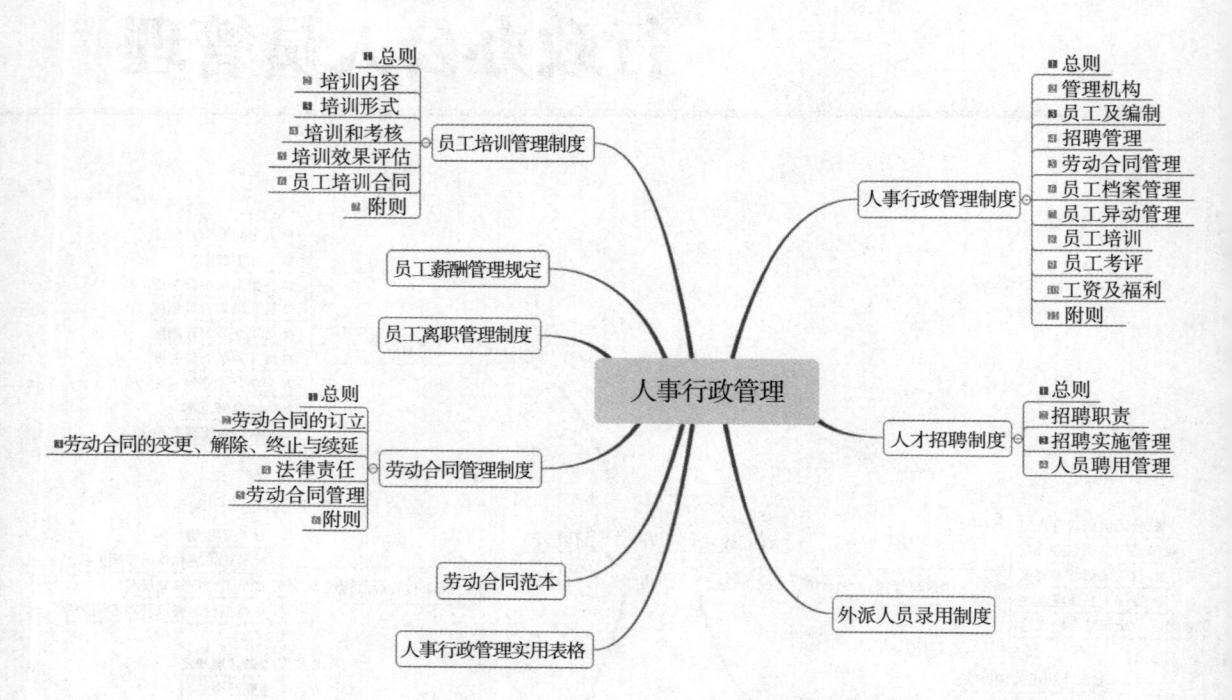

```
                                            ■总则
             ■总则                           ■管理机构
             ■培训内容                       ■员工及编制
             ■培训形式                       ■招聘管理
             ■培训和考核 ─ 员工培训管理制度   ■劳动合同管理
             ■培训效果评估                   ■员工档案管理 ─ 人事行政管理制度
             ■员工培训合同                   ■员工异动管理
             ■附则                           ■员工培训
                                              ■员工考评
                          员工薪酬管理规定    ■工资及福利
                                              ■附则
                          员工离职管理制度

                                   人事行政管理
                                                            ■总则
      ■总则                                    人才招聘制度  ■招聘职责
■劳动合同的订立                                               ■招聘实施管理
■劳动合同的变更、解除、终止与续延              ─ 劳动合同管理制度
      ■法律责任                                               ■人员聘用管理
      ■劳动合同管理
      ■附则
                          劳动合同范本
                                                外派人员录用制度
                          人事行政管理实用表格
```

一、人事行政管理制度

范例一：人事行政管理制度

制度名称	××公司人事行政管理制度	受控状态	
		编号	
第一章　总则			
第一条　为使本公司人力资源管理走上正规化、制度化、现代化的道路，在有章可循的情况下提高人力资源管理水平，造就一支高素质的员工队伍，特制定本制度。			

续表

第二条　公司人力资源管理基本准则是：公开、公平、公正，有效激励和约束每一个员工。

1. 公开是指强调各项制度的公开性，提高执行的透明度。

2. 公平是指坚持在制度面前人人平等的原则，为每个员工提供平等竞争的机会。

3. 公正是指对每个员工的工作业绩做出客观公正的评价并给予合理的回报，同时赋予员工申诉的权利和机会。

第二章　管理机构

第三条　行政人事部是公司从事人力资源管理与开发工作的职能部门，主要职责包括：

1. 依据公司业务实际需要，研究组织职责及权限划分方案及其改进方案。

2. 负责制定公司人力资源战略规划，配合公司经营目标，根据人力分析及人力预测的结果，制订人力资源发展计划。

3. 设计、推行、改进、监督人事管理制度及其作业流程，并确保其有效实施。

4. 定期收集公司内外人力资源资讯，建立公司人才库，保证人才储备。

5. 负责各部门人员联络沟通、组织会议，协助各部门做好本部门统计工作。

6. 负责部门文件的申请及发放，现金报销单等的记录，协调人事管理工作有关事项。

7. 创造良好的人才成长环境，建立不同时期下高效的人才激励机制及畅通的人才选拔渠道。

8. 负责公司定岗定编、调整工作岗位及内容等工作。

9. 制定公司招聘制度、录用政策并组织实施。

10. 管理公司劳动用工合同、员工人事档案。

11. 负责员工异动的管理工作。

12. 负责部门考勤（出勤、年假、加班等的平衡）。

13. 制定员工的薪资福利政策。

14. 制定教育培训制度，组织开展员工的教育培训。

15. 制定人事考核制度，定期组织开展员工的考评，重点是员工的绩效考评。

16. 其他相关工作。

第四条　公司实行全面人力资源管理，各部门第一负责人主管本部门人力资源工作，有义务提高员工工作能力，创造良好条件，发掘员工潜力，同时配合行政人事部传达、宣传人力资源政策，贯彻执行人力资源管理制度，收集反馈信息。

第三章　员工及编制

第五条　凡公司聘用的正式、试用、临时、兼职人员，均为公司员工。公司将员工划分为管理人员、技术开发人员、市场营销人员、一般行政人员、工人及其他人员六大类别。

第六条　行政人事部须就各项工作职责的任务以及工作人员的条件等进行分析研究，制作《职务说明书》，作为员工聘用、管理、考评的依据。

第七条　公司实行定员定岗定编管理，在保证经营运行的前提下控制人力成本。

第八条　根据编制，本公司应定期召开人力检查会，就现有人员工作能力、流动率、缺勤情况及应储备人力与需求人力进行正确、客观的检查及建议，作为行政人事部制订人力计划和开发人力资源的依据。

第九条　各部门如需增补人员，应先到行政人事部领取并填写"人员增补申请单"及"岗位描述"（生产作业人员除外），交行政人事部办理。

续表

第十条　行政人事部受理人员增补申请时，应审查所申请人员是否为编制内需求，其职位、薪资预算是否在控制之内，增补时机是否恰当。审核通过后提出正确的拟办建议，呈总经理审批。

第四章　招聘管理

第十一条　公司将招聘划分为计划内招聘、计划外招聘、公司战略性招聘及特殊渠道引进人才。

1. 计划内招聘须经用人部门的上一级领导批准，行政人事部依据人员编制计划实施控制。
2. 计划外招聘由董事长审批。
3. 公司战略性招聘实行专项报批，由总经理提出申请，报经董事长审批。

第十二条　计划内招聘程序。

1. 用人部门根据部门职能中开展的业务和管理等需要填写"员工需求申请表"。
2. 行政人事部决定招聘方式，并发布招聘信息。招聘渠道有人才市场、招聘网络、内部推荐、猎头公司、职介所等。
3. 行政人事部依据所需招聘的岗位职责和求职者提供的资料进行招聘。
4. 用人部门主持进行面试，行政人事部或公司领导视需要情况参加。
5. 面试后3日内，用人部门应向行政人事部提交面试评价表或结论。行政人事部收到后，实施终审，终审有权否决。
6. 行政人事部向终审合格的人才发出录用通知书并收取如下证件：
（1）身份证复印件。
（2）1寸照片（×张）。
（3）体检合格表。
（4）学历证书复印件。
7. 员工报到入职（试用）。
8. 员工背景调查。

第十三条　计划外招聘程序。计划外招聘首先经董事长批准，然后履行计划内招聘程序。

第十四条　战略性人才招聘程序。

1. 行政人事部根据经董事长批准的招聘计划，组成招聘小组。
2. 招聘小组对人才进行初步选择。
3. 招聘小组对人才进行面试、笔试、终审。
4. 终审合格者发出录用通知书并收取如下证件：
（1）身份证复印件。
（2）1寸照片（×张）。
（3）体检合格表。
（4）学历证书复印件。
5. 员工报到入职（试用）。
6. 员工背景调查。

第十五条　特殊渠道引进人才的程序。

1. 各类渠道直接向董事长推荐人才或委托猎头公司搜索人才。
2. 行政人事部组成招聘小组，由董事长亲自主持初试。

3. 素质测试。
4. 招聘小组综合评定，必要时聘请人力资源专家协助。
5. 录用并收取如下证件：
（1）身份证复印件。
（2）1寸照片（×张）。
（3）体检合格表。
（4）学历证书复印件。
6. 行政人事部为人才办理入职手续。

第十六条　行政人事部应引导新入职人员依程序办理下列工作：
1. 领取员工制度管理规范手册。
2. 向其说明公司考勤规定。
3. 填写"员工应聘申请表"，登记"应聘人员录用表"。
4. 登记职工花名册。
5. 填制"薪资通知单"，办理薪酬核定。
6. 收齐报到应缴资料连甄选名单建立个人资料档案，编号列管。

第十七条　人才试用规定。
1. 除特殊渠道引进的人才外，其余人员试用上岗前，均须接受岗前培训，培训合格后方可上岗。
2. 试用期间用人部门领导应安排好新员工的指导员，并做好绩效记录。
3. 新员工入职手续办理成功后，进入1～6个月的试用期。特殊人才经董事长批准可免予试用或缩短试用期。

第十八条　正式聘用规定。
1. 试用期满，直接主管部门严格对照《职务说明书》的任职资格，如实填写"试用员工评定表"并提出意见，意见包括：同意转正、予以辞退、延长试用期。
2. 行政人事部审查，决定是否采纳直接主管部门的意见。
3. 凡需延长试用期限，其直接主管与中层管理人员应详细述说原因。不能胜任者予以辞退，试用期事假达××天者予以辞退，病假达××天者视情况予以辞退或延长试用期，存在迟到、早退达三次或旷工记录者予以辞退。
4. 试用合格者，在出具原单位离职证明后，由行政人事部代表公司与其签订聘用合同。
5. 聘用合同期满，按双向选择续签合同。

第五章　劳动合同管理

第十九条　劳动合同是劳动者与用人单位确定劳动关系、明确双方权利和义务的协议，凡在公司工作的员工都必须按规定与公司签订劳动合同。

第二十条　劳动合同签订规定。
1. 试用员工与公司签订《劳动试用协议》，用以明确试用期间双方的权利和义务关系。
2. 临时或兼职员工与公司签订《临时（兼职）劳动协议》，明确双方权利和义务关系。
3. 试用合格，正式聘用的员工在接到由行政人事部通知后5日内到行政人事部签订《劳动合同》。如因特殊原因不能5日内签订劳动合同，应及时说明理由，否则视为自动延长试用期。

续表

第二十一条 劳动合同期限规定
1. 公司高层领导职务 15 年。
2. 中级管理岗位职务 10 年。
3. 中级以下管理岗位职务 5 年，一般技术人员 3 年，一般行政人员和工人为 1 年。
4. 正式员工如不愿按要求的年限签订劳动合同，可与公司协商劳动合同年限，协商年限须人力资源总监批准。

第二十二条 签订 3 年以上劳动合同的员工须承诺保守公司商业机密。

第二十三条 员工首次签订劳动合同时，应书面声明无原单位或已与原单位依法解除劳动合同关系。

第二十四条 在员工劳动合同期满前 10 日，由行政人事部通知员工本人及用人部门，用人部门根据员工合同期内工作表现确定是否继续聘用该员工，并将结果及时通知行政人事部。行政人事部根据双方续签劳动合同的意愿，通知员工签订劳动合同。员工在接到通知 3 日内到行政人事部签订劳动合同，逾期不签且未作说明者，即视为自动待岗。

第二十五条 员工劳动合同期满而原工作部门不同意续签，员工又不能联系到新工作部门的，劳动合同终止；合同期满员工不愿意再在公司工作的，可以终止劳动合同；合同约定的终止条件出现，合同亦应终止。

第二十六条 行政人事部于合同终止当日通知合同终止，员工办理终止劳动合同及离职手续。

第二十七条 在试用期被证明不符合录用条件，或者严重违反公司规章制度、严重失职、营私舞弊，给公司利益造成重大损失，或者被依法追究刑事责任的员工，公司有权随时解除劳动合同。

第二十八条 员工在试用期可以随时要求解除劳动合同，非试用期内要求解除劳动合同应提前 30 天提出申请，经批准同意后办理离职手续。

第二十九条 员工提出解除劳动合同，在未得到批准和办完解除劳动合同手续前应坚持本岗位工作，不得在外应聘、兼职和就业。

第六章 员工档案管理

第三十条 员工档案包括：
1. 履历材料。
2. 自传材料。
3. 鉴定、考核、考察材料。
4. 评定岗位技能和学历材料（包括学历、学位、学绩、培训结业成绩表和评定技能的考绩、审批等材料）。
5. 政审材料。
6. 参加中国共产党、共青团及民主党派的材料。
7. 奖励材料。
8. 处分材料。
9. 劳动合同、调动、聘用、复员退伍、转业、工资、保险福利待遇、出国、退休、退职等材料。
10. 其他可供组织参考的材料。

续表

第三十一条 公司员工内部档案应及时、全面地收集到行政人事部统一保管；各部门应主动将平时形成的应归档材料及时送交行政人事部保管；驻外机构在当地招聘的人员须建立详细的人事资料存档备查，并将所聘人员的主要个人资料整理汇总后交公司行政人事部存档。

第七章 员工异动管理

第三十二条 员工异动包括：调动、待岗、休长假、辞职、辞退、资遣、除名等情形。

第三十三条 出现员工异动，原工作部门应监督其及时办理异动手续，若因部门管理不善，离职人员带走公司财物和技术秘密，一概由原工作部门负责人承担责任。

第三十四条 员工异动的主管部门是行政人事部，其他部门无权对员工异动做出批准决定。凡未经行政人事部认可的私自异动均为无效异动，当事人将受到相应处罚。

第三十五条 内部调动是指员工在公司内部的部门变动，调动方式包括两种：

1. 新工作部门因工作需要，经与拟调动员工原部门领导协商同意的员工调动。

2. 员工认为现工作岗位不适合，经与新工作部门联系，并得到原工作部门同意的员工调动。

第三十六条 员工内部调动须经原工作部门领导及上一级领导和新工作部门领导及上一级领导签字同意，公司人力资源总监批准，在办理完异动交接手续后方可到新工作部门上岗。

第三十七条 员工内部调动程序为：

1. 由调入部门填写"员工内部调动通知单"，由调出及调入部门负责人双方同意并报人事部门经理批准，部门经理以上人员调动由总裁（子公司由总经理）批准。

2. 批准后，行政人事部应提前以书面形式通知本人，并以人事变动发文通报。

3. 普通员工须在3天之内，部门负责人在7天之内办理好工作交接手续。

4. 员工本人应于指定日期履任新职，行政人事部将相关文件存档备查，并于信息管理系统中进行信息置换。

5. 行政人事部根据该员工于新工作岗位上的工作职责对其进行人事考核，评价员工的异动结果。

第三十八条 员工外调是指因工作需要，本公司员工被公司安排到其他公司协助工作，公司保留其员工资格，但由新公司发放其薪资并提供福利。

1. 员工的外调由公司安排，员工无权主动提出外调。

2. 员工外调须经原工作部门领导和上一级领导同意，经人力资源总监批准和总经理批准，并办理异动交接手续。

3. 员工外调，公司将与员工新公司签订《员工租借协议》。

4. 外调员工外调期满回公司，应由外调单位出具外调期间工作评价，作为员工考评档案存档。

5. 外调员工必须严格保守公司秘密，不得损害公司形象及利益。

第三十九条 员工待岗的情形包括：因公司机构和人员编制调整，员工无法胜任本岗位职务的，或因员工违反公司的相关制度和纪律，在合同期内公司撤销其职务，交由集团人力资源部管理的。

第四十条 待岗程序为：

1. 办理员工异动交接手续。

续表

2. 到行政人事部办理待岗手续。

3. 待岗。

第四十一条 待岗期间只发放最低生活费，按当地政府规定标准发放，待岗者待岗期间不享受福利。

第四十二条 待岗者如果在待岗期间另谋职业，须先按辞职程序办理离职手续，否则视为违反双方签订的《劳动合同》。

第四十三条 待岗期限为3个月，若待岗期满未能联系到接收单位，按员工辞退办理，特殊情况经人力资源总监批准者可延长待岗时间，但当法律规定可解除劳动合同的条件具备时，应当立即解除劳动合同。

第四十四条 员工休长假是指员工休假天数超过半个月以上，半年以内者。

第四十五条 员工休长假办理程序为：

1. 休长假员工提前5个工作日填报"员工异动申报表"。
2. 原工作部门领导和上一级领导同意。
3. 行政人事部和总经理批准。
4. 办理员工异动交接手续。
5. 签订合同期内休假协议。
6. 休假。

第四十六条 休长假者不连续计算工龄。

第四十七条 休长假期间不发放工资、津贴，不享受公司福利。

第四十八条 辞职是指员工因本人原因离开公司而与公司终止劳动合同关系。辞职办理程序为：

1. 辞职员工应提前30天向直接上级提交"辞职申请表"，经批准后转送行政人事部审核，高级员工、部门经理以上管理人员辞职必须经总裁批准。
2. 收到员工辞职申请报告后，行政人事部门负责了解员工辞职的真实原因，并将信息反馈给相关部门，以保证及时进行有针对性的工作改进。
3. 员工填写"离职手续清单"，办理工作移交和财产清还手续。
4. 行政人事部统计辞职员工考勤，计算应领取的薪金，办理社会保险变动。
5. 员工到财务部办理相关手续，领取薪金。
6. 行政人事部将"离职手续清单"等相关资料存档备查，并进行员工信息资料置换。

第四十九条 员工辞职手续办理完毕，由行政人事部代表公司与其签订《解除劳动合同协议》。

第五十条 员工辞职必须办理辞职手续，对未提出辞职申请或办理正常辞职手续即离开公司的员工视为自动离职。

1. 对自动离职者，公司将作除名处理。
2. 员工自动离职后，其原工作部门负责人应在2日内向行政人事部递交员工异动说明，异动说明应经部门领导签字，并写明员工离岗时间。
3. 员工自动离职，其原工作部门负责人应在2日内到财务、物资、金融等职能部门查清该员工是否有财、物问题，如有问题应及时报行政部，由行政部转法律顾问。

第五十一条 公司有权对下列情况之一者即时辞退，而无需事先通知：

1. 试用期间不符合录用条件的。
2. 严重违反公司管理制度、规定和职业道德的。

3. 严重失职、以权谋私，给公司造成重大利益损失的。
4. 被依法追究刑事责任的。
5. 正式员工考评不称职，经调动后仍不能胜任工作或拒绝调动的。

此外，公司生产、经营状况发生严重困难或濒临破产，需裁减人员时，公司可辞退员工。

第五十二条 辞退员工程序如下：
1. 部门填报"员工异动申报表"并出具辞退员工事实依据。
2. 部门上一级领导审批同意。
3. 办理员工异动交接手续。
4. 行政人事部批准。
5. 辞退。

第五十三条 中级管理人员辞退，最终审批权属总经理；高级管理人员辞退，最终审批权属董事长。

第五十四条 出现下列情形之一，公司对员工实行资遣：
1. 依照企业破产法规定进行重整的。
2. 公司生产经营发生严重困难的。
3. 因转产、重大技术革新或者经营方式调整，经变更劳动合同后，仍需裁减人员的。
4. 其他因劳动合同订立时所依据的客观经济情况发生重大变化，致使劳动合同无法履行的。

第五十五条 资遣费标准如下：
1. 有效工作时间在1年以内者，发相当于1个月基本工资的资遣费。
2. 有效工作时间1年以上3年以内者，发放相当于3个月基本工资的资遣费。
3. 有效工作时间3年以上的，在发放相当于3个月基本工资的资遣费的同时，每增加1年，增发相当于1个月基本工资的资遣费。

第五十六条 资遣程序：
1. 由用人单位行政人事部出具资遣意见，总经理审核，董事长审批。
2. 已确定资遣的员工，由行政人事部负责通知被资遣员工，并签订《解除劳动合同协议书》。

第五十七条 员工在收到资遣通知后，应于1周内办理离职手续，逾期作辞退处理且不发放资遣费。

第五十八条 当公司再次招聘时，被资遣人员可以优先录用，并且可以连续计算以前工龄。但再遇资遣，只按新工作年限发放资遣费。

第五十九条 员工存在下列情形之一，公司将予以除名：
1. 自动离职，未按公司规定办理相关辞职手续。
2. 一年内累计旷工达6天或连续旷工3天。
3. 营私舞弊、挪用公款、收受贿赂。
4. 违抗命令或玩忽职守，情节严重。
5. 聚众罢工、怠工、造谣生事、破坏正常工作和生产秩序。
6. 盗用公司印信，或涂改文件，或伪造证件者。
7. 年终考核不合格，经留用考查仍不合格。
8. 未经公司总裁同意擅自在外兼职。
9. 利用公司名义，进行个人技术与经济商贸活动。
10. 泄露公司重大机密。

11. 在工作中利用职务之便犯有严重经济问题，给公司带来重大损失。
12. 严重违反公司有关规章制度的其他行为。

第六十条　对拟除名的员工，由相关部门提出书面报告，经行政人事部核实报公司总裁批准，由行政人事部发出除名通知。

第六十一条　被除名员工，公司将不再录用。

第八章　员工培训

第六十二条　公司员工培训的种类包括：新员工培训、试用转正培训、转岗晋级培训、在职培训和特殊专项岗位培训。

第六十三条　行政人事部负责培训计划的制订。

1. 每年12月底之前行政人事部向各个部门分发"年度培训需求调查表"，进行年度培训需求调查，提出次年培训需求，交行政人事部汇总。
2. 培训计划的内容包括：培训课程、培训目标、培训对象、培训时数、讲师、培训方式。

第六十四条　新员工培训规定。

1. 新员工在上岗前，一律参加由行政人事部统一组织的新员工培训。
2. 新员工培训内容包括：企业概况、企业制度及员工手册、薪资福利、财务制度、安全知识、沟通渠道等。
3. 新员工入职培训期为1天，入职培训为新员工入职后一个月内实施，各部门可根据具体情况确定相关业务培训日期。
4. 岗前入职培训由行政人事部制订培训计划和方案并组织实施，采用集中授课及讨论形式。
5. 在岗培训由新员工所在部门负责人对其已有的技能与工作岗位所要求的技能进行比较评估，找出差距，以确定该员工培训方向，并指定专人实施培训指导，人力资源部跟踪监控。
6. 新员工培训结束后，实行统一考试，考试不合格，予以辞退。
7. 行政人事部设计"培训评估表"，于培训结束时交由培训学员填写。行政人事部汇总后对本期培训效果做出评估，包括对培训教师、培训内容、培训形式及技巧和培训实施等各方面评估。
8. 新员工培训合格是转正的重要条件之一，未参加培训的新员工不予转正。

第六十五条　在职培训的规定。

1. 在职员工培训由行政人事部组织、目的是提高员工的自身素质及工作效率，掌握经营管理、专业技术、服务方法的新知识、新方法和新理论。
2. 在职培训内容：
（1）岗位责任，工作内容。
（2）操作标准，工作流程。
（3）与部门业务有关的操作及管理知识。
（4）新设备、新产品、新技术、新操作流程培训。
（5）投诉事件的反应与处理，进行安全分析。
（6）礼节礼貌、仪容培训。
（7）综合素质培训（包括职业道德、安全教育、归属感等）。

第六十六条　试用转正培训、转岗晋级培训和特殊专项岗位培训由行政人事部根据需要组织实施。

续表

第九章 员工考评

第六十七条 员工考评结构。公司员工考评由业绩考评、能力考评和态度考评三方面构成。

第六十八条 考评层次规定。

1. 高层管理者由董事会考评。
2. 中层及以下人员实行三方考评，三方成绩汇总为考评最终成绩。此处"三方"指的是直接上级、直接下级、服务部门，三方所占权重分别为30%、30%、40%。

第六十九条 绩效考评程序。

1. 每月1～5日为考评日，考评日开始日10天前，行政人事部做好考评准备工作。
2. 考评开始日5天前提醒各部门做好考评准备。
3. 考评实施。
4. 行政人事部审核、整理、复核考评表，计算考评成绩，填写绩效考评成绩统计表，编制并上报绩效考评综合报告。

第七十条 考评结果的保管与查阅。

1. 绩效考评成绩统计表、素质考评成绩统计表以及专项考评资料存入员工档案。
2. 员工履行查阅手续后，可以查阅本人的考评成绩。
3. 考评成绩的查阅按人事档案查阅有关规定执行。

第七十一条 考评申诉规定。

1. 被考评者若对考评结果有异议、疑问或有不同意见，可以直接向行政人事部申诉。
2. 行政人事部必须在接到申诉后一周内听取有关考评者的意见，拟订申诉处理意见，经各方协商后通知申诉员工。员工若有异议，可以越级申诉。

第十章 工资及福利

第七十二条 公司薪酬管理坚持如下基本原则：

1. 保证生活、安定员工的原则。
2. 有利于能力开发原则。
3. 谋求稳定、合作的劳资关系原则。
4. 工资增长率低于劳动生产增长率，工资增长率低于利润增长率的原则。
5. 综合核定原则，即员工薪酬参考社会物价水平、公司支付能力以及员工担任工作的责任轻重、难易程度及工龄、资历等因素综合核定。

第七十三条 公司实行年薪制与月薪制并存的工资体制。

第七十四条 月薪以及年薪按月发放部均在每月15日以银行转账方式发放。

第七十五条 工资实行保密发放。

第七十六条 薪资岗位职员须负责工资明细表和总额表的制作，报批、统计、汇总，并于次月初将工资发放总表分别报财务部，同时负有保密的责任，若薪资岗位工作失误造成泄密事件，将对其严惩直至除名。

第七十七条 工资薪酬实行统一管理。

第七十八条 行政人事部在发放工资时，附上工资组成及扣款项目的详细说明，若员工当月工资有误，可到行政人事部查询。

续表

　　第七十九条　凡公司正式员工，入职后享有的福利包括：休假、劳动保护、培训、住房补贴、社会统筹保险、伤残伤亡抚恤。

　　第八十条　公司福利除休假、培训、健康检查按公司制度执行外，其余均按照国家和地方法规定标准执行。

第十一章　附则

　　第八十一条　本制度自××年××月××日起执行。

　　第八十二条　本制度由行政人事部负责解释、修订和补充。

执行部门		监督部门		编修部门	
编制日期		审核日期		批准日期	

❖ 小贴士

　　辞退员工的注意事项有：

　　（1）在决定辞退员工之前，应该进行周密的考虑。要保证有充分的辞退理由，分析辞退行为的可能后果，并提前准备必要的应对措施。

　　（2）要允许被辞退者依法申诉，并按照法律的规定，由企业劳动争议调解委员会进行调解。

　　（3）要与员工充分沟通，使员工了解被辞退的原因；辞退后要与被辞退员工及时沟通，尽量取得其配合，而且要与其他员工讲解辞退的缘由，取得他们的理解与支持。

　　（4）被辞退员工可先在企业内部调剂，如不能调剂再辞退，尽量避免人才流失。

范例二：人才招聘制度

制度名称	××公司人才招聘制度	受控状态	
		编号	

第一章　总则

第一条　目的。

为满足公司持续、快速发展需要，保证招聘工作的规范化、程序化、科学化，特制定本制度。

第二条　适用范围。

公司各部门选聘新进人员时依本制度执行。

第三条　招聘原则。

公司招聘坚持公开、公平、公正的原则，遵循同等条件下择优录取的用人方法。

第二章　招聘职责

第四条　人力资源部职责。

1. 根据公司发展战略制定公司中、长期人力资源规划。
2. 制定和完善公司招聘管理制度，规范招聘流程。
3. 确定公司年度招聘计划，并制定与之匹配的招聘策略。
4. 招聘策略、招聘活动的组织与实施、规范与控制。
5. 对公司各项招聘活动的效果进行评估。
6. 提供各类招聘数据的统计与分析。

第五条　用人部门职责。

1. 根据部门人力资源需求状况向人力资源部提供人员需求计划。
2. 提供详细的职位说明书和任职资格说明书，明确特殊需求。
3. 协助人力资源部对候选人员进行综合测评，决定是否录用。
4. 负责新员工试用期辅导、跟踪、考核、评估、判断，决定是否转正。

第三章　招聘实施管理

第六条　招聘时机。

1. 公司有职位空缺需要补充时。
2. 公司扩大规模需要增员时。
3. 公司组织进行调整增加或引进人员时。
4. 部门新组建或增加编制时。
5. 公司需储备人才时。

第七条　招聘计划。

1. 年度招聘：各部门根据下一年度的整体业务目标和现有人力资源状况，确定部门年度人员招聘需求计划，并向人力资源部提交"年度人员招聘需求计划表"。人力资源部在此基础上制订公司年度招聘计划及费用预算，并报总经理审批。

2. 临时招聘：部门需提前7天向人力资源部提交增员、补员的申请表，人力资源部通过分析职位要求和招聘难度制订具体的招聘计划和行动方案。

第八条 招聘渠道。

根据招聘对象的来源和素质要求等，人力资源部确定以下一种或多种渠道进行招聘：

1. 外部招聘。主要有网站招聘、人才市场、校园招聘、员工介绍、猎头、媒体广告（电视、报刊等）。

2. 内部招聘。

3. 内部推荐。

第九条 招聘信息发布。

人力资源部选择合适的招聘渠道公开发布招聘信息。

第十条 人员选拔。

1. 人力资源部对应聘者资料进行初步筛选，确定初试者名单、初试时间、地点，并通知初试者。

2. 人力资源部组织对求职者的求职动机、职业道德、工作能力等进行初步测评，确定复试人员。

3. 人力资源部协同用人部门采用面试、笔试以及心理测试等多种方式，对初试合格者进行复试，以测定求职者能否胜任该职位。

第十一条 作出录用决策。

1. 人力资源部配合各用人部门对应聘者进行综合评价，并按照择优录用的原则作出录用决策。

2. 人力资源部向录用人员发送录用通知书。

3. 被录用人员按照公司规定的时间携带相关材料到人力资源部门办理入职手续，录用人员必须保证向公司提供的个人资料真实无误，若一经发现虚报、伪造，公司有权将其辞退。

4. 人力资源部根据公司相关规定，为员工办理入职手续。

第四章 人员聘用管理

第十二条 新员工上岗。

1. 新员工的上岗时间由各用人部门确定，人事部门负责及时通知。

2. 报到手续。新员工按照录用通知单的要求按时到人力资源部办理各项入职手续后，由录用部门为其安排具体工作。新员工应在人力资源部办理以下手续：

（1）填写"员工登记表"。

（2）签订《劳动合同书》或《聘用协议书》。

（3）调转人事档案及各类保险手续。

（4）其他需要提供的资料。

3. 人力资源部应提前3天通知相关部门新员工入职事宜，用人部门应及时准备新员工所需的相关办公设备。

第十三条 试用期规定。

1. 新员工试用期原则上为三个月。

2. 试用期表现优秀的，可根据情况提前转正。

3. 试用期没有达到公司要求的员工，将予以辞退。

续表

4. 在试用期结束前两周，试用期员工撰写个人试用期总结，包括工作内容总结和工作体会，发送至指导人及部门经理处。

执行部门		监督部门		编修部门	
编制日期		审核日期		批准日期	

> ❖ **小贴士**
>
> 　　招聘申请的意义主要在于发挥人力资源管理部门的监督控制作用，防止人员浪费与随意招聘人员。严格执行招聘申请工作，对公司人力资源管理水平的提高有很大的作用。
> 　　1. 招聘申请注意事项
> 　　（1）严格审核各部门的招聘申请。
> 　　（2）申请要具体、详尽。
> 　　（3）为控制招聘费用支出，应减少招聘次数，招聘申请工作要尽量集中进行。
> 　　2. 招聘申请工作程序
> 　　人员招聘工作开始于组织中各种岗位产生职位空缺，由此而提出人员增补需求。各部门招聘员工，应先向人力资源部门递交招聘申请表（包括拟招聘岗位、人数、具体要求等），经人力资源管理部门审核同意后，由人事部统一安排、组织招聘工作。
> 　　具体工作程序如下图所示。
>
> 申请部门主管／招聘申请表 → 人事部门主管／审核批准 → 公司主管／审核批准 → 招聘

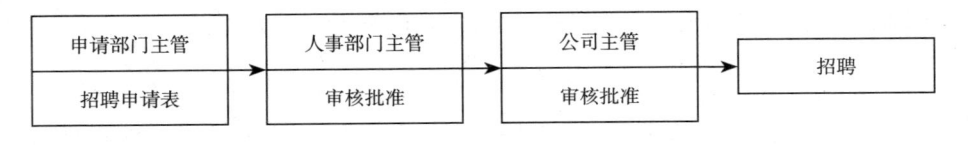

范例三：外派人员录用制度

制度名称	××公司外派人员录用制度	受控状态	
		编号	

第一条　外派人员被录用后，应组织其到相关的医院进行体检，并收集其信息资料，填写信息采集表等。行政部招聘专员负责协助办理外派员工的录用手续（安排体检、信息采集等）。

第二条　代发劳动报酬（外派员工工资）。

1. 根据公司提供的考勤卡及工资结算单，人力资源部派专人对其进行统计及核算。对于核算结果，公司分3人进行3次逐个核查，杜绝统计结果的错误。

2. 外派员工需向公司提供如下资料：

（1）工资发放日期。

（2）工资清册。

（3）需发放工资的员工身份证复印件。

（4）工号。

（5）盘片（按工号或卡号顺序，包括姓名、工资数、个调税、实发数等内容）。

3. 工资发放。

（1）员工工资以法定货币支付。公司实行工资卡制，委托银行代发工资。公司以书面形式记录支付员工工资的数额、时间、领取者的姓名，提供员工工资清单，并保存记录两年以上。

（2）外派员工工资卡由本人亲自领取，需现场提供本人的有效身份证件并签名，经行政部招聘专员核对无误之后才能领取工资卡。

第三条　根据业务要求，公司需对录用的外派员工进行入职前培训，从而使新员工更快地熟悉环境，并掌握工作基本技能。

第四条　外派员工入职后的跟踪服务由人力资源部负责，员工入职后，人力资源部派专员定期对外派员工进行信息采集和工作回访，从而动态掌握外派员工的工作及生活的变动情况。

第五条　退工的处理。

（1）外派员工存在过错、过失或者试用期内不符合要求，用工方可以立即将派遣员工退回派遣公司，无须支付经济补偿金。

（2）用工方不具备法定退工或约定退工条件的，也可以通过与派遣公司协商，在征得外派员工认可后实施退工行为。

（3）派遣协议期满的，用工方也可以退还外派员工。

执行部门		监督部门		编修部门	
编制日期		审核日期		批准日期	

范例四：员工培训管理制度

制度名称	××公司员工培训管理制度	受控状态	
		编号	

第一章　总则

第一条　为使公司的员工培训工作长期稳定统一和规范地运行，为企业培养和造就一支高素质的人才队伍，满足企业长期发展的需要，使员工培训管理有所遵循，特制定本制度。

第二条　培训内容应与员工本岗位工作密切相关。

第三条　自学与公司有组织培训相结合，培训与考核相结合，因地制宜，注重效果。

第二章　培训内容

第四条　员工培训主要应根据其所从事的实际工作需要，以岗位培训和专业培训为主。

第五条　管理人员应学习和掌握现代管理理论和技术，充分了解政府的有关方针、政策和法规，提高市场预测能力、决策能力、控制能力。

第六条　专业技术人员如财会人员、工程师、工程技术人员等，应接受各自的专业技术培训，了解政府有关政策，掌握本专业的基础理论和业务操作方法，提高专业技能。

第七条　基层管理人员应通过培训充实自己的知识，提高自己的实际工作能力。

第八条　基层工作人员须学习公司及本部门各项规章制度，掌握各自岗位责任制和要求，学会业务知识和操作技能。

第九条　公司其他人员也应根据本职工作的实际需要参加相应的培训。

第三章　培训形式

第十条　脱产培训。长期或短期离开工作岗位到相关培训机构、学校进行学习。

第十一条　在岗培训。利用工作闲时或在工作过程中进行学习。

第十二条　业余培训。利用休息时间集中学习。

第四章　培训和考核

第十三条　每年年初，各部门应将半年或全年部门员工培训计划报公司办公室，经总经理批准后实施。

第十四条　参加培训的员工应接受公司的考核。

第十五条　员工的考核成绩将保存在本人的员工档案内，并作为绩效考核的内容之一。

第五章　培训效果评估

第十六条　培训效果评估要从有效性和效益性两方面进行，有效性是指培训工作对培训目标的实现程度，效益性是指培训给公司带来的社会效益和经济效益。

第十七条　可采取报告、问卷调查及绩效评估的方式进行评估，以此检查员工掌握的新知识、新技能和工作态度的变化，并接收员工对培训工作的意见或建议，以利于改进今后的培训工作。

第六章　员工培训合同

第十八条　由公司培训的员工，在培训之前，应与公司签署《员工培训合同》。

续表

第十九条　由公司支付培训费用的员工，由于本人原因，没有为公司服务满《员工培训合同》中规定的期限，应根据合同向公司支付赔偿费。公司支付过多次培训费用的员工，由于本人原因，解除劳动合同时，应分别计算每次培训所需补偿的费用后，根据累计赔偿费向公司支付赔偿费。

第七章　附则

第二十条　本制度自发布之日起实施。

执行部门		监督部门		编修部门	
编制日期		审核日期		批准日期	

❖ **小贴士**

制订培训计划时需要考虑的因素：

1. 员工的参与

为了使员工加深对培训的了解，可让员工参与设计和决定培训计划，除了加深了解外，还能增加员工对培训计划的兴趣和承诺。员工的参与可使课程设计更切合员工的真实需要。

2. 管理者的参与

通常各部门主管对于部门内员工的能力、所需何种培训有一定的了解。培训计划者或最高管理阶层对培训计划更清楚，因此管理者的参与、支持及协助，对计划的成功有很大的帮助。

3. 预测培训所需时间

在制订培训计划时，应准确预测培训所需时间以及该段时间内人员调动是否会影响组织的运作。课程的编排及培训方法应严格按照预先计划的时间表执行。

4. 培训计划成本

培训计划必须符合组织的资源限制。能否确保经费的来源和能否合理地分配和使用经费，不仅直接关系到培训的规模、水平及程度，而且也关系到培训者与学员能否有很好的心态来对待培训。

范例五：员工薪酬管理规定

制度名称	××公司员工薪酬管理规定	受控状态	
		编号	

第一条　目的。

为规范公司及公司各成员的薪酬管理，充分发挥薪酬体系的激励作用，特制定本薪酬管理规定。

第二条　适用范围。

本管理规定适用于本公司全体员工。

各部门必须严格按照此管理规定执行，未经总经理同意，任何个人和部门不得更改本规定执行。

第三条　工资结构。

1. 基本工资：即劳动者所得工资额的基本组成部分，用于保障员工基本生活，较之工资的其他组成部分具有相对稳定性。

2. 岗位工资：是指以岗位劳动责任、所需知识技能、劳动强度、劳动条件等为依据确定的工资。

3. 工龄工资：公司根据员工为公司服务年限的长短给予的津贴。

4. 绩效工资：指员工完成岗位责任及工作，公司对该岗位所达成的业绩而予以支付的薪酬部分。

5. 各类补贴：是对员工的工作经验、劳动贡献等的积累所给予的补偿。公司可根据实际情况对各类补贴项目及享受标准进行调整。

6. 个人相关扣款：扣款包括各种福利和个人必须承担的部分、个人所得税及因员工违反公司相关规章制度而被处罚的罚款。

7. 销售提成：公司相关销售人员享受销售提成，按公司销售提成相关规定执行。

8. 奖金：奖金是公司为了完成专项工作或对做出突出贡献的员工的一种奖励。

第四条　工龄工资。

1. 新员工入职满一年后，至第一个月开始计发工龄，正式员工每人每年加薪××元。

2. 工龄工资计算以劳动合同期限为准，满一年后在第一个月工资内同时发放。

3. 中途离职，员工无论基于何种理由离开公司后又回来工作的，工龄工资从新入职起计算。

4. 在发放前离职（包括辞职、辞退）人员，已提出辞职申请或已经审批同意的员工，不享受工龄工资。当月事假超过7天不享受工龄工资。

第五条　工资计算方法。

1. 加班工资：

（1）由于工作需要并经部门经理以上认可的员工加班费计入当月个人薪酬收入，随月工资一起发放。

（2）公司综合计算工时制和不定时工时制不计算加班工资。

（3）加班工资的计算：加班工资 =（基本工资 + 津贴）÷ 21.75 ÷ 8 × 加班时数。

2. 事假和非工伤假期间不计发工资，其间基本工资、津贴、加班工资、工龄工资、奖金（提成）为0。

续表

3. 在发工资前请假10天或请假超过30天，且在发工资时仍未上岗。工资暂停发放，到岗后一并发放，社会保险在当月或上个月工资中连续扣除。

4. 试用期员工工资按该员工实际出勤天数计算。

5. 正常离职员工工资在公司发工资时一并发放。没有特批不得立即结算工资。

第六条　薪酬调整。

1. 整体调整：指公司按照国家政策和物价水平等宏观因素的变化、行业及地区竞争状况以及公司整体效益情况而进行的调整，包括薪酬水平调整和薪酬结构调整，调整幅度由总经理根据经营状况决定。

2. 个别调整：主要指薪酬级别的调整，分为定期调整与不定期调整。

（1）定期调整是指公司在年底根据本年度绩效考核结果对员工岗位工资进行的调整。

（2）不定期调整是指由于职务变动等原因对员工薪酬进行的调整。

（3）各岗位员工薪酬调整由总经理审批，审批通过的调整方案和各项薪酬发放方案由行政人事部执行。

第七条　附则。

1. 本管理规定解释权属行政部。

2. 本管理规定由董事长（总经理）批准后发布执行。

执行部门		监督部门		编修部门	
编制日期		审核日期		批准日期	

范例六：员工离职管理制度

制度名称	××公司员工离职管理制度	受控状态	
		编号	

第一条　目的。

为加强员工离职管理，降低员工离职率，减少劳资纠纷，特制定本制度。

第二条　适用范围。

适用于公司及办事处全体全日制员工的离职作业（无论何种原因离职，均依本制度办理，若有特例，须由总经理签字认可），非全日制员工离职作业参照执行。

第三条　具体规定。

1. 离职的定义。员工因个人原因或违反公司管理规定被公司辞退、开除等而进行的解除劳动关系的活动，称为离职。离职必须按规定填写"离职申请书"。

2. 离职的种类。员工离职分为辞职、自动离职、辞退、劝退、开除5种。

（1）辞职：指在员工因个人原因不愿再在公司工作，必须提前30天向公司提出书面申请，经公司批准后办理解除劳动关系的手续。不足30天的，扣除相差天数的工资。

（2）自动离职：指员工根据企业和自身情况擅自离职，是强行解除与企业的劳动关系的一种行为。连续旷工3天或月累计旷工达3天的也视为自动离职。凡自动离职者，一律不结算离职工资、其他费用，不开工作证明或离职证明。

续表

（3）辞退：指员工不能胜任本职工作，经过培训或调整工作岗位仍不能胜任的，或多次违反公司管理制度，公司不愿再继续任用的，称为辞退。

（4）劝退：因公司经营方式改变、业务紧缩或员工带有传染性疾病，公司劝导其与公司解除劳动关系的，称为劝退。被劝退的员工在身体恢复合格并有意向回公司工作的，在同等的条件下有优先录用权。

（5）开除：指公司对具有严重违反劳动纪律和企业规章制度，造成重大的经济损失和其他违法乱纪行为而又屡教不改的职工，依法强制解除劳动关系的一种最高行政处分。

3. 辞职办理程序。

（1）由本人书面向公司提交辞职申请，其中试用期人员应提前3天提出，已转正人员应提前1个月提出，使组织有补充人员的时间准备。

（2）由行政人事部安排辞职面谈，了解详细原因并做好相关记录。

（3）如本人执意辞职，应填写"终止（解除）劳动合同关系申请"，并按表格要求相关负责人签署意见。

（4）完成批准手续后，由行政人事部发给"员工离职移交清算表"。

（5）移交清算结束后，由财务部核算并发放最后薪金。

（6）完成辞职程序后，最后将资料入档。

4. 辞退、劝退办理程序。

（1）由辞退、劝退部门主管向人力资源部领取"离职申请书"，交人力资源部审核后，报副总经理或总经理批准。

（2）批准后，由人力资源部通知被辞退、劝退员工，并在批准的时间内办理离职手续，结算离职工资。

（3）由于违反公司管理制度被公司辞退的，应按惩处规定罚款。

5. 开除的办理程序。

（1）员工因触犯公司开除条款的，由人力资源部通知员工本人，并在当天办理完开除手续。被开除员工触犯法律的，公司移交公安机关处理。

（2）员工被公司开除时，各部门管理人员应配合人力资源部收回被开除员工的工作设备、办公用品、钥匙及工作证。

（3）凡被公司开除的员工，不予结算工资和退还押金。

6. 试用期离职的，必须提前3天向公司递交一份书面申请。在试用期内非公司原因申请离职的，公司将扣除其入职期间公司所支付的费用。

7. 参加社保的员工离职时，社保费在次月停交。

第四条　其他规定。

1. 本制度由人力资源部制定、修改及解释。

2. 本制度未作规定的或与相关制度法律法规相冲突的，参照相关具体制度、规定或法律法规处理。

3. 本制度从20××年××月××日起执行。

执行部门		监督部门		编修部门	
编制日期		审核日期		批准日期	

> ❖ 小贴士
>
> 员工离职交接工作应按以下程序进行：
>
> （1）员工辞职须先向本部门主管递交辞职申请，交由人力资源部批准后，再进行工作交接事宜；主管级以上员工辞职，须亲自向分公司总经理提交辞呈，分公司总经理批准后方可开始办理交接手续。
>
> （2）行政办公室负责办理员工离职的结算手续，包括档案、物品的转移和清点等。
>
> （3）员工离职交接手续办理完毕，财务部方可为其进行工资结算。
>
> （4）档案交接须由移交人、接收人、监交人共同签字；公司重要证照、档案文件、材料的交接须呈部门主管确认签字。

范例七：劳动合同管理制度

制度名称	××公司劳动合同管理制度	受控状态	
		编号	

第一章　总则

第一条　为规范公司劳动合同管理工作，促进依法履行劳动合同，保护公司与员工的合法权益，根据有关法律法规，并结合公司的实际情况，制定本管理制度。

第二条　在职员工均需与公司签订劳动合同，以明确双方权利和义务，建立起合法劳动关系。

第三条　劳动合同一定是本公司与其当事人亲自签定，不得他人代签。劳动合同一式二份，本公司和其当事人各执一份。

第四条　由公司返聘的人员及聘用的临时工作人员，签订专项劳动协议。

第五条　公司编印的《劳动合同》应符合劳动法律有关规定，合同一经双方签字确认即具有法律效力。

第六条　劳动合同由公司法定代表人或法定代表人的委托人与员工签订，人力资源部负责组织劳动合同的签订及存档工作。

第二章　劳动合同的订立

第七条　订立劳动合同必须遵循合法、公平、平等自愿、协商一致、诚实信用的原则。

第八条　劳动合同的内容包括：劳动合同期限、工作内容、劳动保护和劳动条件、劳动报酬、社会保险、劳动纪律、劳动合同终止的条件、违反劳动合同的责任、劳动合同解除后双方的附加义务。

第九条　初次签订或续签劳动合同均由人力资源部工作人员录入办公平台，并建立劳动合同管理台账。

续表

第十条　签订劳动合同的同时，员工需与公司签订《保密协议》，保障公司需保密事项的安全。

第十一条　劳动合同首次签订的期限法律没有强制规定，由用人单位和劳动者自行约定。公司原则上与员工签订有固定期劳动合同，期限通常为一到三年（根据岗位实际情况），期满后根据工作业绩、行为表现及双方意向决定是否续签。

第十二条　根据法律法规规定适用于签订无固定期限劳动合同或以完成一定工作为期限的，按照相关规定执行。

第十三条　新聘员工办理完入职手续3个工作日内，公司与其签订（试用期）劳动合同。劳动合同（试用期）中约定合同期限及试用期期限，新聘用员工试用期一般为1～3个月，具体根据公司有关招聘与录用管理的有关规定执行。

第三章　劳动合同的变更、解除、终止与续延

第十四条　公司和员工如认为有必要，经协商一致可以书面形式对原订劳动合同的部分条款进行修改、补充、废止。任何一方不得任意变更，如协商不成的，劳动合同应当继续履行。

第十五条　经公司与员工双方协商一致，或其中一方出现劳动法规定的符合解除或终止劳动合同的情形，则双方劳动合同可以解除或终止。

第十六条　劳动合同的终止是指劳动合同关系自然失效，双方不再履行。劳动合同终止的情形包括：

1. 劳动合同期满的。
2. 劳动者开始依法享受基本养老保险待遇的。
3. 劳动者达到法定退休年龄的。
4. 劳动者死亡，或者被人民法院宣告死亡或者宣告失踪的。
5. 用人单位被依法宣告破产的。
6. 用人单位被吊销营业执照、责令关闭、撤销或者用人单位决定提前解散的。
7. 法律、行政法规规定的其他情形。

第十七条　公司与员工终止（解除）劳动合同，员工应按公司有关规定办理离职手续，人力资源部可以根据员工要求，为其出具终止（解除）劳动合同证明书。

第十八条　劳动合同签订、变更、续订、终止解除程序按法律法规执行。

第四章　法律责任

第十九条　具体法律责任依据劳动合同及其签订的可以作为劳动合同附件的双方约定的条款和国家法律法规执行。

第五章　劳动合同管理

第二十条　劳动合同的管理工作由人力资源部负责。

第二十一条　人力资源部要熟悉和掌握有关法律、法规，不断提高管理水平，做到依法管理劳动合同。

第六章　附则

第二十二条　本制度与国家有关法律、法规、规章和规范性文件相抵触的，将及时予以修改。

续表

第二十三条　本制度由人力资源部负责解释。 第二十四条　本制度自20××年××月××日起执行。		
执行部门	监督部门	编修部门
编制日期	审核日期	批准日期

> ❖ **小贴士**
>
> 公司合同管理一般从合同签订、审查批准、合同履行、变更解除、纠纷处理、合同管理六个方面入手。公司在制定合同管理制度时，通常也会围绕上述几个方面进行，但也要注意以下几个常见问题：
>
> （1）合同文字内容不严谨。即文字不准确，易发生歧义或误解，导致合同难以履行或引发争议。
>
> （2）合同条款不完整，有漏洞。如合同中未约定违约如何处理等。
>
> （3）未进行合同交底。合同签订后，对合同分析和合同交底不够重视，使合同签订与合同执行脱节，为日后合同纠纷埋下隐患。
>
> （4）合同执行过程中忽视变更管理。

范例八：劳动合同范本

制度名称	××公司劳动合同范本	受控状态	
^	^	编号	

用人单位（甲方）：_____
公司地址：_____
法定代表人：_____
职工（乙方）：_____
身份证号：_____
现住址：_____
依照国家有关法律条例，就聘用事宜订立合同。
第一条　试用期及录用。
1. 乙方同意根据甲方工作需要，担任_____岗位（工种）工作，乙方应经过1～6个月的试用期，在此期间，甲、乙任何一方有权终止合同，但必须提前7天通知对方或以7天的工资作为补偿。
2. 试用期满，双方无异议，乙方成为甲方的正式合同制劳务工，甲方将以书面方式给予确认。

续表

3. 乙方试用合格后被正式录用，其试用期应计算在合同有效期内。

第二条　工资及其他补助奖金。

1. 乙方试用期内的工资为＿＿＿＿＿元。

2. 乙方试用期满后，月岗位工资为＿＿＿＿＿元；工资形式为＿＿＿＿＿；经甲、乙双方协商一致，在合同期内甲方为乙方调增（减）的月工资作为本合同规定的工资。

3. 甲方应以法定货币形式按月、按时、足额支付给乙方应得的工资报酬。

4. 甲方发给乙方在岗月工资不得低于当地政府公布的最低工资标准。

5. 乙方的加班加点工资、节假日工资、津贴、补贴、奖金的确定和发放，以及特殊情况下的工资支付，劳动合同解除后有关经济补偿金等费用的支付，均按有关法律、法规、规章以及甲方依法制定的规章制度执行。

第三条　工作时间及公假。

1. 甲方实行每日不超过 8 小时，平均每周不超过 44 小时的工作制度，并保证每周乙方至少不间断休息 24 小时。

2. 甲方可以报经劳动行政部门批准实行不定时工作制或综合计算工时工作制。

3. 甲方因生产、工作需要，经与工会和乙方协商同意，可安排乙方加班加点，但每个工作日延长工作时间不得超过 3 小时，每月累计不得超过 36 小时。

4. 有下列情形之一的，甲方延长工作时间不受本条第 3 项规定限制：

（1）发生自然灾害、事故或者其他原因，威胁劳动者生命健康和财产安全，需要紧急处理的。

（2）生产设备、交通运输线路、公共设施发生故障，影响生产和公共利益，必须及时抢修的。

（3）在法定节日和公休假日内工作不能间断，必须连续生产、运输或者营业的。

（4）必须利用法定节日和公休假日的停产期间进行设备检修、保养的。

（5）为完成国防紧急任务的。

（6）为完成国家下达的其他紧急生产任务的。

5. 乙方在合同期内享受国家规定的节日、公休假日以及年休假、探亲、婚丧、计划生育、女职工劳动保护等假期的待遇。

第四条　员工教育。

在乙方任职期间，甲方须经常对乙方进行职业道德、业务技术、安全生产及各种规章制度及社会法制教育，乙方应积极接受这些方面的教育。

第五条　工作安排与条件。

1. 甲方有权根据工作需要及乙方的能力，合理安排和调整乙方的工作，乙方应服从甲方的管理和安排，在规定的工作时间内按质按量完成甲方指派的工作任务。

2. 甲方须为乙方提供符合国家要求的安全卫生的工作环境，否则乙方有权拒绝工作或终止合同。

第六条　劳动保护。

甲方根据生产和工作需要，按国家规定为乙方提供劳动保护用品和保健食品。对女职工经期、孕期、产期和哺乳期提供相应的保护，具体办法按国家有关规定执行。

第七条　劳动保险及福利待遇。

1. 在合同期内，甲、乙双方需按照国家及省、市有关规定，缴纳基本养老保险、失业保险和工伤保险等社会劳动保险基金，同时甲方应定期向乙方通告缴纳社会劳动保险基金情况。

续表

2. 甲方根据单位规定提供乙方宿舍和工作餐。

第八条 解除合同。

1. 符合下列情况，甲方可以解除劳动合同。

（1）甲方因营业情况发生变化，而多余的职工又不能改换其他工种。

（2）乙方患病或非因工负伤，按规定的医疗期满后，不能从事原工作，也不能调换其他工种。

（3）乙方严重违反企业劳动纪律和规章制度，并造成一定后果，根据企业有关条例和规定应予辞退的，甲方有权随时解除乙方的劳动合同。

（4）乙方因触犯国家法规被拘留、劳动教养、判刑，甲方将作开除处理，劳动合同随之终止。

2. 符合下列情况，乙方可以解除劳动合同。

（1）在试用期内的。

（2）甲方以暴力、威胁或以非法限制人身自由的手段强迫乙方劳动的。

（3）甲方强迫乙方集资、入股或者缴纳风险抵押性财物的。

（4）甲方拒绝依法为乙方缴纳社会保险费的。

（5）甲方不按规定支付乙方劳动报酬的。

3. 在下列情况下，甲方不得解除劳动合同。

（1）乙方患病或因工负伤，在规定的医疗期内的。

（2）乙方因工负伤或患职业病，正在进行治疗的。

（3）女员工在孕期、产期或哺乳期的。

4. 乙方因工负伤或患职业病、医疗终结经政府有关部门确认为部分丧失劳动能力的，企业应予妥善安置。

5. 任何一方解除劳动合同，一般情况下，必须提前1个月通知对方，或以1个月的工资作为补偿，解除合同的程序按企业有关规定办理。

6. 乙方在合同期内，持有正当理由，不愿继续在本企业工作时，可以提出辞职，但须提前1个月书面通知甲方，经甲方批准后生效。辞职员工如系由企业出资培训，在培训期满后，工作未满合同规定年限的，应赔偿甲方一定的培训费用。

未经甲方同意擅自离职，甲方有权通过政府劳动部门，要求乙方返回工作岗位，并赔偿因此给甲方造成的经济损失。

第九条 劳动纪律。

1. 甲方根据生产经营需要，依法制定规章制度和劳动纪律乙方违反劳动纪律和甲方的规章制度，甲方有权根据规章制度进行处理，直至解除本合同。

2. 乙方应遵守劳动纪律的规章制度，遵守劳动安全卫生、生产工艺、操作规程和工作规范；爱护甲方的财产，遵守职业道德；积极参加甲方组织的培训，提高自身素质。

第十条 合同的实施和批准。

1. 本合同条款与法律、法规和规章相抵触的，以及本合同未尽事宜，均按现行法律、法规和规章的规定执行。

2. 单位《员工手册》《雇员犯规及警告通告》及其他经济纪律规定均为合同附件，是合同的组成部分。

3. 本合同一经签订，甲、乙双方必须严格遵守，任何一方不得单方面修改合同内容，如有未尽事宜或与政府有关规定抵触时，按政府有关规定处理。

续表

4. 本合同自签订之日生效，有效期为_____年，于_____年____月____日到期。合同期满前两个月，如双方无异议，本合同自行延长_____年。						
5. 本合同一式两份，甲乙双方各执一份，甲方应当自本合同签订或者鉴证之日起_____个工作日内将本合同文本交付乙方，不得扣押。						
甲方：（签章）						
乙方：（签章）						
				年	月	日	
执行部门		监督部门		编修部门		
编制日期		审核日期		批准日期		

二、人事行政管理实用表格

（一）企业人事规划表

类别	项目	年度				备注
^	^	20××年	20××年	20××年	20××年	^
各部门人数	行政部					
^	财务部					
^	工程部					
^	技术部					
^	后勤部					
^	……					
^	小计					
职务	高管					
^	中层					
^	基层					
^	小计					
职称	高级职称					
^	中级职称					
^	初级职称					
^	小计					

续表

类别	项目	年度				备注
		20××年	20××年	20××年	20××年	
学历	硕士及以上					
	本科					
	大专					
	其他					
	小计					

（二）企业人员需求申请表

表格名称		××公司人员需求申请表		
申请部门			招聘岗位	
招聘人数			到岗时间	
需求类别	□增员 □补员			
申请理由	□扩大编制 □储备人才 □短期需求 □辞职补充			
人员资格条件要求	性别：□男 ____名 □女 ____名 □不限			
	年龄：_____			
	学历：□中专 □大专 □本科 □研究生及以上			
	专业要求：			
	外语要求：			
	职业技能（相关证书）：			
	工作经历：			
	其他要求：			
岗位职责				

续表

薪资标准	试用期：＿＿＿＿＿＿元 合同期：＿＿＿＿＿＿元
部门经理意见	签字： 日期：
人力资源部意见	签字： 日期：
总经理意见	签字： 日期：
实际录用和到岗情况	（由招聘专员填写） 签字： 日期：

（三）员工应聘登记表

应聘职位： 　　　　　　　　　　　　　　　　　　年　　月　　日

姓名		性别		年龄		个人照片
婚否		籍贯		出生日期		
身份证号		邮箱		联系电话		
现住地址						
教育情况							
时间	学校名称		所学专业	学历	学位	证明人
工作经历							
时间	单位名称		所在部门		职务职位	月薪

续表

家庭情况			
亲属姓名	与本人关系	工作单位	职务职位	联系电话

薪资要求		到岗时间	
住房要求		其他要求	
以下由相关部门填写			
面试结论			
复试结论			
笔试成绩			
人力资源部意见		用人部门意见	
备注			

制表人：　　　　　　　　　　　　　　　　复核人：

（四）面试评分表

面试人姓名		面试人联系方式		面试日期	
面试职位	第一选择		面试考官		
^	第二选择		^		
面试考官综合评价					
外表形象		□劣　□可　□常　□优			
交际能力		□善于表达　□表达不流畅　□可以，但不正面 □正面，主动，积极，表达清楚　□善于表达，条理清晰			

续表

原工作稳定程度	□不稳定　□可以　□稳定，离职理由充分　□十分稳定，转工作时慎重考虑
工作热忱度	□不太热忱，可有可无　□十分注重工资待遇 □热忱度可以　□十分积极、热忱
工作经验	□无　□缺乏　□丰富
资格技能	□无　□有　□部分
可到岗时间	□待定　□可以确定　□随时到岗
待遇要求	□要求过高　□符合公司要求　□较高，但有能力
总体评价	□劣质　□一般　□良好　□优秀
其他评价	
最后决定	□拒绝　□考虑后通知　□进入复试　□直接录用

（五）录用通知

　　_____先生／女士

　　您好！首先感谢您对本公司的信任和大力支持。非常高兴地通知您，经过层层筛选，我公司决定正式录取您，真诚欢迎您的加入！请您按照以下通知到公司报到。

一、所任职位和工资待遇

　　1. 您的所任职位是_____；

　　2. 试用期月薪为_____（税前）；大写：_____（税前）

　　3. 转正后月薪为_____（税前）；大写：_____（税前）

　　4. 相关福利项目：

　　（1）午餐补贴_____元／月；

　　（2）交通补贴_____元／月；

　　（3）通信补贴_____元／月；

　　（4）带薪年假_____天／年（正式员工福利）；

　　（5）社会保险和公积金：_____；

　　（6）工资和相关福利从您的实际工作日起开始支付。

二、入职资料

　　报到时，请携带如下证件及资料：

　　1. 身份证原件及复印件2份；

　　2. 学历、学位证书原件及复印件2份；

　　3. 职称证书原件及复印件1份；

　　4. 二寸免冠照片3张。

续表

三、报到时间、地点和联系人
    1. 报到时间：_____年____月____日至_____年____月____日；
    2. 报到地点：_____；
    3. 联系人：×××
    4. 联系电话：_____。
    另，接通知后，如您的住址等有变化，请直接与公司人力资源部联系。

××公司
_____年____月____日

（六）员工晋升申请表

填表日期：

员工姓名		入职时间	
现任部门		晋升部门	
现任职位		晋升职位	
个人总结和晋升申请（本人填写，可另附页）	一、现任职务工作情况简介		
个人总结和晋升申请（本人填写，可另附页）	二、晋升后工作计划、目标 三、其他情况		
部门经理意见	（评语）		签字： 日期：
人力资源部意见			签字： 日期：
总经理意见			签字： 日期：

（七）企业年度培训计划申请表

填表部门：
填表日期：

培训类别		培训时间	
培训地点		培训人数	
培训项目		培训费用	
备注			
部门经理意见			签字： 日期：
人力资源部意见			签字： 日期：
总经理意见			签字： 日期：

（八）员工培训计划表

编号：
填表日期：

培训日期	培训内容	培训地点	培训对象	培训讲师	费用预算	效果评估	负责人

（九）工作调动申请表

编号：
填表日期：

申请人		职务/职称	
申请调离单位		申请调入单位	
调动理由			
调离单位审核意见			签字： 日期：
调入单位审核意见			签字： 日期：
人力资源部核实			签字： 日期：
总经理审批			签字： 日期：

（十）薪资变动申请表

编号：
填表日期：

员工姓名		所属部门	
岗位职务		入职时间	
主要工作内容			
岗位工资		工资总额（基本工资+岗位工资+工龄）	
薪资调整后职位工资（由部门负责人填写）			

续表

薪资调整理由（由本人或部门负责人填写）	
部门经理意见	签字： 日期：
人力资源部意见	签字： 日期：
总经理意见	签字： 日期：

（十一）员工福利申请表

编号：
填表日期：

员工姓名			所属部门		
职位/职称			入职时间		
转正时间			薪资等级		
福利申请	申请事项		申请金额		说明
	假期支付				
	探亲费用				
	退休费用				
	短期残障				
	长期残障				
	人寿保险				
	死亡补贴				
	其他福利				
员工福利总计					
主管部门意见					
行政部门意见					
财务部门意见					
总经理意见					
填表人：			审核人：		

（十二）员工离职申请表

员工姓名		性别	
所在部门		职位/职称	
入职日期		离职日期	
离职原因： 签字： 日期：			
部门意见： 签字： 日期：			
人力资源部门主管意见： 签字： 日期：			
总经理意见： 签字： 日期：			

注："离职时间"应遵照本公司规定或双方协议，正式员工需提前一个月以此表形式书面通知公司其离职决定。

（十三）员工离职交接表

填表日期：
员工类别：　　　　　□正式员工　　　□试用员工

员工姓名		所在部门	
职位/职称		入职日期	
离职日期		止薪日期	
所属部门工作交接情况：（可附工作交接清单） 经办人：　　　　　部门经理：　　　　　日期：			
行政部交接情况： □文件资料　　　□办公用品　　　□计算机　　　□电话机 □办公室钥匙　　□文件柜钥匙　　□办公桌钥匙　　□计算器 □名片　　　　　□手机　　　　　□铭牌 其他： 经办人：　　　　　　　　　　　　　　　　　　　日期：			
项目部交接情况： □工作交接　　　□业务账务　　　□客户信息 其他： 经办人：　　　　　部门经理：　　　　　日期：			
财务部交接情况： □工资结清　　　□欠款结清 其他： 经办人：　　　　　部门经理：　　　　　日期：			
当事人确认	本人同意移交以上事项内所有内容，有关离职手续已按规定办妥，已将公司重要资料交还，并不外泄在职期间所了解的公司相关商业、技术等秘密。确认从即日起与公司终止劳动关系，所从事的一切活动与公司无关。 当事人签字：　　　　　　　　　　　日期：		
人事主管审核	签字： 日期：		

（十四）员工离职结算表

离职员工			部门	
职位			离职日期	
止薪日期			出勤天数	
扣款项目	事假扣款（元）			
	病假扣款（元）			
	"五险"扣款（元）			
	住房公积金扣款（元）			
	其他扣款（元）			
	小计			
补助/奖金				
加班费				
经济补偿金				
实发离职工资（元）				
离职员工（签字）	部门主管（签字）	经办人（签字）	人力资源部经理（签字）	总经理审批（签字）

（十五）员工离职调查问卷

编号：

离职员工		部门	
入职日期		离职日期	
员工离职调查			
离职原因	□家中有事 □换工作 □深造学习 □其他 如离职原因为换工作，请问换工作的主要原因是：		

续表

萌生离职打算多长时间	□少于 3 个月 □3～6 个月 □1 年以上
公司怎样调整，可以改变你的离职决定	□升职 □调岗 □加薪 □其他
对公司的看法或建议	

（十六）员工奖惩审批表

编号：
填表时间：

申报人		所属部门	
申报主题			
事实阐述			
部门经理意见			
人事主管意见			
财务部门意见			
总经理审核			

（十七）解除劳动合同申请表

员工姓名		工号		所在部门	
任职岗位		入职日期		转正日期	
档案编号		合同期限		预解除日期	
是否存在法定不可解除或终止的情形：□有　□无					
申请说明	解除劳动合同原由： 申请人签名：　　　　　　　　　　　　　　　　日期：				

续表

主管领导意见	□不同意解除劳动合同　□同意解除劳动合同 请说明理由： 从_____年____月____日开始办理工作交接。 主管领导（签字、盖章）：　　　　　　　　　日期：
人力资源部审核意见	□符合公司《劳动合同管理制度》，同意解除劳动合同 □不符合公司《劳动合同管理制度》，请重新办理劳动合同解除手续 人力资源部经理（签字、盖章）：　　　　　　　日期：
总经理审核意见	 总经理（签字、盖章）：　　　　　　　　　　　日期：

（十八）劳动合同终止／继续履行审批表

编号：

姓名		工号		所在部门	
岗位		身份证号			
劳动合同期限	自_____年____月____日起至_____年____月____日止				
继续履行时间	自_____年____月____日起至_____年____月____日止				
备注					
所在部门主管意见： （签章） 日期：					
人力资源部意见： （签章） 日期：					
总经理审批： （签章） 日期：					

（十九）劳动合同管理台账

序号	工号	姓名	部门	合同类型	合同期限	合同签订日期	合同终止日期	合同变更日期	合同续签日期	备注
1										
2										
3										
4										
5										
……										

（二十）劳动合同月报

序号	工号	姓名	部门	到期合同	续签合同	变更合同	解除合同	特殊关注人员	备注
1									
2									
3									
4									
5									
……									

第二节　员工行为规范管理

员工行为规范管理主要是从上班时的着装、仪容到举止方面的形象规范，还有工作态度、人际关系的规范等方面进行规范管理。

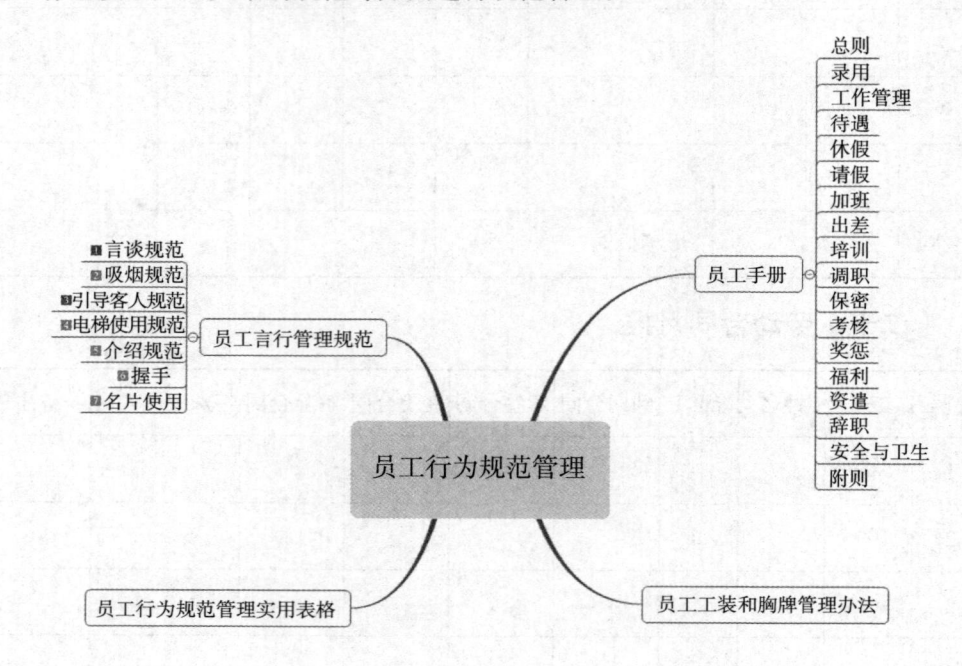

```
                                                    总则
                                                    录用
                                                    工作管理
                                                    待遇
                                                    休假
                                                    请假
                                                    加班
                                                    出差
        1 言谈规范                                    培训
        2 吸烟规范                        员工手册    调职
        3 引导客人规范                                保密
        4 电梯使用规范  员工言行管理规范              考核
        5 介绍规范                                    奖惩
        6 握手                                       福利
        7 名片使用                                    资遣
                                                    辞职
                                                    安全与卫生
                         员工行为规范管理            附则

        员工行为规范管理实用表格      员工工装和胸牌管理办法
```

一、员工行为规范管理制度

范例一：员工手册

制度名称	××公司员工手册	受控状态	
		编号	
第一章　总则			
第一条　为使本公司人事作业规范化、制度化和统一化，使公司员工的管理有章可循，提高工作效率和责任感、归属感，特制定本规范。			

第二条　本规范适用于公司所有员工。

第二章　录用

第三条　公司根据发展需要聘用员工，由人力资源部依据实际需求情况编制定岗定编报告和人员聘用方案，呈总经理批准后，负责执行内部调配工作或实施公开招聘。

第四条　本公司员工的甄选，以学识、能力、品德、体格及适合工作所需要条件为准。采用考试和面试两种，依实际需要任择其中一种实施或两种并用。

第五条　新进人员经考试或面试合格和审查批准后，由人事部门办理试用手续。原则上员工试用期三个月，期满合格后，方得正式录用，但成绩优秀者，可适当缩短其试用时间。

第六条　试用人员报到时，应向人事部送交以下证件：

1. 毕业证书、学位证书原件及复印件。
2. 技术职务任职资格证书原件及复印件。
3. 身份证原件及复印件。
4. 一寸半身免冠照片两张。
5. 试用同意书。
6. 其他必要的证件。

第七条　凡有下列情形者，不得录用：

1.《劳动法》规定不得雇用者（含未成年人）。
2. 有违法、违纪行为者。
3. 曾在本公司及相关企业工作，后被开除或未经批准而擅自离职者。
4. 经审查认定学历和工作履历有故意欺骗行为者。
5. 不符合公司规定的其他有关条件者。

第八条　员工如系临时性、短期性、季节性或特定性工作，视情况与本公司签订《定期工作协议书》，双方共同遵守。

第九条　试用人员如因品行不良，工作欠佳或无故旷（工）职者，可随时停止试用，予以辞退。

第十条　员工试用期满，人力资源部将与试用部门负责人一起对员工进行考核（部门负责人以上人员由总经理考核），经有关程序考核合格者，于期满次日起转为正式员工；经考核不合格者，则依法解除劳动合同。

第三章　工作管理

第十一条　员工应遵守本公司一切规章、通告及公告。

第十二条　员工应遵守下列事项：

1. 忠于职守，服从领导，不得有阳奉阴违或敷衍失职的行为。
2. 不得经营与本公司类似或职务上有关的业务，不得兼任其他公司的职务。
3. 全体员工必须不断提高自己的工作技能，以达到工作上精益求精，提高工作效率。
4. 不得携带违禁品、危险品或公司规定其他不得带入生产、工作场所的物品进入公司工作场所。
5. 爱护公物，未经许可不得私自将公司财物携出公司。
6. 工作时间不得中途随意离开岗位，如需离开应向主管人员请准，之后方可离开。
7. 员工应随时注意保持作业地点、宿舍及公司其他场所的环境卫生。

续表

    8. 员工在作业时不得怠慢拖延，不得干与本职工作无关的事情。

    9. 员工不得吵闹、斗殴、聊天闲谈或搬弄是非及扰乱工作秩序。

    10. 不得假借职权贪污舞弊，收受贿赂，或以公司名义在外招摇撞骗。

    11. 员工对外接洽业务，应坚持有理、有利、有节的原则，不得做出有损本公司利益和名誉的行为。

    12. 各级主管应加强自身修养，领导所属员工，同舟共济，提高工作情绪和满意程度，加强员工安全感和归属感。

    13. 按规定时间上下班，不得无故迟到、早退。

    第十三条　公司员工一律实行上下班打卡登记制度。上班有效打卡时间为＿＿＿＿时至＿＿＿＿时；下班有效打卡时间为＿＿＿＿时至＿＿＿＿时。

    第十四条　所有员工上下班均需亲自打卡，任何人不得代替他人或由他人代替打卡，违规双方均按旷工一天处理。

    第十五条　实行弹性工作制的，采取由各部门主管记录工作人员的工作时间（含加班时间），本人确认，部门备案的考勤方法。

    第十六条　员工如有迟到、早退或旷工等情形，依下列规定处理：

    1. 迟到、早退。

    （1）上班时间开始后＿＿＿＿分钟内到班者，按迟到论处，超过＿＿＿＿分钟以上者，按旷工半日论处。

    （2）提前＿＿＿＿分钟以内下班者按早退论处。超过＿＿＿＿分钟以上者按旷工半日论处。

    2. 旷工。

    （1）未经请假或假满未经续假而擅自不到职以旷工论处。

    （2）委托或代人打卡或伪造出勤记录者，一经查明属实，双方均以旷工论处。

    （3）员工旷工，不发薪资及奖金。

    （4）连续旷职 3 日或全月累计旷职 6 日或一年累计旷职达 12 日者，予以除名，不发资遣费。

第四章　待遇

    第十七条　本公司依照兼顾企业的维持与发展和工作人员生活安定及逐步改善的原则，以贡献定报酬、凭责任定待遇，给予员工合理的报酬和待遇。

    第十八条　员工的基本待遇有工资、奖金和伙食补贴、季节补贴。员工成为责任人员后可享有安全退休基金和购房减让基金等待遇。

    第十九条　薪资在每月底前发给员工或存入员工在内部银行的账户。新进人员从报到之日起计薪，离职人员自离职之日停薪，按日计算。

第五章　休假

    第二十条　公司实行五天工作制，周六和周日属公休假日。法定休假日主要包括元旦、春节、劳动节、国庆节等国家法定假日，休假天数按照国家和当地政府的规定执行。

    第二十一条　一般员工连续工龄满一年，每年可获得探亲假，假期为 15 天。

    第二十二条　员工探亲假的往返路费自行承担，探亲假期间享有 100% 基本薪酬。

    第二十三条　员工因病、伤必须住院治疗，须持医院有关证明报经公司审批同意后方可休假。未按公司规定办理请假手续的，按旷工处理。员工病假期间不享有奖金。

续表

第二十四条　公司员工工龄满 5 年的可申请享有公司提供的公休假，员工公休假期间享 100% 基本薪酬。员工已请探亲假的，当年不再安排公休假。

第二十五条　春节休假或探亲的员工，不在 15 天休假以外再增加春节假，在公司工作的员工按国家法定假日安排休息。需安排加班或值班的按规定发给加班工资或值班补贴，如安排补休，则不计发加班工资和值班补贴。

第二十六条　对于放弃休假或探亲假的员工，公司给予其应休假当月全部收入的奖励。

第六章　请假

第二十七条　员工请假和休假均应提前向部门负责人或分管领导提出书面申请，经同意后呈报总经理审批，待批准休假后将书面申请报人力资源部备案。

第二十八条　请假到期或提前销假的要填写"员工销假登记表"（一天内无需填写）。

第七章　加班

第二十九条　公司强调工作效率，在正常情况下公司不鼓励员工加班，但有时因工作需要可能要求员工适当加班。

第三十条　所有加班必须事先填写"加班申请表"，按照公司加班审核流程获得公司领导批准及经人力资源部审核方为有效。

第三十一条　加班后公司根据员工的实际加班时间和经过审批的"加班申请表"，按照法律规定支付加班工资或安排补休。

第三十二条　员工如因未能及时完成工作任务而自行延长工作时间，或者未经公司要求或批准而自行延长工作时间的，不得要求公司对其所延长的工作时间支付任何报酬或给予调休。

第八章　出差

第三十三条　公司要根据需要安排员工出差，受派遣的员工，无特殊理由应服从安排。

第三十四条　员工出差在外，应注意人身及财物安全，遵章守法，按公司规定的标准和使用交通工具，合理降低出差费用。

第三十五条　公司对出差的员工按规定标准报销住宿费用和交通费用，并给予一定的生活补贴，具体标准按公司规定办理。

第三十六条　出差人员返回公司后，应及时向主管述职，并按规定报销或核销相关费用。

第九章　培训

第三十七条　为提高公司员工的知识技能及发挥其潜在智能，使公司人力资源能适应本公司日益迅速发展的需要，公司将举行各种教育培训活动，被指定员工，不得无故缺席，确有特殊原因，应按有关请假制度执行。

第三十八条　人力资源对员工进行公司历史、企业文化的培训。

第三十九条　部门对新员工进行岗位培训。

第四十条　公司可根据企业发展的需要及员工的具体情况，有计划地安排员工参加各类培训（如学校、机构）。员工接受该类培训前应与公司签订培训合同。如员工在培训后离开公司，须交付培训费，具体费用根据双方签订的培训合同及培训状况而定。

第四十一条　公司对员工于业余时间（不影响本职工作和任务的完成）在公司外接受教育和培训予以鼓励，并视不同情况给予全额报销学杂费、部分报销学杂费、承认其教育和培训后的学历等资格。

续表

第十章 调职

第四十二条 公司基于业务上的需要，可随时调动员工的职务或工作地点，被调员工不得借故拖延或拒不到职。

第四十三条 各部门主管在调动员工时，应充分考虑其个性、学识、能力，务使"人尽其才，才尽其用，才职相称"。

第四十四条 员工接到调动通知书后，限在一月内办妥移交手续，前往新职单位报到。

第四十五条 员工调动，如驻地远者，按出差规定支给差旅费。

第十一章 保密

第四十六条 员工所掌握的有关公司的信息、资料和成果，应对系统上级领导全部公开，但不得向其他任何个人公开或透露。

第四十七条 员工不得以任何方式获取或使用与本人职责范围无关的资料或消息。

第四十八条 发现其他员工有泄密行为或非本公司人员有窃取机密行为和动机，应及时阻止并向上级领导汇报。

第十二章 考核

第四十九条 员工考核分为以下两种：

1. 试用考核：试用期员工的主管与人力资源部将对员工进行试用期考核评估，对于考核不合格的员工有权在试用期内解除劳动合同。

2. 平时考核：通过试用期的正式员工，公司将安排定期的绩效考核评估，由员工的主管和人力资源部结合员工的工作表现、工作业绩等对员工做出评定。

第五十条 部门经理以下人员的考核结果由各部门保存，作为确定薪酬、培养晋升的重要依据。部门经理及其以上人员的考核结果由总裁办保存，作为确定部门业绩、对公司的评价、薪酬及奖励、调职的依据。

第五十一条 考核人员，应严守秘密，不得有营私舞弊或贻误行为。

第十三章 奖惩

第五十二条 凡工作成效显著或工作表现特别优秀者，经部门提议、单位审批，可给予奖励。奖励形式包括奖金、通报表扬、授予荣誉称号等。

第五十三条 有下列情形之一者，给予通报表扬或奖金：

1. 对生产技术或管理制度建议改进，经采纳施行，卓有成效。
2. 节约物料或对废物利用，致节省费用有显著成效者。
3. 遇有灾难，勇于负责，处理得当。
4. 承担临时重要任务，能如期完成，并达成预期目标。
5. 及时制止重大意外事故的发生。
6. 检举违规或损害公司利益者。
7. 发现职责外的故障，予以速报或妥善处理未造成损失者。
8. 奋不顾身维护员工安全，维护公司重大利益，避免重大损失。

第五十四条 有下列情形之一者，授予荣誉称号：

1. 对公司有突出贡献者。
2. 获得社会特殊荣誉，为公司赢得特别良好声望者。

续表

3. 在本年度内记大功 2 次者。
4. 其他重大功绩者。

第五十五条　惩罚的种类有 5 种，分别为警告、记过、解除劳动合同、罚款、赔偿经济损失。

第五十六条　有下列情形之一者，予以罚款或警告：
1. 上班时间，躺卧休息，进餐吃东西，擅离岗位，怠慢工作。
2. 因个人过失致发生错误，情节轻微。
3. 妨害工作或团体秩序，情节轻微。
4. 不服从主管人员的合理指导，情节轻微。
5. 不按穿着或佩戴规定上班。
6. 未按时完成重大或特殊交办任务。
7. 对上级主管之命令有不同意见未予婉转说明，或虽经陈述但未被采纳而擅自违抗指挥。
8. 在工作场所喧哗、吵闹，妨碍他人工作而不听劝告。
9. 对同事恶意辱骂或诬害、伪证，制造事端。
10. 因疏忽导致机器设备、物品、材料遭受损失或伤及他人，情节较轻。
11. 公司另文规定其他应处罚条款或批评的行为。

第五十七条　有下列情形之一者，予以记过：
1. 对上级指示或有期限的命令，无正当理由延误，致公司发生损失。
2. 在背后对公司同事恶意攻击或诬害、伪证、制造事端，影响劳资关系。
3. 工作中酗酒，以致影响自己和他人工作。
4. 指挥不当或监督不周，致部属发生重大错误，使公司发生损失。
5. 行为不检，有损公司声誉。
6. 不服从主管人员指导，屡劝不改。
7. 专人使用操作的仪器、车辆、工具，非使用人在未经许可擅自操作。
8. 其他重大违反规定者。

第五十八条　有下列情形之一者，予以解除劳动合同，不予资遣：
1. 对同事暴力威胁、恐吓，影响团体秩序者。
2. 殴打同事或相互斗殴者。
3. 擅离职守、怠慢工作、擅自变更工作方法或违反相关制度规定，使公司蒙受重大损失者。
4. 偷窃公司或同事财物经查证属实者。
5. 无故损毁公司财物，损失重大，或损毁、涂改公司重要文件者。
6. 在公司服务期间受刑事处分者。
7. 警告累计 3 次、记过 2 次者或严重违反工作规范及行为准则的。
8. 无故旷工 3 日或全月累计旷工 6 日或一年旷工累计达 12 日者。
9. 煽动怠工或罢工者。
10. 吸食毒品或有其他严重不良嗜好者。
11. 伪造或盗用公司印章者。
12. 故意泄露公司技术机密、商业机密，使公司蒙受重大损失者。
13. 假借职权贪污、营私舞弊、接受招待、回扣或以公司名义在外招摇撞骗者。

续表

14. 未经许可，兼任其他职务或兼营与本公司同类业务者。
15. 参加非法组织者。
16. 有不良行为，道德败坏，严重影响公司声誉或在公司内造成严重不良影响者。
17. 其他违反法令、规则或规定情节严重者。

第十四章　福利

第五十九条　公司按照法律规定向政府指定的机构，为员工办理养老、失业、医疗等社会统筹保险和住房公积金。

第六十条　公司负责组织新员工进行体检，费用由公司承担。

第六十一条　员工服从公司住房安排者，公司予以一定的住房补贴。

第六十二条　本公司依据有关劳动法的规定，发给员工年终奖金，年终奖金的评定方法及额度由公司根据经营情况确定。

第十五章　资遣

第六十三条　若有下列情形之一，公司可对员工予以资遣：
1. 因公司营运政策需要精简又无适当工作可供安置时。
2. 员工对于担任之工作确不能胜任，且无法在公司内部调整时。
3. 不可抗力暂停工作在一个月以上时。
4. 业务性质变更，有减少员工的必要，又无适当工作可安置时。

第六十四条　员工资遣的先后顺序：
1. 历年平均考绩等级低者较高者为先。
2. 曾受惩罚者较未受惩罚者为先。
3. 在公司服务年资浅者较年资深者为先。

第六十五条　员工资遣通知日期如下：
1. 在公司工作 3 个月以内（含 3 个月）者，随时通知。
2. 在公司工作 3 个月以上未满一年者，于 10 日前通知。
3. 在公司工作 1 年以上未满 3 年者，于 20 日前通知。
4. 在公司工作 3 年以上者，于 30 日前通知。

第六十六条　员工自行辞职或受处罚被除名者，不按资遣处理。

第六十七条　员工资遣，按下列规定发给资遣费：
1. 服务未满一年的，发给一个月工资的资遣费。
2. 服务一年以上，每满一年发给一个月基本薪资的资遣费。
3. 服务已满 5 年以上者，除发给资遣费外，并按本公司员工储蓄及退休福利基金计划支给退职金。

第十六章　辞职

第六十八条　员工因故不能继续工作时，应填具"辞职申请表"经主管报公司批准后，办理手续，并视需要开具"离职证明"。

第六十九条　一般员工辞职，需提前一个月提出申请；责任人员辞职，根据职级的不同，需提前____～____个月提出辞职申请。

第七十条　辞职手续和费用结算，按相关文件和公司有关规定办理。

续表

第十七章　安全与卫生

　　第七十一条　本公司各单位应随时注意工作环境安全与卫生设施,以维护员工身体健康。
　　第七十二条　员工应遵守公司有关安全及卫生各项规定,以保护公司和个人的安全。

第十八章　附则

　　第七十三条　本《员工手册》如与国家法律、法规相抵触,按国家有关法律、法规执行,如公司原有的规章制度与本《员工手册》相抵触,按本《员工手册》规定执行。
　　第七十四条　本《员工手册》由人力资源部负责解释。
　　第七十五条　本《员工手册》自下发之日起生效。

执行部门		监督部门		编修部门	
编制日期		审核日期		批准日期	

范例二:员工工装和胸牌管理办法

制度名称	××公司员工工装和胸牌管理办法	受控状态	
		编号	

　　第一条　目的。
　　为建立良好的企业文化,塑造良好的企业形象,公司为员工配发工装和胸牌,并要求统一着装、佩戴胸牌,以展现员工的精神风貌,体现企业精神,特制定本办法。
　　第二条　适用范围。
　　适用公司各部门。
　　第三条　职责。
　　1.行政部负责员工工装和胸牌的统一定制、配发和管理。
　　2.各部门负责人或其指定人员负责对本部门所有工装及胸牌的管理。
　　第四条　工作程序。
　　1.发放标准。
　　(1)员工工装分为冬装和夏装。
　　(2)与生产联系密切的部门员工配发工作服,管理人员(公司领导、中层管理人员及办公区员工)因工作需要,另增配发职业工装。
　　(3)员工工装及胸牌在新员工转正后配发,原则上每两年更换一次。如遇非正常损坏或遗失,由其个人负责补制。
　　2.着装及胸牌佩戴标准。
　　(1)冬装:管理层、协管类员工统一着公司配发的深色西服,衬衣,男员工系领带;工程类、保洁类、酒店管理部、洗衣房人员统一着公司配发的长袖工作服。胸牌佩戴在外衣左胸的正前方,不得随意佩戴。

续表

（2）夏装：管理层、协管类人员：男性员工统一着公司配发的短袖上衣，深色长裤，系领带；女性员工统一着配发的短袖上衣，深色齐膝短裙；工程、保洁类人员统一着公司配发的短袖上衣，长裤。胸牌佩戴在外衣左胸的正前方，不得随意佩戴。

3. 着装要求。

（1）工装为工作时间使用，员工在岗期间必须按规定着工装，就餐时间可以不着工装，下班休息时间原则上不得穿着工作服外出（因工作需要除外）。

（2）员工着工装须平展、整洁、配套，领、袖口扣好，不得挽起袖子或卷起裤脚。特殊岗位可以酌情处理。佩戴胸牌要干净整洁，不得歪歪扭扭。

（3）男员工着衬衣时应打好领带；女员工着裙装时，裙长不得短于膝盖以上15公分，应着肉色透明丝袜，丝袜袜口不得裸露在裙子外面，且无破损。

（4）员工着装时的鞋、袜无异味，鞋面洁净；除有特殊要求外，公司内不得穿拖鞋及拖鞋式凉鞋。

（5）工作以外时间，凡是代表公司出席的重要场合，如会议、对外接待、商务谈判以及招商等工作，参与活动的员工均需着职业装，佩戴胸牌。

4. 换装要求。每年冬季、夏季的季节变换时须更换服装，由办公室下发"换装通知"，统一更换着装。

5. 工装管理规定。

（1）需配备工装和胸牌的员工由各部门向行政部提出申请，行政部核实情况后安排制作。

（2）员工离职或调离公司时，需自行将工装洗涤干净后交还行政部。

（3）任何人不得将工装和胸牌转借给非公司人员。擅自转借他人，对公司形象造成一定影响的，追究当事人责任。

6. 着装及胸牌检查考核规定。

（1）行政部及各部门对员工规范着装和佩戴胸牌负有监督、检查的职责，进行不定期抽查。

（2）对于不遵守着装、胸牌佩戴要求者，由行政部视情节给予处罚。

第五条　附则。

1. 本办法未尽事宜，在实际执行过程中修订和完善。

2. 本办法由人力资源部负责解释，自批准发布之日起执行。

执行部门		监督部门		编修部门	
编制日期		审核日期		批准日期	

范例三：员工言行管理规范

制度名称	××公司员工言行管理规范	受控状态	
		编号	

第一章 言谈规范

第一条 恰当地称呼他人，根据对方的年龄、职务，称呼要得体。可称呼对方姓氏头衔或职称，以示对他人的尊敬。

第二条 使用礼貌用语。在受到对方赞扬或帮助时应表示感谢；在打扰或妨碍到别人时应表示歉意；在指称陌生的第三者时应使用"那位先生""那位女士"等之类称呼。

第三条 正式交谈前的寒暄是展开话题的重要手段，寒暄时应选取大家共同感兴趣的话题，避免涉及私人问题或某些敏感话题。

第四条 与他人交谈时，不宜随便打断或探听，如需插话时，应等他人讲完一句话后，说声"对不起，打扰一下"再插话。

第五条 在交谈过程中，不宜出现过激的言语或过分的玩笑。

第六条 在交谈过程中，目光应注视对方，表情自然，保持微笑。

第七条 交谈时不可用手指点他人。

第二章 吸烟规范

第八条 工作时间不得在办公室、厕所吸烟，如需要吸烟时，可以到走廊、吸烟区等。

第九条 如有必要，应在办公区域内适当的地方设置吸烟室。

第十条 如有客户欲在办公室吸烟，应向其说明办公室是禁烟区，在征得对方同意后，可到会客室或吸烟室吸烟。

第十一条 在公共活动场合不宜吸烟。如需吸烟，应查看有无禁烟警示及烟缸等卫生器具，再考虑是否吸烟。

第三章 引导客人规范

第十二条 在引领客人时，一般应走在客人前方右侧，距离保持1米左右，以使自己走在通道里侧，让客人走在中间，并避免背部挡住客人视线。若是引领熟悉的客人，可与客人保持大致平行以表亲切。

第十三条 指引方向时，右臂伸出，小臂与上臂略成直角，掌心向上，拇指微向内屈，四指并拢伸直，指向所要去的方向。

第十四条 上楼梯时，停下来请客人先上，上楼后，从客人身旁绕过去，仍在前面引路。

第十五条 下楼梯时，自己先下，以增加客人安全感，行动不便者，应伸出手臂扶助。

第十六条 若有我方人员不认识的客人来访，引导者应相互介绍，顺序一般是先介绍我方人员给客人。

第四章 电梯使用规范

第十七条 进入电梯时，应让客人或领导先入。若是人较多，应注意用手按住电梯按钮以使所有人顺利进入。

第十八条 在电梯内尽量站成凹形，以方便后进入者。

续表

第十九条　电梯内空间较小，一般不宜交谈。

第二十条　出电梯时，应让客人或领导先行，若自己站在门口而同行者又较多，则应先出电梯，按住电梯键，等候他人出来。

第二十一条　不可在电梯内丢放垃圾。

第五章　介绍规范

第二十二条　无论是何种形式、关系、目的和方法的介绍，应该对介绍负责。

第二十三条　在直接见面介绍的场合下。应先把地位低者介绍给地位高者。若难以判断，可把年轻者介绍给年长者。

第二十四条　男女间的介绍，应先把男性介绍给女性。男女地位、年龄有很大差别时，若女性年轻，可先把女性介绍给男性。

第二十五条　把一个人介绍给很多人时，应先介绍给地位最高的或酌情而定。

第二十六条　介绍时，应将手心向上，五指并拢，指向被介绍者。

第六章　握手

第二十七条　初次见面握手不应握满全手，仅握手指部位即可。

第二十八条　握手时，用普通站姿，并目视对方眼睛。

第二十九条　握手时脊背要挺直，不弯腰低头，要大方热情，不卑不亢。

第三十条　伸手时同性间应先向地位低或年纪轻的伸手，异性间应先向男方伸手。

第三十一条　握手力度应适中，力度太轻给人感觉无诚意，太重给人感觉过于鲁莽。

第三十二条　握手时间一般在3秒之内，握一两下即可。

第三十三条　如戴有手套，一定要脱掉手套再与对方握手。

第三十四条　握手时切忌抢握，或者交叉相握。

第七章　名片使用

第三十五条　名片应先递给长辈或上级。

第三十六条　把自己的名片递出时，应把有文字的一面向着对方，双手拿出，一边递交一边清楚地说出自己的姓名。

第三十七条　接对方的名片时，应双手去接，拿到手后，要马上看，正确记住对方姓名后，将名片收起。如遇对方姓名中有难认的文字，应马上询问。

第三十八条　收到的名片应妥善保管。

执行部门		监督部门		编修部门	
编制日期		审核日期		批准日期	

二、员工行为规范管理实用表格

（一）工装领用登记表

编号：
填表日期：

员工姓名		所在部门		职务	
领用日期		备注			
领用内容、数量：					
领用人		行政主管		经办人	

（二）胸牌发放记录表

序号	领用人	所在部门	经办人
1			
2			
3			
4			
……			

（三）员工自我评价表

员工姓名		所属部门		工作岗位				
职务/职称		考核期限		评价日期				
评价项目	评价要点			评价尺度（分）				
				优	良	中	可	差
工作态度	严格遵守公司规章制度，服从公司领导安排，并有效利用工作时间			5	4	3	2	1
	有高度的主人翁意识，工作态度积极，办事有始有终			5	4	3	2	1
	无迟到、早退现象，无旷工			5	4	3	2	1
	有团队精神，协助上级，配合、帮助同事			5	4	3	2	1
工作能力	正确理解工作内容，制订适当的工作计划			5	4	3	2	1
	独立完成工作，保证工作质量			5	4	3	2	1
	及时与同事及合作者沟通，使工作顺利进行			5	4	3	2	1
	迅速、适当地处理工作中的困难			5	4	3	2	1
工作成果	达到预期目的或计划要求			5	4	3	2	1
	定期进行工作总结，为日后工作奠定基础			5	4	3	2	1
	有效提升企业信誉度，有助于企业发展壮大			5	4	3	2	1
	工作熟练程度和技术水平不断提高			5	4	3	2	1
工作态度	勤奋好学，吃苦耐劳，勇于创新			5	4	3	2	1
	积极向上，态度端正			5	4	3	2	1
	言语文明，谈吐大方，举止得体			5	4	3	2	1
	自检自爱，尊重他人，常常提出利于企业发展的好建议			5	4	3	2	1

续表

评价项目	评价要点	评价尺度（分）					
		优	良	中	可	差
卫生情况	工服整洁，个人形象良好	5	4	3	2	1
	办公区域干净整洁，办公用品摆放整齐	5	4	3	2	1
	爱惜他人劳动成果，维护办公区域环境卫生	5	4	3	2	1
	关注办公区域环境卫生情况，监督破坏卫生行为	5	4	3	2	1

1. 计算以上各项的评分（满分为100分），综合得分是：_____分
所属等级是：
　　□优秀（95分以上）
　　□良好（80分以上）
　　□一般（60分以上）
　　□较差（60分以下）
2. 工作概况：
我的工作职责是：_____；前期工作中存在的不足之处是：_____；以后将做到：_____。

签字：
日期：

部门主管评定：

签字：
日期：

（四）工作目标管理卡

员工姓名		所属部门		工作岗位	
职务/职称		期　间	\multicolumn{3}{l	}{自____年____月____日 至____年____月____日}
目标项目	\multicolumn{5}{l	}{1. 2. 3.}

续表

工作内容	1. 2. 3.
本人对结果的评价	
主管领导对结果的评价及意见	□非常努力 □颇为努力 □尚可 □有待提高 意见：

第三节　员工考勤管理

考勤管理是企业事业单位对员工出勤进行考察管理的一种管理制度，包括是否迟到早退，有无旷工、请假等。做好企业考勤管理，不仅有利于公司制度的贯彻执行，而且能够使员工的工作效率得到有效发挥。

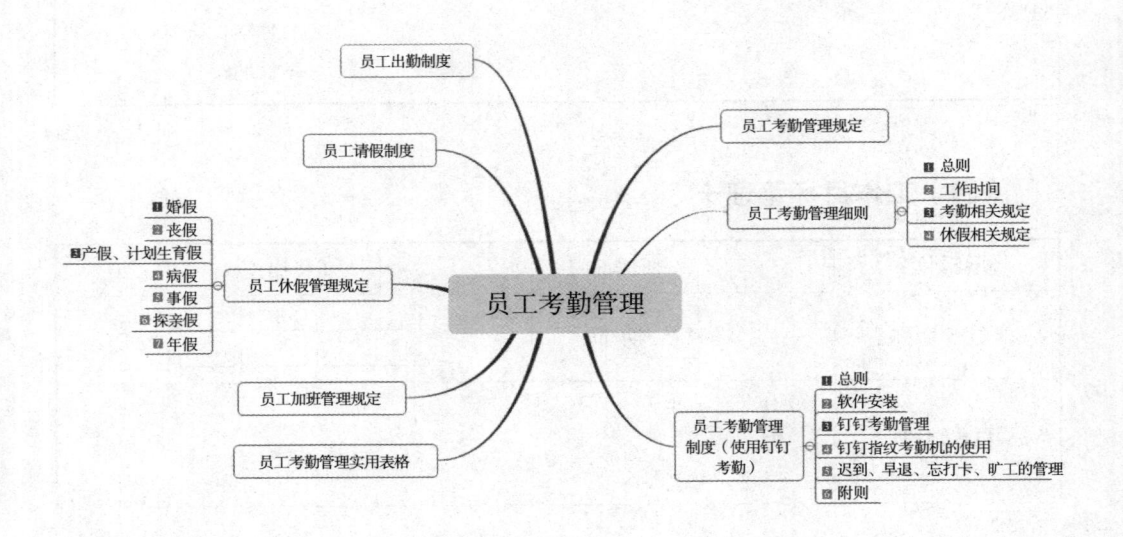

员工考勤管理思维导图：

- 员工出勤制度
- 员工请假制度
- 员工考勤管理规定
- 员工考勤管理细则
  - 总则
  - 工作时间
  - 考勤相关规定
  - 休假相关规定
- 员工休假管理规定
  - 婚假
  - 丧假
  - 产假、计划生育假
  - 病假
  - 事假
  - 探亲假
  - 年假
- 员工加班管理规定
- 员工考勤管理制度（使用钉钉考勤）
  - 总则
  - 软件安装
  - 钉钉考勤管理
  - 钉钉指纹考勤机的使用
  - 迟到、早退、忘打卡、旷工的管理
  - 附则
- 员工考勤管理实用表格

一、员工考勤管理制度

范例一：员工考勤管理规定

制度名称	××公司员工考勤管理规定	受控状态	
		编号	

第一条　为加强考勤管理，维护工作秩序，提高工作效率，特制定本规定。

第二条　本规定适用于公司总部，各下属全资或控股企业可参照执行或另行规定，各企业自定的考勤管理规定须由总公司规范化管理委员会审核签发。

第三条　员工正常工作时间为周一至周五上午＿＿＿＿，下午＿＿＿＿，每周六、周日为休息日。

第四条　公司实行上、下班指纹录入打卡制度。全体员工都必须自觉遵守工作时间。

第五条　所有员工上下班均需亲自打卡，任何人不得替代他人或由他人替代打卡，违犯此条规定者，替代双方均按旷工处理。

第六条　公司每天安排人员监督员工上下班打卡，并负责将员工出勤情况报告值班领导，由值班领导报至人力资源部，人力资源部据此核发全勤奖及填报员工考勤表。

第七条　因公外出不能打卡应填写"外勤登记表"，注明外出日期、事由、外勤起止时间。因公外出需事先申请，如因特殊情况不能事先申请，应在事毕到岗当日完成申请、审批手续，否则按旷工处理。

第八条　上班时间开始后 5～30 分钟内到公司者，按迟到论处，超过 30 分钟以上者，按旷工半日论处。提前 30 分钟以内下班者按早退论处，超过 30 分钟者按旷工半日论处。

第九条　员工忘记打卡，应填写"员工未打卡记录"经直接主管确认，部门经理审核后于次日 10 时前报送人力资源部；一个月内只允许两次申请，否则按迟到处理。

第十条　上班时间外出办私事者，一经发现，即扣除当月全勤奖，并给予一次警告处分。

第十一条　员工一个月内迟到、早退累计达 3 次者扣发全勤奖 50%，达 5 次者扣发 100% 全勤奖，并给予一次警告处分。

第十二条　员工无故旷工半日者，扣发当月全勤奖，并给予一次警告处分，每月累计 3 天旷工者，扣除当月工资，并给予一次记过处分，无故旷工达 6 天以上者（含 6 天），给予除名处分。

第十三条　员工因公出差，需填写"出差申请单"并经主管领导批准后交人力资源部作为考勤调整记录，人力资源部负责考勤记录修改及备案。经理级请假单由主管副总经理或总经理批准，其他人员由部门经理批准。

第十四条　出差人员应于出差前先办理出差登记手续并交至人力资源部备案。凡过期或未填写出差登记表者不再补发全勤奖，不予报销出差费用，特殊情况须报总经理审批。

第十五条　当月全勤者，获得全勤奖金××元。

执行部门		监督部门		编修部门	
编制日期		审核日期		批准日期	

范例二：员工考勤管理细则

制度名称	××公司员工考勤管理细则	受控状态	
		编号	

第一章 总则

第一条 目的。

为加强公司员工考勤管理，促进公司规范化建设，维护办公秩序，提高工作效率。参照国家有关法规，结合本公司实际，特制定本管理细则。

第二条 适用范围。

除特别规定外，本管理细则适用于公司全体员工。

第三条 执行。

公司各项考勤管理工作均依本细则规定办理；若有未详尽规定之事项，按补充条例或实施细则办理。

第二章 工作时间

第四条 办公区工作时间。

1. 正常工作日工作时间：周一至周五上午：_____~_____，下午：_____~_____。
2. 公司实施五天工作日，每周六、周日为公休日。
3. 全体员工必须严格遵守上、下班时间，若有调整，以行政部通知为准。

第三章 考勤相关规定

第五条 考勤方式。

1. 全体员工采取打录指纹的方式考勤，员工上班、下班、加班必须打录指纹。
2. 员工因外出办事当天不能返回公司打卡的，应在次日由部门负责人在"考勤说明单"上签字确认。
3. 员工上下班忘记打卡的，应在当日或次日请部门负责人在"考勤说明单"上注明上下班时间并签字确认（一个月不能超过两次）。
4. 如上班时间未打录指纹、且未出具由部门负责人签字的"考勤说明单"，则视同旷工半日。
5. 每月月末由人事培训部负责统计全月出勤情况，制作"月度考勤情况统计表"提交财务部，并按照相关规定进行奖罚处理。

第六条 考勤范围。

公司除高级管理人员和公司领导批准的执行特定工作的员工外均须考勤。

第七条 迟到、早退、旷工。

1. 迟到：员工上班超过规定时间且在30分钟以内，记为迟到。
2. 早退：

（1）员工未到规定时间提前下班，时间在30分钟以内，记为早退。

（2）如下班时间未打录指纹、且未出具由部门负责人批准的"考勤说明单"，则视同早退。

3. 旷工：

（1）员工未经批准擅自离开工作岗位、或请假未获批准、请假期满未续假、续假未获批准及其他未交人事培训部备案的缺勤按旷工处理。

续表

（2）员工上班超过规定时间30分钟至1小时以内，记为旷工1小时。

（3）员工上班超过规定时间1小时至2小时以内，记为旷工2小时。

（4）员工上班超过规定时间2小时，记为旷工半日。

（5）员工未到规定时间提前下班时间超过30分钟，记为旷工半日。

（6）员工全年累计事假不得超过_____天，超过视为旷工。

第八条　考勤违纪处罚。

1. 迟到、早退每次罚款_____元，旷工半日每次罚款_____元，旷工1日罚款_____元。

2. 凡请事假当月累计_____小时以内，计扣半天工资，超过_____小时至_____小时以内按一天计扣。

3. 员工连续旷工3天视同自动离职处理，公司有权立即解除劳动合同。

4. 员工当月累计旷工5日，公司有权立即解除劳动合同。

5. 罚款由财务部在每月工资中扣除。

6. 在正常工作时间内，人事培训部随时有权进行考勤抽查，如发现员工无请假外出或有正当理由外出但未在人事培训部做相关登记，视同旷工1日；如每月部门出现3次上述情况的，在部门负责人的当月工资中扣除_____元。

第九条　特定部门和员工的考勤。

因工作特殊性，经公司主管领导批准的特定部门和员工可根据工作需要灵活处理考勤，如在特定时间内连续加班的品牌策划部员工、财务部部分员工等。

第十条　加班。

1. 员工应充分利用8小时工作时间，提高工作效率，严格控制加班，确因工作而加班，应经主管领导批准。

2. 周一至周五加班计算：从当日18:00起开始计算加班，加班以半小时为基数计算。

3. 休息日及法定节假日加班计算：从上班打录指纹开始考勤，至下班打录指纹为加班结束。

4. 管理人员、基层员工在法定节假日加班（元旦、春节、清明节、劳动节、中秋节、国庆节），按照本人日工资的300%发放加班工资。

第十一条　补休。

1. 相关领导应于一个月内安排超时工作的员工时间补休。

2. 员工补休前需填写"补休申请单"，经部门负责人或公司高级领导批准后，方可补休，否则未上班时间以旷工论处。遇特殊情况临时决定补休的，则须在补休后的次日填写"补休申请单"，否则未上班时间以旷工论处。

3. 员工如属工作效率及个人原因没有按时完成上司交付的工作而导致超时工作的，公司不予安排时间补休，也不给予其他补偿。

4. 如补休半天或几小时，员工在到达公司上班时，仍需照常打指纹考勤。

5. 补休期间可享有全额工资和奖金。

第四章　休假相关规定

第十二条　正常休假。

公司根据国家规定和合同约定合理安排员工每月正常休假，如当日因公事未能休假的员工，公司将为其安排补休。

续表

第十三条 法定假期。

员工享有国家法定假期，如因工作需要公司要求员工在法定假期上班，将按法律规定计算、发放加班工资。

第十四条 事假。

1. 员工遇事必须在工作日内办理的，应事先请事假，特殊情况不能事先请假的，可用电话、带口信的方式请假，上班时应补填"请假申请单"。

2. 基层员工请假由部门主管、负责人审批；部门主管、负责人请假由公司总经理或者副经理审批，事假期间不发工资。

第十五条 病假。

1. 员工因身体健康问题不能正常工作的员工，可申请病假。

2. 员工因病或者非因公受伤，凭正规医疗机构病历，准病假；急性、突发性疾病，可打电话告知，并在治疗结束后将病历送至办公室，在确认无误后准病假。

3. 员工到医院看病，给假半天，不影响考勤，超过半天的，超过的时间按照事假考勤。

4. 员工全年病假累计不得超过_____天，届满时因病情严重经公立或劳保医院医师诊断必须继续疗养者，可酌给特别病假，但以_____个月为限。现住院者，以一年为限。

第十六条 婚假。

1. 员工可凭结婚证享有 7 天有薪婚假，期间可享有全额工资。

2. 员工休婚假应提前一个月申请。

第十七条 生育假、流产假、陪产假。

1. 女员工生育享受 98 天产假，其中产前可以休假 15 天；难产的，增加产假 15 天；生育多胞胎的，每多生育 1 个婴儿，增加产假 15 天。产假期间领取全额基本工资，但不享受或者相应扣减公司奖金与补贴。

2. 根据相关规定，女员工怀孕未满 4 个月流产的，享受 15 天产假；怀孕满 4 个月流产的，享受 42 天产假。休流产假期间领取全额基本工资，但不享受或者相应扣减公司奖金与补贴。

3. 在公司服务满 3 个月以上且已转正的男员工，如因妻子生育，可享受 10 天的陪产假。其间领取全额基本工资，但不享受或者相应扣减公司奖金与补贴。

第十八条 丧假。

员工直系亲属去世，可以享受丧假 3 天。直系亲属指员工本人的父母、配偶、岳父母、公婆、子女。丧假期间可享有全额工资。

第十九条 工伤假。

员工因工作受伤，应在受伤当日持本人书面事故报告（伤情严重的可由部门办理），经副总裁以上领导认可，报人事培训部备案。工伤假必须有区级以上医院出具的休假证明。

由于违章操作而导致受伤不能出勤者，按事假处理，并根据情节追究相关责任人；工伤假期间员工工资发放按国家有关规定执行。

第二十条 年假。

1. 公司员工可按工龄时间享受有薪年假。

（1）职工累计工作已满 1 年不满 10 年的，年休假 5 天。

（2）已满 10 年不满 20 年的，年休假 10 天。

（3）已满 20 年的，年休假 15 天。

续表

2.员工有下列情形之一的,不享受当年的年休假:
(1)员工依法享受寒暑假,其休假天数多于年休假天数的。
(2)员工请事假累计 20 天以上且单位按照规定不扣工资的。
(3)累计工作满 1 年不满 10 年的职工,请病假累计 2 个月以上的。
(4)累计工作满 10 年不满 20 年的职工,请病假累计 3 个月以上的。
(5)累计工作满 20 年以上的职工,请病假累计 4 个月以上的。
3.员工休年假须提前 5 天向部门主管提出申请,经董事长审批方可休假;主管以上员工休年假必须提前 7 天将书面申请送交董事长审批。
4.休年假的时间原则上安排在经营淡季。
5.年假应在当年休完,当年不休,第二年不予累计。
6.年假期间可享有全额工资。
第二十一条 假期的审批。
法定节假和工伤假无须申请审批;其他福利假、事假及病假的申请,申请员工应在请假前填写"请假申请单",并附上相关证明,再按照审批权限逐级上报。请假 3 日以上(含),应报董事长或其授权的公司领导批准。经批准后报人事培训部备案方可执行。

执行部门		监督部门		编修部门	
编制日期		审核日期		批准日期	

范例三:员工考勤管理制度(使用钉钉考勤)

制度名称	××公司员工考勤管理制度(使用钉钉考勤)	受控状态	
		编号	

第一章 总则

第一条 目的。
为保证公司正常工作运行,规范员工的作息时间,严格工作纪律和办公秩序;特制定本制度。
第二条 适用范围。
本制度适用于公司使用钉钉考勤的所有员工。
第三条 管理职责。
1.人力资源部:负责考勤的日常管理、考勤统计工作。
2.各部门、车间:负责人负责宣导、管理本部门、车间人员的考勤工作。

第二章 软件安装

第四条 员工下载安装好"钉钉"手机 APP 或电脑客户端软件,按操作提示注册申请账号(请实名注册),一个终端设备只能绑定一个账号。
第五条 注册成功后点击"加入团队",搜索团队名称"××公司",点击"申请加入";也可以通过输入团队号"××××××"申请加入。

续表

第六条 目前钉钉软件的功能主要有：人事管理、协同效率、财务管理、行政管理、市场营销、客户管理等，其中"人事管理"中的"考勤打卡""外出""出差""签到""补卡申请""请假""审批""公告"等功能以及"协同效率"中的"钉盘"功能先行使用，其他模块功能等条件成熟后逐步开放使用。

第三章 钉钉考勤管理

第七条 考勤时间。上班时间：上午：_____～_____，下午：_____～_____，加班：_____～_____（打卡次数：早上上班一次，下班一次；下午上班一次，下班一次；加班上班一次，下班一次；一天打卡共计6次；不加班则共计4次）。

第八条 日常考勤打卡。

1. 使用范围：员工正常上下班都须使用"考勤打卡"功能。

2. 使用方法：打开手机"钉钉"软件，点击"工作"→"考勤打卡"→"打卡"（正常上班/下班打卡或外勤打卡）。

3. 查看方法：员工可随时查看自己的各时期考勤记录，打开手机"钉钉"软件，点击"工作"→"考勤打卡"→"统计"→"我的考勤"。

4. 注意事项：

（1）此考勤方式根据办公地点进行设置，须在有效范围内打卡。

（2）离开常驻地点的打卡为外勤，需要有公务外出的审批应详细说明外勤原因，如无正当理由视为异常考勤。

第九条 外出。

1. 适用范围：凡员工因公外出都须使用"外出"功能。

2. 使用方法：打开手机"钉钉"软件，点击"工作"→"外出"后，选择"外出时间""结束时间""外出事由"；添加"审批人""抄送人"（根据"钉钉考勤审批流程与权限表"参照附件）。

3. 弹性时间：公司给予员工每人每月累计2小时的私人外出时间（不超过2次），用于处理私人紧急事务（须在外出事由中说明"因私外出"）。如果超出，累计每超出4小时扣半天工资，每超过8小时扣一天工资，以此类推。

4. 查看方法：员工可随时查看自己各时期的外出记录，打开手机"钉钉"软件，点击"工作"→"外出"→"更多"→"查看记录"。

第十条 出差。

1. 适用范围：凡员工因公出差都须使用"出差"功能。

2. 使用方法：打开手机"钉钉"软件，点击"工作"→"出差"后，填写"出差事由"，选择"交通工具"→"出发城市"→"目的城市"→"开始时间"→"结束时间"；添加"审批人"→"抄送人"（根据"钉钉考勤审批流程与权限表"参照附件）。

3. 查看方法：员工可随时查看自己各时期的出差记录，打开手机"钉钉"软件，点击"工作"→"出差"→"更多"→"查看记录"。

第十一条 签到。

1. 适用范围：外出。凡员工因公/因私外出都须使用"签到"功能。从公司出发签到一次，到达目的地时签到一次，离开目的地时签到一次，返回公司签到一次。

续表

2. 适用范围：出差。凡员工因公出差都须使用"签到"功能。在始发地签到一次、每到达一处办事目的地须签到一次、返回驻地后签到一次。

3. 使用方法：打开手机"钉钉"软件，点击"工作"→"签到"。在"拜访对象"栏内填写外出办事地点或事项（要与申请的外出或出差中的事由相关）。

4. 查看方法：员工可随时查看自己的各时期签到记录，打开手机"钉钉"软件，点击"工作"→"签到"→"统计"→"我的"，可在地图上选择"范围"和"日期"查看。

5. 部门负责人可随时查看部门内员工的签到情况，单位领导可随时查看全体员工的签到情况。打开手机"钉钉"软件，点击"工作"→"签到"→"统计"，可在地图上选择"范围"和"日期"查看。

第十二条　补卡申请。

1. 适用范围：因个人疏忽、手机或网络故障等原因未打卡或签到。

2. 使用方法：进入钉钉工作界面，点击"审批"，在出勤休假组中点击"补卡申请"，显示缺卡处有"提交申请"字样，点击选择"申请补卡"，填写缺卡原因（若特殊情况可添加相关图片以便验证），点击"提交"。

3. 管理方法：

（1）补卡申请须在当日或3个工作日之内补卡，由于个人疏忽未打卡的填报，每月认可3次，其余的均按迟到、早退、旷工等实际情形处理。

（2）实际迟到未打卡的，一律不得正常补卡。

（3）补卡一律由本人亲自在钉钉上操作"补卡申请"并由上级领导审批方有效，未审批或退回者按未出勤处理。

第十三条　请假。

1. 适用范围：员工因事假、病假、婚假、丧假、产假等原因请假。

2. 使用方法：进入钉钉工作界面，点击"审批"，在审批组中点击"通用审批"，填写申请内容，选择请假类型，填写"开始时间""结束时间"，填写审批详情说明，添加"审批人""抄送人"（根据"钉钉考勤审批流程与权限表"参照附件）。

3. 管理方法：

（1）请假以半日为最小单位，需提前申请，遇紧急事件或生病等临时特殊事件，无法提前申请的，需电话告知直属上级，并得到批准后方可请假，并在钉钉系统内补填请假单并提交，审批完成后生效，否则按旷工处理。

（2）各部门负责人在审批请假时，以不影响正常工作为原则，同一天内部门员工不得全部请假，特殊原因必须请假，需找到代替人员行使其岗位职责。

（3）关于续假，经上级主管领导同意后方可续假，且必须在钉钉上重新申请请假流程（也可在原有请假流程中进行修改日期后重新审批）；未获批准的续假视同旷工；如因特殊原因未能及时续假者，员工本人应向直属上级口头申请或电话申请，并在事中或事后24小时内补办钉钉请假审批手续，否则视为旷工。

第十四条　审批。

1. 适用范围：本人发起某项审批流程或领导审批相关事项时使用。

2. 使用方法：打开手机"钉钉"软件，点击"工作"→"审批"，在"我审批的""我发起的""抄送我的"里面操作相关事项审批流程。

续表

第四章 钉钉指纹考勤机的使用

第十五条 员工无法使用钉钉APP手机软件的情况下，可以选择钉钉指纹考勤机打卡。

第十六条 钉钉指纹考勤机的使用方法与公司之前考勤机的使用方法一致。

第十七条 特殊情况下如不能打卡或忘记打卡，应向上级领导报告原由，并在事后及时填写"考勤说明单"，由上级领导签字确认，在当日或3个工作日内交人力资源部备案，无故不打卡，又无法提供经批准的"考勤说明单"的，视为旷工。

第五章 迟到、早退、忘打卡、旷工的管理

第十八条 除无法避免之客观情形（如恶劣天气、事故、意外等）或得到上级的特别许可或批准的情况外，任何员工不得迟到、早退、旷工。

第十九条 员工当月迟到第一次扣款××元，第二次扣款××元，第三次扣款××元，三次以上扣款××元。

第二十条 早退的，扣款××元/次。

第二十一条 实际按时上班但忘记打卡的，可在当日或3个工作日内申请补卡，每月申请补卡次数不得超过2次，超过2次的每次扣款××元。

第二十二条 无故缺勤×小时以上的，视为旷工半天，扣除半天的考勤工资。

第二十三条 无故缺勤×小时以上的，视为旷工一天，扣除一天的考勤工资。

第二十四条 连续旷工2天（含）以上或年度内累计超过3次（含）旷工，属严重违反用人单位规章制度的行为，公司将予以无条件开除。

第六章 附则

第二十五条 本制度由人力资源部负责起草与修订，经公司总经理审批同意后，自下发之日起执行。

执行部门		监督部门		编修部门	
编制日期		审核日期		批准日期	

范例四：员工出勤制度

制度名称	××公司员工出勤制度	受控状态	
		编号	

第一条 为规范本公司员工出勤纪律，保障公司及员工合法权益，依国家劳动法的规定并参考公司业务上所需的工作时间，本公司员工（包括试用期员工）都应遵循本制度。

第二条 总公司员工工作时间为周一至周五上午：_____~_____，下午：_____~_____。周六、周日休息。

第三条 公司所属工厂员工工作时间如为：周一至周五上午：_____~_____，下午：_____~_____。周末采取双周轮休制，工作时间与第二条规定相同。

续表

第四条 特殊职务人员。

1. 警卫、保洁、临时职工等出勤时间，由各所属部门主管人员视其业务需要个别制定，并送交人事行政部备查。

2. 其他从事特殊职务人员的出勤时间，应视工作上的需要由人事行政部另行制定。由于工作需要不得不延长其工作时间，则须依规定给付超时工作津贴。

第五条 如在正常工作日内迟到、早退或在规定工作时间私自外出在_____分钟以内者，则视为缺勤一次；缺勤_____分钟以上者，一律按缺勤两次计，每缺勤一次扣除_____小时工资，并列入出勤考绩范围。

第六条 本公司员工因病请假而缺勤时，须提交医院证明（请假在一日以内则免），并按实际缺勤日数的总和，根据日工资额扣除工资。

第七条 员工因私人事由必须亲自处理时，应于请假前_____日内提出申请，并视实际缺勤日数金额扣除。

第八条 员工因工作原因受伤或生病无法正常出勤时，应于一周内提交医院证明，工资仍正常支付，但工资给付原则上以一年为限。

第九条 下列特别休假时，工资仍正常支付：

1. 婚假、丧假。
2. 年度带薪休假。
3. 行使公民权时。
4. 公司例会时。
5. 星期例假日。
6. 法定休假日。
7. 女职员的产假。
8. 休假日加班后补休。
9. 公假。

第十条 执行轮班制工作的员工的休假，由各部门主管人员编排后，交由行政部建档管理。

执行部门		监督部门		编修部门	
编制日期		审核日期		批准日期	

范例五：员工请假制度

制度名称	××公司员工请假制度	受控状态	
		编号	

第一条　逾上下午上班时间到岗在30分钟以内的，即视为迟到一次。

第二条　到岗时间在上下午上班时间后超过30分钟，即视为请假半天，应即补办请假手续，并正常进行工作。

第三条　在工作时间由于工作原因而离开工作场所或早退外出时，应事先报请直属主管核准。若由于私人原因而离开工作场所，或早退外出时，应办理请假手续。

第四条　由于恶劣天气、事故、意外等不可抗力因素而导致迟到，经提出报告且查明属实者，或报经核准后而早退的，可免按迟到早退计算。

第五条　员工因私事或疾病而请假时，应按照规定上报直属主管和行政人事部并填写请假单。

第六条　病假_____日以下的事假应由各部门经理核准，_____日以上事假应由各部门经理核转总经理室核准。

第七条　病假逾_____日以上时，应随同请假单检附医师诊断书。诊断书逾期时应立即补具新诊断书。公司认为必要时，可指定医师重新开具诊断书。

第八条　员工请假，除因病或遇不可抗力情形，不能先行报准的，可于事后补办请假手续外，其余非经核准不得先行离职，否则视为旷工处理。虽经请假但假满未到岗且未续假的，同视为旷工处理。

第九条　员工请假期间内如遇有公休日或休假日不得扣除计算。

执行部门		监督部门		编修部门	
编制日期		审核日期		批准日期	

范例六：员工休假管理规定

制度名称	××公司员工休假管理规定	受控状态	
		编号	

第一条　为了保障员工的合法权益，加强人事管理、行政管理及其劳动管理，根据相关法律的规定，制定员工休假管理规定。

第二条　本规定适用于公司全体员工。

第三条　员工休假必须服从组织安排，并按规定逐级审批，报人事部批准。室主任由部门经理安排休假，部门经理由总经理安排休假。

第四条　公司员工请假，需提前向部门负责人或部门分管领导递交书面申请，填写"请假单"交行政人事部备案，否则请假不予生效；员工休假期满后，须及时到部门负责人或部门分管领导处销假，否则按旷工处理。

续表

　　第五条　因特殊原因本人不能亲自办理的，应提前托人或电话告假，如事前未提出请假，事后补交病假单之类的一律无效。

　　第六条　婚假。员工申请婚假，须在本公司办理休婚假手续，并以领取结婚证日期为准。婚假假期 10 天。如到外地（指配偶工作所在地，不含旅行结婚）结婚的，根据在途往返时间核给路程假。

　　第七条　丧假。员工的直系亲属（祖父母、父母、配偶、子女，以及依靠本人供养的弟妹、养父母、岳父母、公婆）死亡，给予假期 3 天。员工到外地办理丧事，可根据实际路程所需时间，另给路程假。

　　第八条　产假、计划生育假。

　　1. 女工产假 98 天，难产或双胞胎增加 15 天。

　　2. 临时工产假 56 天，临时工产假期间发给 60% 的工资。

　　3. 产妇如遇实际困难，可请哺乳假至婴儿一周岁，哺乳假工资按本人（岗位＋技能工资）75% 发给，并据此比例计发房补，其他补贴照发。

　　4. 接受节育手术者，经医生证明，分别给予以下假期：

　　（1）放置宫内节育器：手术后休息 2 天，在手术后 1 周内不从事重体力劳动。

　　（2）取宫内节育器：当日休息 1 天。

　　（3）输精管结扎的休息 7 日，输卵管结扎的休息 21 日。

　　（4）怀孕不满 3 个月人工流产的休息 15 天，4 个月以上的休息 42 天。

　　（5）同时施行两种节育手术的，合并计算假期，如遇特殊情况需增加假期时，由医生确定。

　　第九条　病假。

　　1. 员工因病或非因工（公）负伤，经公司指定的医疗单位证明确定不能坚持工作，可参考医生建议，根据实际情况核给病假。

　　2. 病假期间的待遇按国家劳动保险条例规定办理。

　　（1）病假 3 天内不扣工资，4 天以上按（岗位工资＋技能工资）÷21.75 天计扣工资。

　　（2）6 个月以内病假，应由该企业行政方面或资方按下列标准支付病伤假期工资：本企业工龄不满 2 年者，为本人工资 60%；已满 2 年不满 4 年者，为本人工资 70%；已满 4 年不满 6 年者，为本人工资 80%；已满 6 年不满 8 年者，为本人工资 90%；已满 8 年及 8 年以上者，为本人工资 100%。

　　（3）连续病假 6 个月以上，工龄不满 1 年的，按本人工资的 40% 计发；连续工龄满 1 年不满 3 年的，按本人工资的 50% 计发；连续工龄满 3 年及以上的，按本人工资的 60% 计发。

　　3. 长期病休人员，从病休时起，一年内的任何时间累计超过 6 个月（或 153 个工作日），从超过之日起，停发工资，改发疾病救济费。累计办法：每月以 24 日为截止日期往前推 12 个月，凡在这 12 个月内病休累计达 6 个月（或 153 个工作日）时，从超过之日起停发工资，改发疾病救济费。

　　4. 凡领取疾病救济费者，如病愈需要复工时，经医生证明，先行试复工 2 个月。在试工期，又患病累计休息 15 天以上者，停止试工，停发（病假）工资，发给疾病救济费。试复工期满，连续工作 2 个月以上者，若再次患病，休息时间可重新累计计算。

续表

第十条 事假。

因个人事项，必须由本人亲自处理的，申请经部门主管核实可准予事假。事假时间根据实际情况酌定，但全年累计一般不得超过一个月。请事假员工按（岗位工资＋技能工资）÷21.75天计扣工资。

第十一条 探亲假。

1. 员工从入职工作的第二个年度起（入职不少于6个月），其配偶或父母不住在一地，又不能在公休日团聚的，可享受定期探亲假。

2. 探望配偶，每年给予一方探亲假一次，假期为30天。

3. 未婚员工探望父母每年一次，假期为20天。也可根据实际情况，2年给假一次，假期为45天。

4. 已婚员工探望父母假，每4年一次，假期为20天。

5. 员工有生身父母，又有养父母的，只能探望一方（以供养关系为主）。

6. 员工配偶已离婚或死亡，尚未再婚的，按未婚员工待遇处理。员工配偶、父母均已死亡，又未重新结婚，而且身边没有子女者，如有16岁以下未成年子女寄养在外地的，按未婚员工探亲假处理。

7. 员工探亲假期不包括路程假，但包括公休假日和法定节假日，路程假根据实际需要核给。

8. 员工探亲休假期间患病时，其病休天数仍作为享受探亲假计算，原规定的休假天数不能顺延。如果员工因患急病、重病、假期期满后不能按期返回的，其延期返回的天数可根据县级以上医疗单位的证明，按病假处理。

9. 员工因各种原因在当年与配偶团聚3个月以上的，不再享受一年一次探亲假。

10. 探亲假原则上不能分期使用，确因生产、工作需要分期使用的，经人事部批准，可分期使用，跨年度作废。路程假只给一次，往返路费只报销一次。

第十二条 年假。

1. 休假范围及条件：凡参加工作（不含借调人员、临时工和劳务工）满5年以上的员工均实行休假规定，累计工作已满1年不满10年的，年休假5天；已满10年不满20年的，年休假10天；已满20年的，年休假15天。

2. 享受年休假的几项规定：

（1）按国家有关规定享受探亲假、婚丧假、生育假的员工，不影响享受年休假，并且可以合并使用。

（2）脱产学习超过3个月者，当年不享受年休假。

（3）有下列情形之一的，当年不享受年休假：当年请事假累计20天以上的；工作满1年不满10年，当年请病假累计2个月以上的；工作满10年不满20年，当年请病假3个月以上的；工作满20年以上，当年请病假累计4个月以上的。当年享受年休假后，再发生上述情况之一的，则下一年度不再享受年休假。

（4）受记过以上行政处分的职工，一年内不享受年休假。

（5）年休假时间的计算包括公休假日，不包括法定假日。

（6）凡外单位、外系统调入的人员，从报到之日起，满半年后方可享受年休假。

第十三条 以前有关规定与本规定相抵触的地方，按本规定执行。执行以后如上级有新的规定另行通知。

续表

第十四条 本规定的解释权在公司人事部。				
第十五条 本规定自20××年××月××日起生效。				
执行部门		监督部门		编修部门
编制日期		审核日期		批准日期

范例七：员工加班管理制度

制度名称	××公司员工加班管理制度	受控状态	
		编号	

第一条　目的。

为规范加班管理，提高工作效率，根据有关法律法规，结合本公司实际情况，特制定本制度。

第二条　适用范围。

本制度适用于公司非提成人员及非提成工作的工作人员。

第三条　加班管理规定。

1. 工作日加班：需在实际加班当日下班前填写"加班申请单"，经所在部门主管或分管领导审批同意后方可计加班。

2. 双休日加班：员工需在星期五下午下班前如实填写"加班申请单"，经所在部门主管或分管领导审批同意后方可计加班。

3. 节假日加班：员工需在实际加班前的最后一个工作日下班前填写"加班申请单"，经所在部门主管或分管领导审批同意后方可计加班。

4. 公司统一安排加班者不需另外填写"加班申请单"，由行政部统一汇总。

5. 本公司人员于休假日或工作时间外因工作需要而被指派加班时，如无特殊理由不得推诿。

6. 加班时间以 0.5 小时作为起点记时单位。累计 4 小时为 0.5 个工作日，累计 8 小时为 1 个工作日，累计 12 小时为 1.5 个工作日……依此类推，并以此作为计算加班补贴和调休的依据（加班时间累计或累计后的零头按四舍五入计）。

第四条　加班薪资。

1. 员工平日加班，给付本人工资的 150%。

2. 公休加班按平日加班计算方法 200% 给付加班薪资。

3. 节假日加班，凡正式员工一律支付本人工资的 300%。

第五条　有下列情形之一的，导致员工延长工作时间不属加班范畴：

1. 发生自然灾害、事故或因其他原因，威胁员工生命和企业财产安全，需要紧急处理的。

2. 生产设备、设施发生故障，影响企业生产和接待服务，必须及时抢修的。

3. 法律、行政法规规定可延长工作时间的。

第六条　注意事项。

1. 加班的操作人员超过 ×× 人时，应派领班负责领导，超过 ×× 人时应派职员督导。

2. 公休假日尽可能避免临时工加班，尤其不得指派临时工单独加班。

3. 分派加班，每班连续不超过 12 小时，全月不超过 46 小时。

续表

第七条　加班请假。
1. 员工如遇个人原因不能加班时，应事先向部门主管说明（没有具体事实不得故意推诿），否则一经派定即须按时加班。 2. 连续加班阶段，如因病因事不能继续工作时，应报告给部门主管和行政部，填写请假单请假。 3. 公休假日加班，于到班前发生事故不能加班者，应以电话向部门主管请假，次日上班后再补填请假单（注明加班请假字样），此项请假不予列入考勤。 　　第八条　在加班过程中，如因设备故障暂时无法修复或其他重大原因不能继续工作时，部门主管可安排其他工作或提前下班。 　　第九条　公休假日加班，中午休息时间与平日同。 　　第十条　凡加班人员于加班时不按规定工作，有偷懒、睡觉、擅离工作岗位或变相赌博者，一经查获，记过或记大过。 　　第十一条　本制度经经理级会议研讨通过并呈总经理核准后实施。

执行部门		监督部门		编修部门	
编制日期		审核日期		批准日期	

二、员工考勤管理实用表格

（一）员工签到卡

　　　　　　　　　　　　　　　　　　　　　　　　____月____日　星期____

序号	姓名	签到时间	序号	姓名	签到时间	备注
1			16			
2			17			
3			18			
4			19			
5			20			
6			21			
7			22			

续表

序号	姓名	签到时间	序号	姓名	签到时间	备注
8			23			
9			24			
10			25			
11			26			
12			27			
13			28			
14			29			
15			30			
出差人员						
请假人员						
迟到人员						
旷工人员						
应出勤人数		实出勤人数		出勤率		

（二）员工考勤记录表

姓名	工时类别	1	2	3	4	5	6	7	8	9	10	11	12	13	14	15	16	17	18	19	20	21	22	23	24	25	26	27	28	29	30	31	合计	___年___月
	上午																																	
	下午																																	
	上午																																	
	下午																																	
	上午																																	
	下午																																	
	上午																																	
	下午																																	
	上午																																	
	下午																																	
	上午																																	
	下午																																	
	上午																																	
	下午																																	

考勤代号

类别	正常	加班	公休	迟到	早退	旷工	事假	病假	婚假	丧假
代号	∨	¥	—	C	T	△	×	○	H	S

注意事项：
1. 本表为绩效考核、工资及加班费计算依据，各部门务必认真填写。
2. 本表以公司工作时间为依据。
3. 本表由各部门主管确认后，于每月26日转呈人事主管。

部门主管签字： 　　　　　　　填表人： 　　　　　　　填表日期：____年____月____日

（三）员工月度考勤统计表

年　　月

员工编号	员工姓名	出勤天数	休假天数	迟到早退天数	旷工天数	出差天数	备注

注：1. 本表依据员工考勤记录表统计。
　　2. 迟到早退时间按天数折算。
　　3. 休假天数中应标注休假类别（病假、事假、年假、婚丧假等）。
　　4. 其他未尽事宜填到备注中。

（四）员工加班申请单

填表日期：

\multicolumn{4}{c}{××公司员工加班申请单}				
员工姓名		所属部门	
加班事由			
加班时间	___年_____月_____日_____时至_____年_____月_____日_____时 共加班____天____时		
部门主管意见			
行政部门意见			

（五）员工请假单

填表日期：

××公司员工请假单			
员工姓名		所属部门	
请假类别	□休假 □病假 □事假 □婚假 □丧假 □其他		
请假理由			
请假时间	____年_____月_____日_____时至_____年_____月_____日_____时 共请假_____天_____小时		
部门主管意见			
行政部门意见			

（六）员工加班记录表

_____年____月

员工编号	员工姓名	加班日期	加班时长	加班事由	审批人	核准人	备注

注：1. 本表适用于公司普通员工加班记录。

2. 部门加班人员填写加班记录表，由核准人确认，于每月26日转呈人事主管。

第四节 员工值班管理

值班管理是一种员工管理制度，即对值班员如何管理、值班员职责权利的约定。

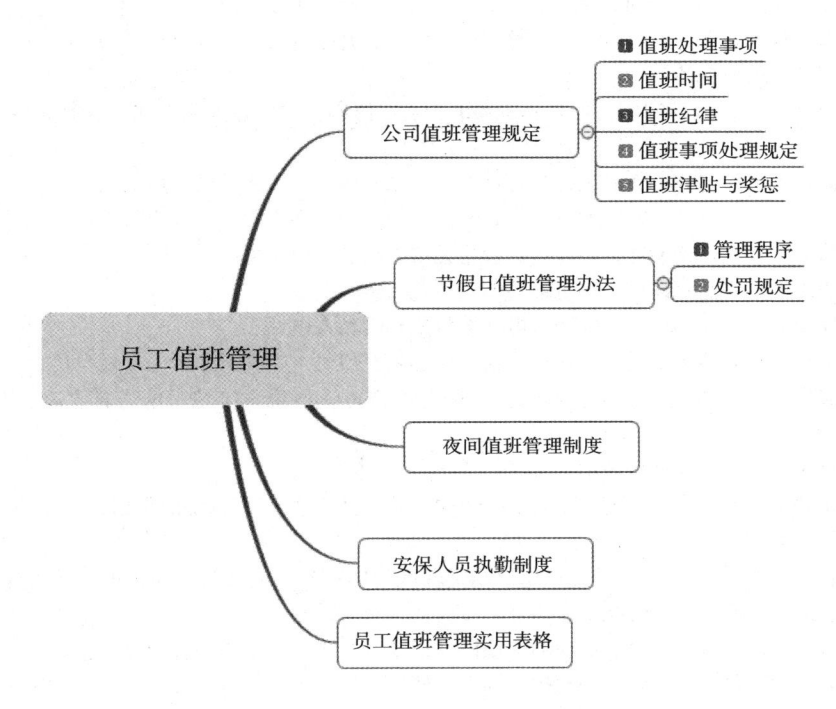

```
员工值班管理
├── 公司值班管理规定
│   ├── ❶ 值班处理事项
│   ├── ❷ 值班时间
│   ├── ❸ 值班纪律
│   ├── ❹ 值班事项处理规定
│   └── ❺ 值班津贴与奖惩
├── 节假日值班管理办法
│   ├── ❶ 管理程序
│   └── ❷ 处罚规定
├── 夜间值班管理制度
├── 安保人员执勤制度
└── 员工值班管理实用表格
```

一、员工值班管理制度

范例一：公司值班管理规定

制度名称	××公司值班管理规定	受控状态	
		编号	
第一条 目的。 　　为进一步加强对值班工作的领导和管理，进一步规范值班人员行为，确保值班工作的有效进行，特制定本规定。			

第二条 适用范围。

适用于公司节假日及工作时间外的值班工作安排与管理。

第三条 值班处理事项。

1. 突发事件。
2. 管理、监督保安人员及值勤员工。
3. 预防突发事件、火灾、盗窃及其他突发事项。
4. 治安管理。
5. 公司临时交办的其他事宜。

第四条 值班时间。

1. 轮值时间从周一到周日 7：00～7：30、17：00～18：00。
2. 部门根据业务情况自行安排本部门员工值班，并于月底公布次月值班表。

第五条 值班纪律。

1. 熟悉业务，认真钻研，提高业务水平，文明值班。积极妥善地处理好职责范围内的一切业务。
2. 值班人员应坚守工作岗位，不得擅离职守，不做与工作无关的事情。
3. 值班人员应维护好室内秩序，做到整洁卫生，禁止在工作时间大声喧哗。
4. 值班人员应严格遵守公司规定，禁止无关人员进入值班室。
5. 值班人员应坚守岗位，在电话铃响三声之内接听电话。
6. 任何值班人员不得使用值班室电话拨打或接听私人电话。
7. 值班人员如遇特殊情况需换班或代班，必须经值班主管同意，否则责任自负。
8. 值班人员要按时交接班，确认没有问题时方可让值班人员填写值班日志表，并移交下班。

第六条 值班事项处理规定。

1. 值班人员遇事可先行处理，事后再报告。如遇其职权范围以外的事情，应立即通报并请示主管经理。
2. 值班人员遇到重大、紧急和超出职责范围内的业务，应及时地向上级业务指挥部门、公司领导汇报和请示，以便把工作做好。
3. 值班人员应将值班时所处理的事项做好记录，并于交班后送主管领导检查。
4. 值班人员收到信件时应分别按下列方式处理：

（1）属于职权范围内的，可即时处理。

（2）非职权范围内的，视其性质立即联系有关部门负责人处理。

（3）对于密件或限时信件，应立即原封保管，于上班时呈送有关人员。

第七条 值班津贴与奖惩。

（1）值班人员可领取值班津贴。白班为××元/天，夜班为××元/天。

（2）如果值班人员在遇到紧急事件时处理得当，公司可视其情节给予嘉奖。嘉奖分为书面表扬和物质奖励两个等级。

（3）值班人员在值班时间内如擅离职守，公司应给予处分，造成重大损失者，应从重论处。

（4）因病或其他原因不能值班的，值班人员应先请假或请其他员工代理并呈交领导批准，出差时亦同。代理值班人员应负一切责任。

续表

	第八条　附则。 1.本规定由行政办公室负责制定和解释，并报总经理审核批准。 2.本规定自公布之日起实行。				
执行部门		监督部门		编修部门	
编制日期		审核日期		批准日期	

范例二：节假日值班管理办法

制度名称	××公司节假日值班管理办法	受控状态	
		编号	

第一条　目的。

为加强和规范公司国家法定节假日安全值班工作，维护节日期间安全形势稳定，根据公司实际情况特制定本办法。

第二条　适用范围。

适用于国家法定的节假日、公司规定的周末休息日以及停车、停产以及不可抗力因素等其他原因造成的停工放假。

第三条　权责。

1.行政部是节假日值班的监督管理部门。

2.值班经理对节假日期间生产经营的安全稳定负有领导责任。

3.各部门值班人员对节假日期间分管工作负有管理责任。

4.各岗位人员对节假日期间本职工作负有直接责任。

第四条　管理规定。

1.管理程序：

（1）双休日、节假日值班实行2人同时在岗和领导带班制度。值班时间为_____。

（2）带班领导和值班人员采用轮值的方式，由行政部负责统一安排，并由行政部负责将值班表分发到相关人员。

（3）放假前由行政部带头组织一次联合检查并通报，所查隐患节前必须整改结束，经联合检查组确认后方可放假。

（4）周末休息日值班由各部门根据实际情况自行安排。分公司生产部节假日必须安排人员值班。

（5）节假日期间值班人员考勤由当日值班干部负责统计。白班一日四次考勤（上下班各两次），生产部值班人员两次考勤（上下班各一次），岗位人员考勤由生产调度负责。

（6）节假日期间值班人员原则上不得离岗，发生紧急情况及时向带班领导汇报，同时认真做好处理。

（7）节假日期间值班人员不得请假，如有特殊情况不能值班的，自行联系其他员工代替，并向行政办公室和带班领导说明。

（8）节假日期间值班人员应按规定时间值班，不得迟到、早退，不得酒后上岗和岗中饮酒。

（9）值班司机按值班经理指令出车。无出车任务时在行政部待命，时刻保持通信畅通，保证随叫随到。

续表

（10）节假日期间值班人员必须强化责任意识，坚守岗位、履职尽责。生产、管理值班人员按巡检时间对主要场所加大巡查力度并记录（昼夜至少各两次），遇特殊情况应迅速果断地处理、上报。

2．处罚规定：

（1）节假日违纪按双倍处罚。

（2）行政部未按时拟发放假通知和组织联合检查的，对部门处罚××元。

（3）各部门未及时上报值班人员名单的，对部门处罚××元。

（4）隐患部位节前未整改结束的，对责任部门处罚××元。由此引发事故的，给予责任人处罚，视情节严重给予试岗、解除劳动合同直至追究法律责任的处分。

（5）生产部门节假日未安排人员值班的，对部门处罚××元。

（6）节假日期间，值班人员没有向带班领导汇报，擅自离岗的，对责任人处罚××元/次。影响正常值班的，对引发问题负全部责任。

（7）未按规定程序办理换班手续的，对责任人处罚××元/次。影响正常值班的，对引发问题负全部责任。

（8）值班期间喝酒的，对责任人处罚××元/次。喝酒导致值班期间工作出现问题的，应对引发的问题负全部责任。

（9）节假日期间考勤弄虚作假的，按当日工资2倍处罚。

（10）值班司机接出车指令后10分钟未到的，处罚××元/次，通信联系不上的，处罚××元/次。

（11）值班人员未按规定时间巡检的，对责任人处罚××元/次。

（12）节假日期间，交班人员未到，值班人员不准离岗，私自离岗按脱岗处理。

（13）值班、巡检、交班情况未记录或记录模糊的，对责任人处罚××元。

（14）节假日期间，特殊情况处理、上报不及时的，对责任人进行处罚，视情节严重给予通报批评、罚款、试岗或解除劳动合同的处分。

第五条　附则。

1．本办法由行政办公室负责制定和解释，并报总经理审核批准。

2．本办法自公布之日起实行。

执行部门		监督部门		编修部门	
编制日期		审核日期		批准日期	

范例三：夜间值班管理制度

制度名称	××公司夜间值班管理制度	受控状态	
		编号	

第一条　目的。

规范公司的安全管理，完善公司的安保系统，保证公司零重大事故，健全公司的夜间值班巡查制度。

续表

第二条　使用范围。				
适用于公司全体员工。				
第三条　职责。				
1. 行政部负责对文件的拟订、发布与归档管理，并落实具体工作。				
2. 各部门负责学习文件精神，并严格按照文件指示执行。				
第四条　值班时间。				
每天19：00～08：00，原则为周一至周日。				
第五条　值班要求。				
1. 夜间值班人员应检查公司设备是否已关闭，包括门窗、电脑电源、饮水机电源、空调电源、照明灯等，检查是否有安全隐患存在，以及是否有人员在岗。				
2. 夜间值班人员应将值班时所处理的事项填写报告表，于交班后送行政部转呈检查。				
3. 夜间值班人员由1名公司员工与公司安保人员组成，并认真做好详细记录。				
4. 夜间值班人员巡视路线必须严格按照规定的路线执行。				
5. 由于部门工作的特殊性，有关部门需每天填写自检表并张贴于规定位置以供值班人员检查。				
6. 夜间值班人员发现设备异常时必须及时向相关部门负责人汇报。				
7. 夜间值班人员如发现人为性错误时应及时纠正其错误，后果严重者，应及时上报其主管并做好记录。				
8. 夜间值班人员如发现重大异常情况时应及时采取补救措施，做好报警处理，并及时与公司领导取得联系。				
第六条　值班人员安排。				
1. 值班人员由公司行政部统一安排，如需临时调班的必须提前一天告知行政部。				
2. 如遇法定节假日放假等情况，由行政部视具体情况进行调整，另行下发值班通知。				
第七条　附则。				
1. 本制度由行政办公室负责制定和解释，并报总经理审核批准。				
2. 本制度自公布之日起实行。				
执行部门		监督部门		编修部门	
编制日期		审核日期		批准日期	

范例四：安保人员执勤制度

制度名称	××公司安保人员执勤制度	受控状态	
		编号	
第一条　为规范本公司安全保卫制度，保障本公司的日常安全管理，特制定本制度。			
第二条　本公司安保人员均应按照本制度进行日常工作。			
第三条　本公司实行24小时不间断执勤，其各班服勤时间，由安保部订定呈准公布实施。			
第四条　安保人员主要任务：			
1. 保障公司财产及员工的人身、财产安全。			
2. 维护公司各项规章制度。			

续表

3. 维护厂区和生活区正常秩序。

第五条 本公司安保人员在上班时间内除公事接洽外，一律谢绝会客。

第六条 安保人员执勤时须着公司统一服装、仪容整齐、严肃、文明值班，积极妥善地处理好职责范围内的一切事务。

第七条 安保人员执勤中应时刻提高警觉，遇有重大灾变时，更应临危不乱，果断敏捷，作适当处置，并立即报告上级。

第八条 安保人员执勤时间不得吃零食、看书报、听收音机、打瞌睡及与人聊天等做与工作无关之事项，加强责任感，保守机密不得向无关人员泄露有关公司内部的情况。

第九条 厂区、生活区如发生民事纠纷，安保人员应及时劝阻和制止，并及时报告保安科长或厂办公室处理。

第十条 安保人员应不定时巡查厂区、生活区，对区域内物品进行检查，防止意外事件的发生。

第十一条 安保人员应不定时巡察各楼层水、电源开关及仓库物料，保证重要区域的安全。

第十二条 安保人员应切实管制员工上下班，做好迟到、早退、加班人员的考勤记录。

第十三条 员工上班时间离开厂区应持部门主管批准的请假条，否则安保人员有权限制其外出（特殊情况应解释清楚并备案）。

第十四条 本公司员工因公或事（病）假离厂时，安保人员应切实查验公出申请书或请假记录卡，始允其外出，并在公出单或到工卡上记录离厂、回厂时间以备查考。

第十五条 被公司除名及离职人员，安保人员应凭批准后的出门证给予放行，并严格检查其行李物品。

第十六条 假日加班人员或因事需进厂者，应凭厂务单位所送名单核对相符后，准予进厂。本厂科长（含副科长）以上人员须登记后进厂。

第十七条 外来人员因公进厂，安保人员应先帮其联络，征得受访人同意，并持有效证件登记后放行。

第十八条 外来车辆入厂应在保卫科登记，出厂时安保人员严格检查，携带本公司物品应由相关部门主管在出门证出厂货物内容一栏上注明并签字，当值安保人员将车内所载物品名称、数量、型号与出门证核对，无误后方可放行。

第十九条 进出工厂车辆一律应检查，进厂车辆应注意有无载有违禁、危险或易燃物品，出厂车辆载有货物时，应凭放行单查验无误后放行。

第二十条 持有证明来厂交货或提货车辆，准予驶入厂区内有关处所。

第二十一条 对人员、车辆所携带物品有疑问时，应及时问相关人员加以确认。

第二十二条 遇火灾、水灾、台风等自然灾害时应勇于救护，情节严重应迅速向有关部门和主管汇报，如遇台风警报，安保人员应时刻准备着。

第二十三条 发现盗窃时，以收回失窃物为首要，并应立即呈请处理。

第二十四条 夜间或休假日近邻发生灾难时，应将所知及判断是否波及本厂等情况，迅速通报有关主管。

第二十五条 交换班时，应将注意事项交代清楚，并将服勤中所见重要事项或事故，以及巡逻时间等登（列）入"安保日志簿"，检附有关资料逐日分呈厂单位及安保部核阅。

续表

第二十六条　安保人员应辅导本公司其他员工遵守各项规定，并制止不法行为的发生，维持工厂及办公处所秩序。

第二十七条　本制度自颁布之日正式实施。

执行部门		监督部门		编修部门	
编制日期		审核日期		批准日期	

❖ 小贴士

值班的基本要求：

1. 坚持原则

值班日常工作通常与公司领导相联系，在处理过程中，必须严格遵循各项规章制度和程序。在处理突发性事件时，不但应及时请示、报告给领导，还要当机立断不贻误时机；接待访客时，既要热情、诚恳，又要区别情况，不可将外人随意安排与公司领导会见。

2. 及时处理

值班所涉及的工作，一般时效性都很强，应随交随办，不能拖拉和延误。如处理突发性事件，必须迅速、及时地向上级报告，刻不容缓。

3. 严守工作岗位

值班人员工作时间要坚守岗位，不能擅离职守、私自外出，不能私自带非公司人员到值班室闲坐、闲聊和嬉闹。值班人员因事必须外出时，应经行政办公室主管同意并指派人员代替值班。

4. 工作认真负责

值班人员应有强烈的工作责任心，对所涉及的工作要认真负责。无论是来访、来电，还是上级主管部门交办的其他事项，都要及时、准确的一一落实。接待来访人员既要坚持原则，严格按公司规章制度和领导的指示处理，又要态度热情、诚恳，平等待人。

5. 加强请示

值班工作通常所涉及的范围较广，许多问题事关大局，值班人员应加强请示，严格遵循工作程序。行政办公室主管负责对值班工作的检查、监督，以免造成疏漏或失误。

6. 保守公司秘密

值班人员要严守公司机密，处理有秘密内容的事项时要严格按规定办理。有秘密内容的文件、指示、值班记录等，严禁随处乱放，避免失密、泄密的现象发生。

7. 提高业务工作水平

值班人员的工作内容和工作时间具有特殊性。因此，值班人员平时应自觉学习办文、办事的工作制度、程序和办法，不断提高自身的工作水平和实际办事能力。

8. 做好值班记录

值班人员工作时所处理的任何问题，都要详细地记录在专用的值班记录本上，内容要规范化。本班内未办完的事项，除在记录中写清楚外，还要向下一班值班人员作出明确的交代。

二、员工值班管理实用表格

（一）值班登记表

填表部门：
填表日期：

日期	值班人员	起讫时间	班别	合计（次）

主管负责人：　　　　　　　　　　　　　　　　　　　　　　　　制表人：
注：班别指早、中、晚、夜、公休日、节假日。

（二）值班记录表

××公司××部门值班记录表				
值班时间	_____年_____月_____日_____时起 至_____年_____月_____日_____时止			
值班人		带班领导		
应办事宜				
函电收件总数				
重要记事	时间	地点	内容	联系人

（三）值班替换申请单

　　本人因_____而不能担任_____年____月____日____时起至_____年____月____日____时止的值班任务，拟请_____先生／女士同意代行值班职务，请审核批准。

主管领导意见：

原值班人员：
代理值班人员：

_____年_____月_____日

（四）值班接待记录表

来访人姓名	
来访人单位	
接待时间	_____年_____月_____日_____时起 至_____年_____月_____日_____时
接待内容摘要：	
拟办意见：	
主管意见：	

值班人：

第五节　员工差旅管理

公司实施员工出差管理制度可以规范管理公司差旅工作，严格控制开支，提高经济效益。

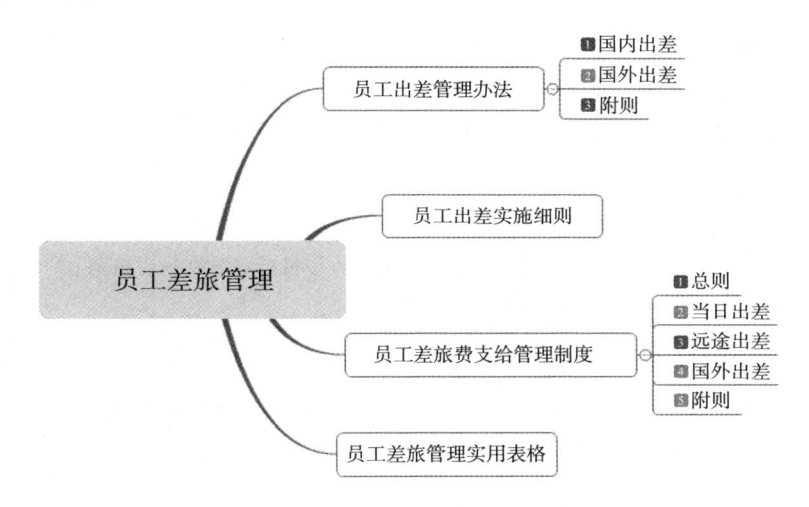

```
员工差旅管理
├─ 员工出差管理办法
│    ①国内出差
│    ②国外出差
│    ③附则
├─ 员工出差实施细则
├─ 员工差旅费支给管理制度
│    ①总则
│    ②当日出差
│    ③远途出差
│    ④国外出差
│    ⑤附则
└─ 员工差旅管理实用表格
```

一、员工差旅管理制度

范例一：员工出差管理办法

制度名称	××公司员工出差管理办法	受控状态	
		编号	

第一章　国内出差

第一条　本公司以及所属工厂及营业所的员工因公奉派国内出差办理公务者，依本办法规定发给差旅费。

第二条　国内因公出差人员差旅费按职级及出差目的地消费标准之差异分等级报销。

第三条　出差时，应根据出差地的远近及业务的紧急程度选择安全、省时、舒适、经济的交通工具。

第四条　本公司员工乘坐火车、轮船、飞机按下表标准发给交通费。

续表

职称	火车	轮船	飞机	备注
主管级	软卧	头等	头等	一、代理职称的职员比照高等人员的标准支给。
一般职员以下	硬卧	一等	经济	二、练习生、雇员、工友比照三等以下职员的标准支给。

第五条　出差人员的路途交通费按相应标准凭车、船、机票报销。

第六条　员工出差的膳食、住宿、杂费按下列标准核发：

1. 主管级：每日××元。
2. 一般级：每日××元。

第七条　出差期间因公支出的下列费用，准予按实报销，并依下列规定办理：

1. 乘坐计程车原则上应取得汽车公司开具的统一发票，无法取得者由出差人员出具凭单为凭。
2. 通信费凭据按实报销。
3. 邮费应出具邮局的证明为凭。
4. 出差人员因工作需要产生的业务招待费用，经上级领导批准后凭据另行报销。
5. 因公携带的行李运费，应出具正式的运费收据为凭。

第八条　员工因公需要出差，须事先填写"出差申请单"一式三份，附出差计划：包括往返时间、出差目的、行程安排（如地点、线路、交通工具）、费用估算等。

第九条　一般人员出差由部门负责人核准，部门负责人出差由主管副总经理或总经理核准，其中，一份据以到财务部门办理相关借款报销手续，一份交行政部门考勤，另一份由出差人自留。

第十条　报销时间应为员工出差返回后的7个工作日之内，并应于报销时退回预借的多余的款项；未按规定结清差旅费用的，不得借领新的差旅预支款项；如有特殊情况中途去往他处，当款项不足时，请示部门领导协助办理款项事宜。

第十一条　市内及短程（××日内）出差人员，除按实报支车资外，另可报支误餐费。

1. 中午××时以后销差者准报午餐。
2. 下午××时以后销差者准加报晚餐。
3. 不得再报支加班费。

第十二条　奉令调遣的人员，可以按照以上有关条文报支交通费、膳食费（一天）及行李运费。

第十三条　调遣人员若在公司用餐，则不得报支误餐费。

第十四条　调遣人员若超过一天以上但不能视为出差的，可以由公司酌情予以补贴。

第二章　国外出差

第十五条　因公奉派出国人员，于出国前须先立承诺书，言明按期归国并继续为公司服务，如在返国××年内自动辞职者，愿无条件赔偿出国期间费用除以××年平均数额之差，并放弃先诉抗辩权。

第十六条　本公司员工奉派出国人员，除薪金照领外，并准予报支差旅费，其标准如下表：

续表

地区	交通工具	住宿标准	补助	备注
欧洲	经济舱	四星	×××元	
亚洲	经济舱	四星	×××元	

第十七条　受政府或其他机构聘请（派遣）出国考察或实习的本公司人员已在受聘或派遣的机构支领差旅费者，不得再由本公司支领差旅费。

第十八条　出差期间因公支出应取得正式收据并按实报销，其无法取得正式收据的零星付款可以以出差人签呈为准。

第十九条　如因公务原因必须支付的费用而超过日用费规定者可以呈请总经理核发特别津贴。

第二十条　出国人员应按照规定期限归国，并于返国后××日内交具有关凭证向财务部报销，因故拖延不归或费用开支经审核不合格者，概由出国人员自行负担。

第三章　附则

第二十一条　下级员工与上级员工一起出差时，下级员工可比照上级员工标准支给。

第二十二条　本公司董事、监察人及顾问的差旅费比照经理级标准支给。

第二十三条　膳、宿费的支领标准，因物价的变动，可以由总经理随时通令调整。

第二十四条　本办法自发布之日起实施。

执行部门		监督部门		编修部门	
编制日期		审核日期		批准日期	

范例二：员工出差实施细则

制度名称	××公司员工出差实施细则	受控状态	
		编号	

第一条　本公司员工因公务上的需要到国内外出差（包括迁调）都按照本细则的规定办理。

第二条　员工出差均依各单位主管的命令或指示，视实际需要，限定日期呈请总经理核准后出行。

第三条　出差员工应该在出发前依式填写公司编制的表格，通知总务组登记，如情形特殊，事前来不及办理时，事后也须尽速补填表格，送交登记。

第四条　员工出差前，得按实际需要预借旅费，其预借款额，经由各主管初审，呈请总经理核准后暂付，出差完毕，向总务组销差后应于七日内呈报核销，如七日后，仍未报支者，会计组应将该员工的预借旅费在薪津项下先予扣回，俟报支时，再行核付。

第五条　员工在本市、郊区及短程或其他同日可往返出差，出差时应经部长级主管核准。当日出差，除按正常工作日支付当日工资外，原则上不支给交通费以外的任何费用，交通费凭乘车凭证实数支给。

续表

　　第六条　员工出差在1日以上，其另有不满1日的旅费，无论出发或返回日一律按1/2给付，乘夜车往返者，不另支宿费。
　　第七条　交通费包括旅程中必须的乘车费用，按实际报支，其他零星用费均在膳杂费内开支，不得另行报支。
　　第八条　邮费等费用应以邮电局的收据为凭。凡因公派发邮电及特别公务，临时雇用劳力、车马等所支出必要费用，经批准，可另列特别费用按实凭证报支。
　　第九条　员工在出差中途患病、遇不可抗拒原因或因工作实际需要延误，导致无法在预定期限返回销差，必须延长滞留，出差者需出具申请，经调查确定无误，方可支给出差旅费。
　　第十条　员工报销出差旅费时，应据实提交收据，经核实，如发现有瞒报、虚报，除将所领款追回外，并视情节之轻重，酌予惩处。
　　第十一条　员工出差事前事后及旅途中所应填写的一切表格及应办手续另定。
　　第十二条　本细则经总经理核准后实施，如有未尽事宜，可随时修改。

执行部门		监督部门		编修部门	
编制日期		审核日期		批准日期	

范例三：员工差旅费支给管理制度

制度名称	××公司员工差旅费支给管理制度	受控状态	
		编号	

第一章　总则

　　第一条　为规范本公司差旅费支给制度，杜绝侵占公司财物的现象，特制定本制度。
　　第二条　本公司所有差旅费的补助、申请、领取等事项依悉按照本制度办理。
　　第三条　本公司的所有出差行为可分为如下三种：
　　1. 当日出差：200公里以内或当天可以往返的公出。
　　2. 远途出差：往返超过200公里或当天无法往返的公出。
　　3. 国外出差：赴国外出差者。

第二章　当日出差

　　第四条　出差当日可以往返的，一般由部门经理核准。
　　第五条　当日出差如延误正餐时间一小时以上则支给××元午餐补助。但外勤已支津贴人员不支给午餐补助。
　　第六条　当日出差除依前条规定支给午餐补助外不另支付差旅费。
　　第七条　当日出差的交通费、加油费等凭乘车证明或网上支付订单可实报实销。
　　第八条　在当日出差地区范围内，因公司要求或业务需要住宿时，按出差规定支付相当于长期出差标准的补助和住宿费。

续表

第三章 远途出差

第九条 本公司员工因业务需要远途出差时须事先填报"出差申请书",3日内的由部门经理核准,3日以上人员出差一律由总经理核准。

第十条 远途出差的员工得在"出差申请书"后,依照实际情况填报"出差旅费预算表",向财务部预借旅费。

第十一条 未及时呈准出差人员须补办手续后方得支给出差旅费。

第十二条 出差人员因急病或自然、天气等不可抗力因素导致无法在预定期限返回公司的,经调查属实继续支给差旅费。

第十三条 出差人员须于返回后三日内填具"员工出差旅费报销单"请领差旅费。

第十四条 出差人员所乘坐的交通工具除公司车辆外,以火车、长途汽车为首选。因急事经公司总经理核准后方可乘坐飞机。

第十五条 出差人员的交通费凭乘车证明以实费计算支给。无法取得乘车证明者,须经部门主管核准后实报实销。

第十六条 使用公司交通车辆或借用车辆者不得申领交通费。

第十七条 远途出差如乘坐夜间(晚9时以后,早6时以前)的车次,住宿费减半支给。

第十八条 出差人员每日须做出差日报向各直属主管报告。

第十九条 住宿费按出差人员在外住宿日数定额支给。

第二十条 出差人员住宿费必须取得住宿费凭证,但住宿在自宅(含其他住宅)或本公司招待所未取得住宿费凭证者减半支给住宿费。

第二十一条 与经理以上人员随行,其住宿费不够时须呈经上级人员核准,凭住宿费支给凭证支给予上级人员同等住宿费或实费。

第二十二条 各分支机构人员因业务需要或受命到总公司述职,比照远途出差支给住宿费。但支领外勤津贴人员不得支给住宿费。

第四章 国外出差

第二十三条 本公司员工奉命或因业务需要出差国外时,必须填具"出差申请书"记明出差日程,出差目的地及出差要务等呈由董事长核准。

第二十四条 奉派出国人员,出国期间其薪金仍准照领,并得预支核定日数的差旅费。

第二十五条 国外出差人员得凭核准之出差申请书预编出差费概算,于出国前向财务部预借差旅费。

第二十六条 国外出差人员渡航费,董事长、总经理须按头等舱位实额支给,其他人员均按二等舱位实额支给。

第二十七条 前条差旅费包括在出差地交通费、住宿费及各项杂费。

第二十八条 出国人员在国外的旅行,应予规定的路程为限,规定以外路程的差旅费如经总经理或董事长核准者,准予报销。

第二十九条 国外出差去程当日不论何时起程概以一天计算,回程当日不论何时返回均不予计算出差天数。

第三十条 出国人员应照规定期限归国,并于返国后10日内,持有关凭证向会计部报销,因故拖延不归或费用开支经审核不准报销者,概由出国人员自行负担。

续表

第五章 附则

第三十一条 本制度经董事会通过后施行，修改时亦同。

第三十二条 本制度如有未尽事宜，可随时修改。

执行部门		监督部门		编修部门	
编制日期		审核日期		批准日期	

二、员工差旅管理实用表格

（一）年度出差计划表

填制部门：

填制日期：

季度及月份		出差计划			费用小计
		时间	地点	费用	
第一季度	1月				
	2月				
	3月				
第二季度	4月				
	5月				
	6月				
第三季度	7月				
	8月				
	9月				
第四季度	10月				
	11月				
	12月				
总计					

（二）出差申请表

填制部门：

填制日期：

出差人员姓名		出差人员岗位职务	
同行人员姓名		同行人员岗位职务	
出差事由			
出差地点			
出差日期	_____年_____月_____日至_____年_____月_____日共_____天		
行程计划	1.		
	2.		
	3.		
	4.		
主要交通工具	□飞机　　□火车　　□汽车　　□轮船　　□其他		
出差预算	交通费： 食宿费： 其　他： 总　计：		

续表

备注事项	
申请人	签字： 日期：
部门主管审核	签字： 日期：
人力资源部审核	签字： 日期：
财务部审核	签字： 日期：
总经理审核	签字： 日期：
备注	

注：1. 此表作为出差申请、借款、核销必备凭证。
　　2. 出差途中变更行程计划需及时汇报。

（三）出差派遣表

填制部门：

填制日期：

出差人员	
出差事由	
出差地点	
出差日期	_____年_____月_____日至_____年_____月_____日共_____天
出差路线	
交通工具	□飞机　　□火车　　□汽车　　□轮船　　□其他
出差任务	1. 2. 3. 4.
出差预算	交通费： 食宿费： 其　他： 总　计：
介绍信编号	
办公室批示	
人力资源部批示	
财务部批示	
总经理批示	
以下内容出差回来后填写	
是否已交书面报告	材料是否已归档
使用差旅费	报账时间
直接上级批示	

（四）差旅开支清单

填表日期：

出差人姓名		所属部门	
差旅开支情况			
费用项目	金额（元）	单据张数	无单据情况说明
合计			
本人承诺以上费用均属实，并与派遣表（申请表）要求相符。 　　　　　　　　　　　　　　　　　　　　　　　　　　签字：			

部门经理：　　　　　　　　财务主管：　　　　　　　　出差人：

（五）差旅费报销单

填制部门：
填制日期：

时间	地点		交通费	餐费	住宿费	其他费用	合计	说明
	起	讫						
差旅费总额			暂支差旅费额			应付（收）额		

部门经理：　　　　　　　　财务主管：　　　　　　　　出差人：

（六）差旅费清单

出差人姓名					所属部门				
出差日期	____年____月____日至____年____月____日共____天									
出差事由									
年	月	日	起讫地点	交通工具	交通费	餐费	住宿费	其他费用	合计
合计									
金额（大写）									

（七）国外出差费用明细报表

填制部门：
填制日期：

出差人员姓名		出差人员岗位职务	
同行人员姓名		同行人员岗位职务	
出差地点		出差事由	
航空行程	出发 ||| 回国		
	月日	时间	班次	月日	时间	班次

续表

类别		单价	天数	金额		备注
				外币	本币（换算）	
差旅费清单	准备金					
	出国旅费					
	出国手续费					
	停留期间的旅费 — 交通费					
	住宿费					
	餐费					
	杂费					
合计				_____元	_____元	

原支领金额	实际支出	余额	补足额
_____元	_____元	_____元	_____元

类别	支付额	金额	支付日期	借方	贷方

申请人		签字： 日期：
部门主管审核		签字： 日期：
人力资源部审核		签字： 日期：
财务部审核		签字： 日期：
总经理审核		签字： 日期：

第四章

日常行政办公管理

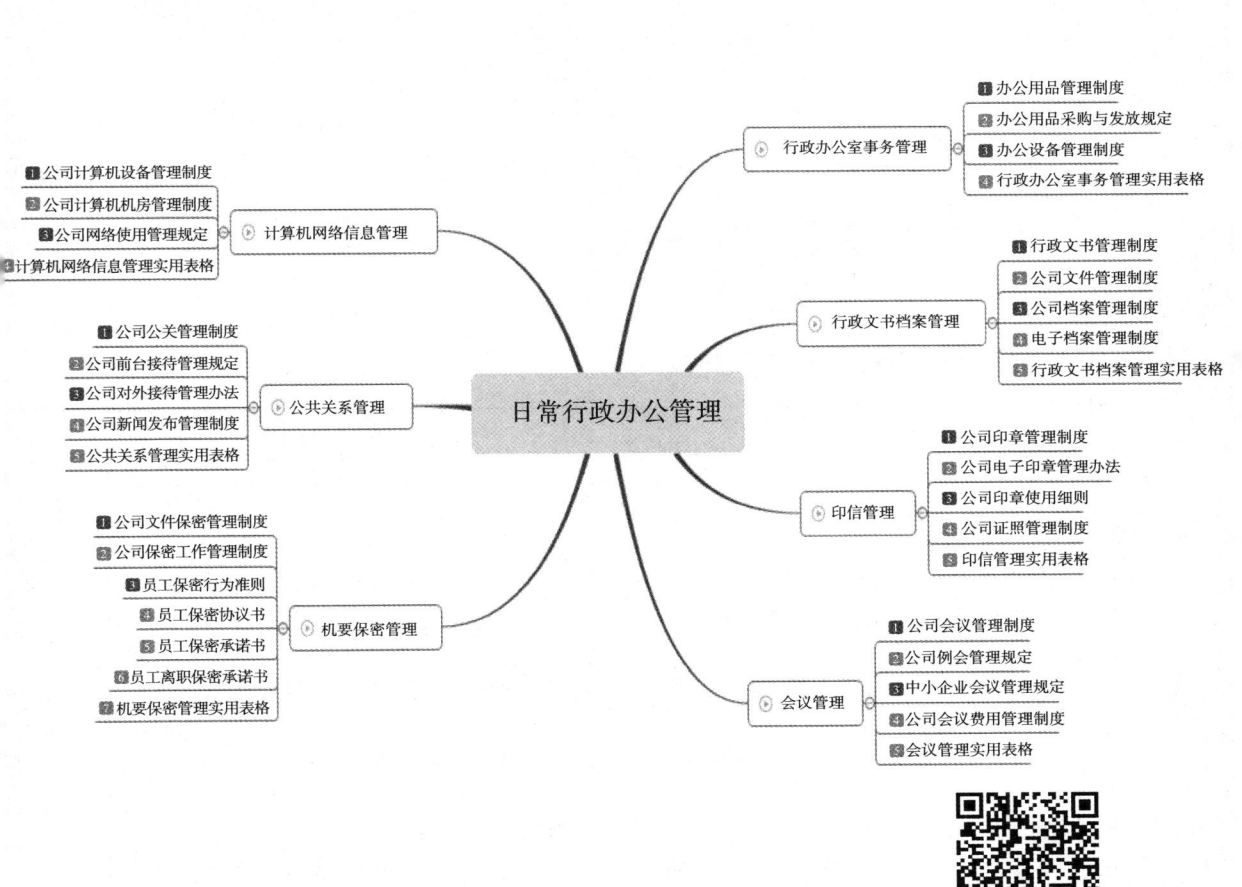

日常行政办公管理

行政办公室事务管理
- ① 办公用品管理制度
- ② 办公用品采购与发放规定
- ③ 办公设备管理制度
- ④ 行政办公室事务管理实用表格

计算机网络信息管理
- ① 公司计算机设备管理制度
- ② 公司计算机机房管理制度
- ③ 公司网络使用管理规定
- ④ 计算机网络信息管理实用表格

行政文书档案管理
- ① 行政文书管理制度
- ② 公司文件管理制度
- ③ 公司档案管理制度
- ④ 电子档案管理制度
- ⑤ 行政文书档案管理实用表格

公共关系管理
- ① 公司公关管理制度
- ② 公司前台接待管理规定
- ③ 公司对外接待管理办法
- ④ 公司新闻发布管理制度
- ⑤ 公共关系管理实用表格

印信管理
- ① 公司印章管理制度
- ② 公司电子印章管理办法
- ③ 公司印章使用细则
- ④ 公司证照管理制度
- ⑤ 印信管理实用表格

机要保密管理
- ① 公司文件保密管理制度
- ② 公司保密工作管理制度
- ③ 员工保密行为准则
- ④ 员工保密协议书
- ⑤ 员工保密承诺书
- ⑥ 员工离职保密承诺书
- ⑦ 机要保密管理实用表格

会议管理
- ① 公司会议管理制度
- ② 公司例会管理规定
- ③ 中小企业会议管理规定
- ④ 公司会议费用管理制度
- ⑤ 会议管理实用表格

扫一扫，获取
本章规范表格

第一节　行政办公室事务管理

企业办公室应当根据企业的实际需要和自身工作的客观要求，制定出一系列合理、有效的规章制度，使办公室事务管理工作不断科学化、制度化和规范化。

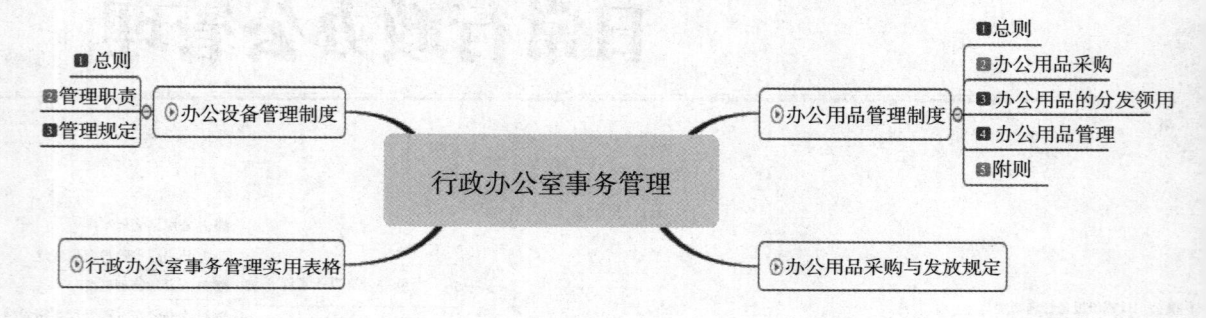

```
办公设备管理制度
  1 总则
  2 管理职责
  3 管理规定

办公用品管理制度
  1 总则
  2 办公用品采购
  3 办公用品的分发领用
  4 办公用品管理
  5 附则

行政办公室事务管理
  ├─ 办公设备管理制度
  ├─ 办公用品管理制度
  ├─ 办公用品采购与发放规定
  └─ 行政办公室事务管理实用表格
```

一、行政办公室事务管理制度

范例一：办公用品管理制度

制度名称	××公司办公用品管理制度	受控状态	
		编号	

第一章　总则

第一条　目的。

为了加强本公司办公用品管理，有效利用办公资源，控制费用开支，明确责任，规范办公用品的采购与使用，特制定本制度。

第二条　适用范围。

本制度适用于公司所有部门对办公及日常消耗品、宣传品、设备耗材等的管理。

第三条　职责。

行政部办公室负责公司办公用品的采购、保管、发放及记录管理工作；各部门负责本部门办公用品计划上报、领取工作。

第四条　根据办公用品的性质，将办公用品分为消耗品和管理品。

1. 消耗品：打印纸、复印纸、复写纸、印刷品、铅笔、墨水、信笺、信封、刀片、胶带、胶水、订书针、大头针、曲别针、夹子、图钉、橡皮、修正液、名片、账册、卷宗、档案袋（盒）、标签、纸杯及电池等。

续表

2. 管理品：文具盒、剪刀、钉书机、打孔机、打码机、验钞机、电话机、传真机、复印机、扫描仪、投影仪、文件夹、钢笔、圆珠笔、计算器、章戳、印泥、直尺、算盘、饮水机、电风扇、电脑软硬件及外设、计算机网络、办公桌椅、文件厨、档案厨、沙发及茶几等。

第二章　办公用品采购

第五条　办公用品采购办法。

1. 办公用品的采购由公司行政部办公室统一负责。采购采用多家比价的方式进行，最终选择价低质优的产品。

2. 行政部办公室专员查对办公用品领用计划与办公用品台账和库存，编制办公用品购置计划。办公用品需经办公室负责人审签后购买。

3. 办公用品实行定期计划批量采购供应。即每月＿＿＿＿日前各部室向行政管理部提报当月所需用品计划，由行政管理部统一采购。

4. 特殊办公用品可以经行政管理部门同意授权，各部门自行采购。

5. 各部门或班组若临时急需采购办公用品，由部门或班组专人填写"办公用品请购单"，并在备注栏内注明急需采购的原因，经班组负责人审定同意后，交行政管理部审批同意后，实施采购任务。

6. 必需品、采购不易或耗用量大者应酌量库存。

7. 购置单位价值××××元以上办公用品时，须报请总经理批准。

8. 结算办法。行政部办公室根据各单位办公用品领用数量及单价编制明细表，经确认后报财务划转。

第三章　办公用品的分发领用

第六条　填写领用表。

一般情况下，办公用品的发放要按计划进行，不得随意领取。每月＿＿＿＿日各部门派人到公司行政部办公室填写"办公用品领用表"。"办公用品领用表"一式两份，一份用于分发办公用品，另一份用于分发办公用品的台账登记。

第七条　核对登记。

行政部接到各部门的两份"办公用品领用表"后，办公室专员要进行核对，并做好登记，然后再填写一份"办公用品分发通知书"交发送室。

第八条　办公用品分发。

发送室进行核对后，将申请所要全部用品备齐，分发给各部门。

第九条　登记存档。

用品分发后应做好登记，写明分发日期、品名与数量等。一份申请书连同"办公用品分发通知书"转交办公用品管理室记账存档；另一份"办公用品分发通知书"连同分发物品一起返回各部门。

第十条　员工到岗时，所需办公用品由部门报请行政部办公室审批后领用。

第十一条　员工离职时，须根据有关规定与管理员交接办公用品。

第四章　办公用品管理

第十二条　办公用品使用要求。

新进人员到职时由各部门提出办公用品申请，向行政部办公室请领办公用品，并列入领用卡，人员离职时，应将剩余办公用品一并缴交办公室。

第十三条　记录管理。

1. 办公用品的采购、保管、发放要做好记录，做到账、物基本相符合，领用人与发放人要签名。

2. 如出现账物不符的情况，要及时上报行政部办公室主管进行检查，并及时上报检查结果。

3. 办公用品的记录保管有效期为两年。并对库存进行逐项审核，报行政部办公室主管审批。

第十四条　保管规定。

1. 印刷品，如信纸、信封、表格等，除各部门特殊表单外，其印刷、保管均由行政部办公室统一印刷、保管。

2. 部门使用的办公用品由部门指定专人保管维护。

第十五条　报废规定。

对决定报废的办公用品，要做好登记，在"报废处理册"上填写用品名称、价格、数量及报废处理的其他有关事项，并报相关领导同意后，到相关人员处办理报废注销手续。

第十六条　损害赔偿。

办公用品（价格在_____元以上的），正常使用发生损坏时，要及时向行政管理部报告，由行政管理部安排修理。如不报告或擅自将损坏的办公用品丢弃，使用者个人按非正常使用损坏照价赔偿。

第十七条　检查制度。

公司对办公用品的使用情况实行年内不定期检查、年末普查的检查制度，检查工作由行政部办公室负责。

第五章　附则

第十八条　本制度自发布之日起开始执行。

第十九条　本制度未尽事宜，按本公司有关规定执行。

第二十条　本制度由行政部办公室制定，解释权归行政部，自颁布之日起生效。

执行部门		监督部门		编修部门	
编制日期		审核日期		批准日期	

范例二：办公用品采购与发放规定

制度名称	××公司办公用品采购与发放规定	受控状态	
		编号	

第一条　目的。

为了规定公司办公用品采购、发放的规范化管理，保障日常办公需求，控制费用支出，特制定本规定。

第二条　适用范围。

本规定适用于公司日常办公用品的采购、发放管理。

第三条　办公用品的范围。

1. 耐用办公用品，分为常用品和非常用品。

续表

（1）常用品包括台式电脑、电话、文件栏、文件夹、计算器、订书机、笔筒、打孔机、剪刀、裁纸刀、直尺及起钉器等。

（2）非常用品包括笔记本电脑、移动硬盘、照相机、摄像机、U盘、鼠标及其他电子通信用品等。

2.易耗办公用品，分为部门所需用品和个人所需用品。

（1）部门所需用品包括打印纸、墨盒、碳粉、硒鼓、光盘、墨水、装订夹及白板笔等。

（2）个人所需用品包括笔记本、签字笔（芯）、圆珠笔（芯）、铅笔、双面胶、透明胶、胶水、钉书针、回形针、橡皮擦、涂改液及信笺纸等。

第四条 办公用品的采购。

1.行政部负责办公用品采购工作。

2.各部门根据实际需要，确定采购办公用品的品名、规格型号和数量后，填写"办公用品采购申请表"，于每月 × 日将下月所需办公用品计划报行政部。

3.行政部对需要采购的办公用品进行统计，将各部门的"办公用品采购申请表"进行汇总交行政部经理批准后报至总经理处审批。采购人员须根据计划需求采购，保证供应。

4.审批后，由行政部相关人员核算价格后联系采购。

5.大宗物品报主管总经理审批并由总经理核算价格后方可购买。

6.采购完成，交行政部经理进行验收后入库登记，填写"办公用品入库统计表"。

第五条 办公用品的发放。

1.办公用品的发放，由行政部负责人员依据"办公用品采购申请表"，直接发放各使用科室。

2.办公用品的发放采取以旧换新、以坏换新制度。凡是领取新物品，必须把已经用过的或不可以再用的物品交回办公室（消耗品除外）。

第六条 办公用品的保管。

1.根据办公用品的类别、品种进行分类放置、保管。

2.办公用品不能丢失、损坏。

3.行政部负责人于每月25日前做好办公用品盘存工作，必须账物相符。

4.与办公用品有关的书面、电子材料，必须保管好，每月进行整理。

第七条 行政部办公用品负责人要加强责任心，认真做好办公用品的保管和分发，并及时向行政部经理报告库存情况。

第八条 本着节约与自愿的原则，可不领用或少领用的应尽量不领用或少领用。

第九条 办公用品一般由行政部向批发商采购，或者建立长期定点配送采购关系，方便采购与管理。

第十条 员工离职时，办理离职交接当天，应当根据"办公用品领用表""重要物品借用登记表"将相关物品交还公司，前台做好登记。

执行部门		监督部门		编修部门	
编制日期		审核日期		批准日期	

范例三：办公设备管理制度

制度名称	××公司办公设备管理制度	受控状态	
		编号	

第一章 总则

第一条 为保证办公设备的合理配置和使用，使现代办公设备在本公司生产和管理中充分发挥作用，提高办公设备的使用效率和使用寿命，确保办公设备安全、可靠、稳定地运行，特制定本管理制度。

第二条 本制度适用于本公司所有的办公设备。计算机等办公设备，包括计算机及附属设备、网络设施、电话机、传真机、复印机、打印机、投影仪等专用于公司办公、开会及培训所用的资讯设备。

第三条 办公设备的使用、管理由行政部统一负责，行政部、财务部做好办公用品登记台账。

第二章 管理职责

第四条 行政部是公司办公设备统一归口管理部门。
1. 负责公司办公设备配置计划及调整方案的制订。
2. 负责公司办公设备采购审核工作。
3. 负责公司办公设备报修、网络故障排除及统一对外联系工作。
4. 负责公司办公设备相关耗材，如纸张、墨盒、硒鼓等采购工作。
5. 负责公司根据经审核批准的办公设备非生产物料采购申请单对外比价采购。

第五条 财务部负责公司办公设备进账、折旧及报废工作，做到账物相符，同时负责闲置办公设备的保管工作。

第六条 办公设备使用人负责该设备的日常维护与保养，按本规定的要求正确使用。工作变动要及时向行政部报告并服从统一安排。

第三章 管理规定

第七条 办公设备添置管理。
1. 添置办公设备时，由申请部门填写"设备添置申请表"，报部门经理审批后交行政部。行政部在"设备添置申请表"中填写意见后交财务部核准费用预算。
2. 经财务部确认费用后，由行政部将"设备添置申请表"送公司领导审批。设备费用在××元以内的由副总经理审批，费用在××元以上的须由总经理审批。
3. 行政部根据批示意见，在规定的时间内完成添置及发放工作。

第八条 办公设备的领用、退库。
1. 办公设备属公司资产，使用者有责任和义务妥善保管、合理使用，不能随意转交他人。
2. 新调入人员因工作需要领用办公设备的，须持由部门经理审批的书面申请到行政部办理领用手续。
3. 由于工作变动不再需要的原个人保管的物品，应及时到行政部办理退库手续。

续表

第九条 办公设备的报修。

1. 员工个人使用电脑及电脑外部设备、网络设备、通信设备：报修人填写"设备报修申请单"，并与技术部网管联系，详细描述故障现象，网管认真做好记录，统筹安排人员在最快的时间内予以解决，故障解决后填写"办公设备报修记录表"，并且由报修申请人签字确认后交技术部归档保存。

2. 其他办公设备（复印机、打印机、传真机等）：出现故障时，及时与行政部取得联系，并由行政部负责解决。

第十条 办公设备的报废处置。

1. 报废、废弃的办公设备经公司相关部门甄别确认不再具有使用价值的，由设备使用部门填制"办公设备处置申请单"，办公室、财务资金部审核后签署意见，报总经理审批，批准后由办公室统一处置，同时须报财务资金部备案。

2. 办公室对所处置的报废/废弃的办公设备必须登记在册，保管期限为10年。

第十一条 各部门经理应当严格控制个人在用办公设备的领用，对其使用和保管进行监督，行政部有权对个人在用资产随时进行抽查，并且对违反规定者予以相应处罚，保证公司资产的完整和合理使用。

第十二条 各类设备日常使用管理规定。

1. 计算机管理规定。

（1）计算机使用人员应当掌握计算机操作技能，严格遵守计算机操作规程，注意安全操作，以免设备损坏，严禁私自拆卸其配置。

（2）计算机使用人员应当爱护机器设备，如发生故障要及时报修。

（3）定期用杀毒软件进行检测，一旦发现木马或病毒要马上进行清理，若不能达到清理效果，应当及时向办公室报告。

（4）凡是涉秘材料的贮存和计算机操作系统中的有关密码均应当采取相应的保密措施，任何人员不得窃取和泄露有关密码、涉密材料等。

（5）下班或外出不回公司者，应当关掉电脑主机和显示器。

2. 打印机使用管理规定。

（1）各部门专用打印机置于各部门办公区域使用。

（2）打印机作为内部办公设备，不得对外开放，更不允许打印与工作无关的资料、文件。若发现打印与工作无关的文件、资料，管理员应及时把信息反馈给其部门负责人，并做好记录。

（3）与打印机直接相连的电脑使用者为该打印机管理员，负责该打印机的管理。

（4）打印纸的存放应分为新纸和已用纸两类，除对外正式文件外，公司内部文件的纸张一律采用双面打印，原则上打印非正式文件先用已单面使用的旧纸。

（5）打印机故障报修或其相关耗材的更换，由其管理员负责上报行政部；若因管理员管理不当出现故障、报修不及时或者登记管理不严格，导致纸张及耗材消耗过大，将承担相应的责任。

（6）全体员工应遵守规定，力行节约，对违反规定的不合理要求，管理人员有权拒绝。

3. 复印机使用管理规定。

（1）复印纸的存放应当分为新纸和已用纸两类，除对外正式文件外，公司内部文件应当使用双面复印（或废纸再次利用）。

续表

（2）员工不得利用公司复印机复印私人文件，违反此规定者一次罚款××元；如确实有需求可向行政部提出个人申请，获批准后方可复印。如发送复印页数或次数较多，公司会参考市场价收取相应的费用，收取费用计入员工活动经费。

4. 办公电话、传真管理规定。

（1）办公室电话、传真是为方便工作，处理公务之用，私事一律不得使用。

（2）外单位人员，未经许可，不得使用本公司电话。

（3）凡是使用办公电话者，必须爱护通讯设备，不得随意拆卸和移位通讯设备，因拆卸和移位造成损坏或线路故障，应当照价赔偿。

执行部门		监督部门		编修部门	
编制日期		审核日期		批准日期	

❖ **小贴士**

行政办公室事务管理必须采取以下管理原则：

1. 责任管理

明确办公室总任务，将责任分解到每个成员，克服工作的随意性和盲目性。

2. 规范化管理

每项工作都应严格遵循规章制度，并不断总结经验，使制度更加完善。

3. 常规化管理

明确规定周、月、季、年的常规工作。

4. 自动化管理

提高办公室的工作效率，随着现代科学技术的发展，不断引进现代化的办公设备和技术，如计算机、复印机、扫描仪、投影仪、传真机、传呼机以及缩微技术等。

办公室工作涉及面广，工作繁杂，要想管理有序，提高效能，就必须采取有效的管理方法。

二、行政办公室事务管理实用表格

（一）办公用品季度需求计划表

部门：　　　　　　　　　　　　　　　　　　　　　第　　季度（＿＿＿月＿＿＿日）

类别	办公用品名称	办公用品代号	单位	单价	数量	金额	备注
个人领用类							
	小计						
业务领用类							
	小计						
预算金额				实际金额			

部门主管：　　　　　　　　　　　　　　　　经办人：

（二）办公用品采购申请单

填表日期：

表格名称	××公司办公用品采购申请单		
编号			
申请部门		申请人	
申请理由			

续表

申购物品	物品名称	规格型号	申购数量	物品单价	物品金额	备注

金额合计（元）						
部门经理审核					签字： 日期：	
行政部审核					签字： 日期：	
财务部审核					签字： 日期：	
总经理审批					签字： 日期：	

（三）办公用品入库统计表

填表日期：

表格名称	××公司办公用品入库统计表					
编号				部门		
名称	规格/型号	数量	金额	存放地点	负责人	备注
审核人签字				填表人签字		

（四）办公用品领用表

部门：
填表日期：

办公用品名称	领用数量	实发数量	用途	申领人	批准人	备注

（五）办公用品耗用统计表

填表日期：

部门名称	上月耗用金额（元）	本月耗用金额（元）	差异额	差异率（%）	说明	备注

行政部主管：　　　　　　　　　　　　　　总经理：

（六）办公用品盘点存报表

盘点日期：

编号	名称	规格/型号	单位	单价	上期结存		本期购进	本期发放数	本期结存		备注
					数量	金额			数量	金额	
财务主管（签字）				行政主管（签字）				保管员（签字）			

（七）办公用品发放统计表

编号：　　　　　　　　　　　　　　　　　　　　　　　＿＿＿＿＿年度

办公用品名称	规格/型号	发放数量	申领部门	申领人	经办人	备注

行政部主管：　　　　　　　　　　　　　　　　　　　　　保管员：

（八）办公用品分发通知书

需求部门		部门负责人		到货时间	
办公用品名称	规格/型号	到货数量	单位	单价	主要用途

办公物品已于＿＿＿＿年＿＿＿＿月＿＿＿＿日到达本部门，请于＿＿＿＿年＿＿＿＿月＿＿＿＿日之前领取。

接收人员（签字）：　　　　　　　　　　　　　主管领导确认（签字）：

（九）办公设备申购表

需求部门		部门负责人		申购日期		
设备名称	型号/规格	配置要求	月度内预算（是/否）	数量	单价	总价

申购原因：

　　　　　　　　　　　　　　　　　　　　　　　　　　　申请人：
　　　　　　　　　　　　　　　　　　　　　　　　　　　日期：

部门经理意见：

　　　　　　　　　　　　　　　　　　　　　　　　　　　签字：
　　　　　　　　　　　　　　　　　　　　　　　　　　　日期：

续表

行政部意见：	
	签字： 日期：
财务部意见：	
	签字： 日期：
总经理意见：	
	签字： 日期：

（十）办公设备采购申请单

编号：
填表日期：

申请部门			申请人		
序号	申请采购办公设备名称	规格/型号	金额	数量	备注
1					
2					
3					
4					
5					
6					
7					
8					
部门经理审核				签字： 日期：	
行政部审核				签字： 日期：	
财务部审核				签字： 日期：	
总经理审批				签字： 日期：	

（十一）办公设备管理卡

办公设备管理卡								
启用日期								
设备编号	设备型号	购入日期	购买厂商	购买金额	购买数量	耐用年限	折旧率（%）	
折旧记录（定率法、定额法）	折旧年度	折旧金额	保留价格	记账人	修理日期	修理记录	负责人	
使用部门		检验人		经办人		备注		

（十二）办公耗材购买申请表

申请部门				部门负责人			
耗材名称	型号	规格	单位	单价	数量	总价	耗材使用情况说明

143

续表

部门经理意见：	签字： 日期：
行政部意见：	签字： 日期：
财务部意见：	签字： 日期：
总经理意见：	签字： 日期：

（十三）办公设备报修申请表

申请部门		部门负责人		报修时间	
设备名称		设备编号		设备型号	
故障现象					
部门经理意见：				签字： 日期：	
行政部意见：				签字： 日期：	

（十四）办公设备维修记录表

序号	设备名称	规格型号	使用部门	购买日期	保修期限	维修/检查日期	维修原因	更换部件名称	使用人	备注
1										
2										
3										
4										
5										
……										

第二节　行政文书档案管理

公文是传达贯彻上级指示精神、请示和答复问题、指导或商洽工作的重要工具。

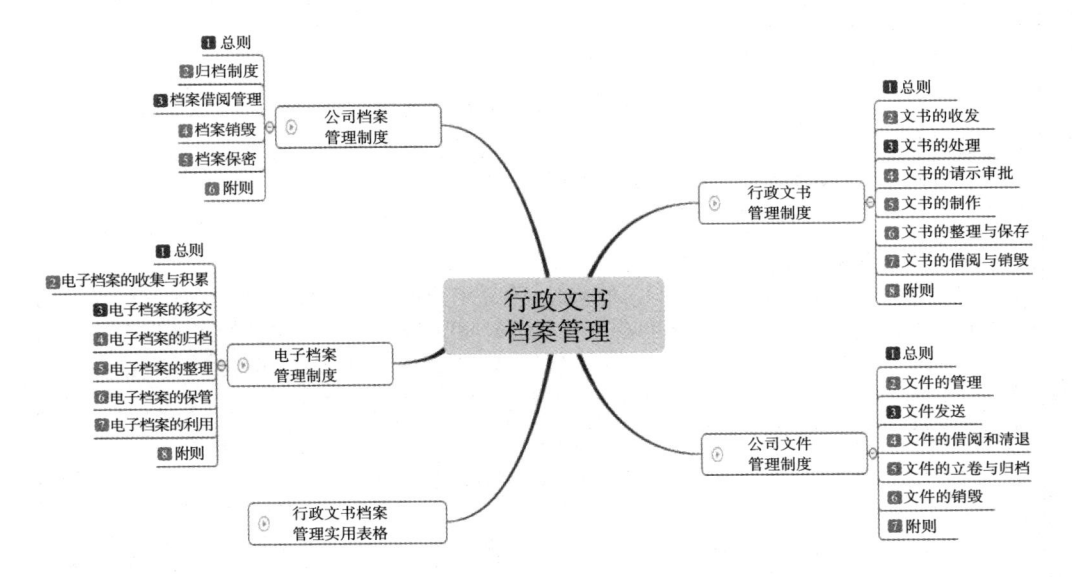

公司档案管理制度
1. 总则
2. 归档制度
3. 档案借阅管理
4. 档案销毁
5. 档案保密
6. 附则

电子档案管理制度
1. 总则
2. 电子档案的收集与积累
3. 电子档案的移交
4. 电子档案的归档
5. 电子档案的整理
6. 电子档案的保管
7. 电子档案的利用
8. 附则

行政文书管理制度
1. 总则
2. 文书的收发
3. 文书的处理
4. 文书的请示审批
5. 文书的制作
6. 文书的整理与保存
7. 文书的借阅与销毁
8. 附则

公司文件管理制度
1. 总则
2. 文件的管理
3. 文件发送
4. 文件的借阅和清退
5. 文件的立卷与归档
6. 文件的销毁
7. 附则

行政文书档案管理实用表格

中心主题：行政文书档案管理

一、行政文书档案管理制度

范例一：行政文书管理制度

制度名称	××公司行政文书管理制度	受控状态	
		编号	

第一章 总则

第一条 目的。

为了使文书管理制度化、规范化，确保文书工作规范且顺利进行，促进与提高组织管理工作的效率，特制定本制度。

第二条 适用范围。

本制度适用于公司文书管理的各工作事项。

第三条 职责权限。

1. 行政管理部是行政公文处理的管理部门，负责公司的公文处理、督查，并指导各部门及各分（子）公司的公文处理工作。
2. 各职能部门、分（子）公司负责本单位的公文处理及督办。

第四条 文书管理要求。

1. 凡是重要事宜的指示、请示、汇报、报告、传达与答复等，一律以文书的形式进行。所有文书的处置都必须以准确和迅速为原则，必须明确责任。
2. 须请示审批，即使在紧急状况下，以口头或电话形式处置的事项，事后也必须以文书形式记录下来。
3. 全部文书归公司所有并收藏，任何个人不得私自占有。
4. 必须严格保守文书的秘密。

第二章 文书的收发

第五条 到达文书全部由文书主管部门接收，并按下列要求处置。

1. 工作日，文书全部由文书主管科室收发，并按下列要点处置：
（1）一般文书予以启封，并分送各部门、科室。
（2）私人文书不要开启，直接送收信人。
（3）须请示审批分送各部门、科室的文书若有差错，必须立即退回文书主管科室。
2. 休息日、节假日等规定工作时间外收发的文书，由值班人员接收后转交给文书主管科室。

第六条 各部门的邮寄文书，必须于发送前在"发信登记本"与"邮资明细账"上做好登记。

第七条 需要邮寄或专人递交的文书，必须注明发送或接受单位、地址、收件人姓名等内容，必要时还需交文秘室回复或回执。如是公司内部文书，原则上不需封缄。

第三章 文书的处理

第八条 文书按机密程度可分为以下几类：

1. 绝密。指极为重要并且不得向无关人员泄漏内容的文书。

续表

2. 机密。指次重要并且所涉及内容不能向公司内外无关人员透露的文书。
3. 秘密。指不宜向公司以外人员透露内容的文书。
4. 普通。指非机密文书。如果附有其他调查问卷之类的重要东西，则另当别论。
5. 传阅。指在本公司内部传阅或传达的文书。

第九条　普通文书的处理。
1. 部门经理以上级别的主管人员，负责对文书进行审批、答复、批办以及其他必要的处理，或者由指定下属对文书进行具体处理。
2. 如果遇到重要或异常事项，必须及时与上一级主管取得联系，按上级指示办理。
3. 如果是与各部门、科室有关联的事项，必须经与各部门、科室的会议后方能予以处理。

第十条　机密文书的处理。
1. 机密文书原则上由责任人或当事人自行处理。
2. 指名或亲启文书的寄发，原则上在封面上注明文书所涉及事项的要点，注明发文者姓名，由发文者封缄。
3. 到达的指名或亲启文书，原则上由信封上所指名者开启，其他人不得擅自启封，如果某主管在职务上有权替代来件所指名者，不受本条规定约束。

第十一条　与多个部门有关的文书，在处理意见上如存在分歧，则由文书的主管部门出面协商；如果协商无法达成一致，则应请示上级领导，由上级领导裁决。

第四章　文书的请示审批

第十二条　请示审批是公司经营的一项重要程序，凡公司经营重要事项，都必须经请示，获得董事会、总裁、专务董事和常务董事审查、裁决和下文批复之后，方能实行或行事。

第十三条　须请示审批的内容。
1. 职务及重要人事安排。
2. 各种制度性规定的变更。
3. 重要契约的缔结、解除与变更。
4. 诉讼行为。
5. 与官方机构有关的、各种重要的请求、回执和申请等。
6. 土地、建筑物以及事务所权利的购买与转让。
7. 大额馈赠、谢礼以及宣传广告费用的开支。
8. 分支机构的增编与升格。
9. 预算与决算事宜。
10. 借款、贷款以及借贷银行的开设与变更。
11. 须请示审批重要或高额物品的采购，不急用或不需要物品的转让与廉价出售。
12. 须请示审批定期或不定期刊物的发刊、修改、废除以及费用开支的修订。
13. 有关公司经营的重要计划与企划。
14. 其他上述未涉及的重要事项。

第十四条　请示审批的事项，必须以提案文书的方式，经主管呈交总部。如果事情紧急，允许直接以非文书形式请示，但事后必须尽快撰写请示提案文书上报。

第十五条　请示提案文书的内容和顺序为标题、正文、理由、说明和附录。提案文书一式多份，分送有关部门，如业务部门、印刷部门、总务部门和财务部门等。

续表

　　第十六条　请示提案文书必须编号，并注明起草或请示者，所属分支机构及部门、科室，并及时签名盖章。请示审批内容一旦被上级认可并做出决定，则以请示提案书副本替代批复返回请示部门执行。

第五章　文书的制作

　　第十七条　文书制作。
　　1. 文书必须简明扼要，一事一议，语言措辞力求准确规范。
　　2. 起草文书的理由必须做出交代，说明起因以及中间交涉过程，必要时附上有关资料与文件。
　　3. 必须明确起草文书的责任者，署上请示审批提案者姓名。
　　4. 对请示提案文书进行修改时，修改者必须认真审阅原件，修改后必须署名。
　　5. 文书的起草必须征得主管同意，并且在主管有了明确的决定之后进行，文书起草只是一个"文书化"的过程与结果。文书的草案必须予以保存。
　　6. 重要文书或契约书（案）必须经过公证，并且在正式文书形成之日前，必须掌握且附上具有价值的证据或证明文件。
　　第十八条　文书署名。
　　1. 公司内文书，如果是一般往来文书，只需主管署名即可；如果只是单纯的上报文书，或者不涉及各部门、科室，且内容并不重要的文书，只需部门、科室署名即可；如果是重要文书，按责任范围署名总裁、副总裁、专务董事、常务董事或者有关部门的主管姓名与职务。
　　2. 对外文书，如契约书、责任状、官方许可申请书、回执、公告等重要文书，一律署总裁职务与姓名。如果是总裁委托的事项，可由指定责任者署名。上列规定以外的文书，也可署分公司或分支机构的主管职务与姓名。
　　第十九条　文书用印。
　　1. 在正本上必须加盖文书署名者的印章，副本可以加盖署名者或所在部门、科室章。
　　2. 文书署名者不在的情况下，加盖职务替代或代理者印章，且加盖具体执行者印章。在这种情况下，文书存档前加盖署名者印章。
　　3. 须请示审批以部门或公司名义起草的文书，在旁侧加盖有关责任者印章。
　　4. 在有必要加盖总裁公司印章时，必须填写委托申请书，经所属部门主管认可并且加盖印章之后，向总务部门提出。总务部主管经审核，签名盖章，批准申请。如有必要，则需请示总裁。在需要总裁签字的情况下，手续同前。

第六章　文书的整理与保存

　　第二十条　文书的整理与保存。
　　1. 全部完结的文书，应当在结办后 3 天内交行政管理部归存，按照"完整、有序"的原则对文件进行整理、检查，按类别、年代立卷，分别按所属部门、文件机密程度、整理编号和保存年限进行整理与编辑，并且在"文书保存簿"上做好登记，归档保存。
　　2. 员工个人不得保存公司公文，凡参加会议带回的文件，应当及时交行政管理部登记保管，调离公司的员工应将文件和记录本清理移交。
　　3. 分公司或分支机构的文书分为两类：一类是特别重要的文书，直接归行政管理部保存；另一类是一般文书，由各部门保管。

第二十一条　文书的保存年限。

1. 永久保存文书。包括：章程、股东大会及董事会议记录、重要的制度性规定；重要的契约书、协议书、登记注册文书、股票关系书类；重要的诉讼关系文书、官方许可证书、有关公司历史的文书、决算书和其他重要的文书。

2. 保存10年文书。包括：请求审批提案文书，人事任命文书，奖金工资与津贴有关文书，财务会计账簿、传票与会计分析报表以及除永久保存以外的重要文书。

3. 保存5年文书。指不需要保存10年的次重要文书。

4. 保存1年文书。指无关紧要或者临时性文书。如果是调查报告则由所在部门主管确定保存年限。

第二十二条　注意事项。

1. 对于重要的机密文件，一律放在保险柜或者带锁的文件柜中。

2. 如果职务部门划分发生变更或作出调整，必须在有关登记簿上注明变更与调整的理由，以及变更与调整的结果。

第七章　文书的借阅与销毁

第二十三条　各部门人员因工作需要借阅一般文件时，在经其部门负责人同意后方可借阅；对有密级的文件须经总经理同意后方可借阅。

第二十四条　借阅文件应严格履行借阅登记手续，按时归还。

第二十五条　对于多余、重复、无保存价值的文件，行政管理部应定期清理造册，并按有关规定办理申请销毁手续。机要文件一定要以焚烧的方式销毁。任何人不得擅自销毁文件或出售。不需立卷的文件材料应逐件登记，报公司领导批准后销毁。

第二十六条　保存期届满的文书以及没有必要继续保存的文书，经行政管理部决定，填写登记废除理由和日期之后，可以予以销毁。机要文书一律以火焚的方式销毁。

第八章　附则

第二十七条　本制度自发布之日起开始执行。

第二十八条　本制度由公司行政管理部监督执行，最终解释权归行政管理部。

执行部门		监督部门		编修部门	
编制日期		审核日期		批准日期	

❖ **小贴士**

文书的阅览必须遵循下列原则：

（1）文书被阅览后，阅览者必须签字，表示已经阅览完毕。必要时，应当在文书的空白处填写阅览后的意见。

（2）有必要在各部门、科室传阅的文书，必须附上传阅登记簿，按照传阅登记簿规定栏目填写，并最终交还文书。

范例二：公司文件管理制度

制度名称	××公司文件管理制度	受控状态	
		编号	

第一章 总则

第一条 目的。

为规范公司文件的起草、审批、传达、存档工作，充分发挥文件在各项工作中的指导作用，结合公司的实际情况，特制订本制度。

第二条 内容。

文件管理内容主要包括：上级函、电、来文，公司上报下发的各种文件，同级相关方函、电、来文。其中工程系统与甲方的往来函件按《档案管理制度》执行。

第三条 文件管理职责。

公司文件由行政部办公室统一管理和存档。

第四条 适用范围。

本制度适用于公司所有员工。

第二章 文件的管理

第五条 文件签收。

1. 签收文件时，要检查收文单位或收件人姓名无误后再进行签收。

2. 凡是公司外来公启文件（除公司领导亲启的外）均由公司收发员登记签收（由上级或邮电局机要通讯员直送机要室的机要文件除外）后分别交行政部机要秘书拆封。在签收和拆封时，收发员和机要秘书均需注意检查封口和邮戳。对开口和邮票撕毁函件应查明原因，对密件开口和国外信函邮票被撕应拒绝签收。

3. 签收文件时，对于上级机要部门发来的文件，应当进行信封、文件、文号、机要编号的"四对口"核定，如果其中一项不对口，应当立即报告上级机要部门，并且登记差错文件的文号。此外，应当对文件的份数、标题等内容逐份清查核对，如发现其中一项不对口，应当及时报告主管领导；签收文件应当签写姓名并注明时间。

第六条 文件的编号与保管。

1. 行政部机要秘书对上级来文拆封后应及时附上"外来文件流单"，并分类登记编号、保管。

2. 公司外出人员开会带回的文件及资料应当及时送交办公室收发员进行登记编号保管，不得个人保存。

第七条 文件的阅批与分转。

1. 凡正式文件均需要分别由行政部主任或副主任根据文件内容和性质阅签后，由机要秘书分别送至承办部门经理和承办部门阅办，重要文件应当呈送公司领导或分管领导亲自阅批后分送相关部门阅办。

2. 一般函、电、单据等文件应当分别由行政部机要秘书直接分转处理。如涉及几个单位会办的文件，应当同主办单位联系后再分转处理。

3. 机要秘书应当在当天或第二天将文件送到公司领导和承办部门，如关系到两个以上业务部门，应当按批示次序依次传阅，最迟不得超过两天（特殊情况例外）。

第八条　文件的传阅与催办。

1. 传阅文件应当严格遵守传阅范围和保密规定，不得将有密级的文件带回家、宿舍和公共场所，也不得将文件转借其他人阅看。对尚未传达的文件不得向外泄露内容。

2. 当天阅完文件后，应当在下班前将文件交机要室，阅批文件一般不得超过两天，阅后应签名以示负责。如有领导批示或拟办意见，行政部应责成有关部门和人员按文件所提要求和领导批示办理有关事宜。

3. 行政办公室收发员对文件负有催办检查督促的职责，承办部门接到文件应当立即指定专人办理。不得将文件压放分散，如确系工作需要备查，应当按照有关保密规定，并征得办公室同意后，予以复印或摘抄，文件原件应当及时归档周转，以防丢失。

第三章　文件送发

第九条　文件送发程序。

1. 各部门需要发文，应事先向办公室提出申请；拟稿人应填写"发文拟稿单"，并详细写明文件标题、发送范围、印刷份数、标定日期；草拟文稿务必从公司角度出发，做到状况属实、观点鲜明、条理清楚、层次分明、文字简练、标点符号正确、书写工整。严禁使用铅笔、圆珠笔、红墨水和彩笔书写。

2. 行政部办公室应当根据党委、公司的要求和上级有关指示精神、有关文件规定，对文稿进行审查和修改。对涂改不清、文字错漏严重、内容不妥、格式不符的文稿应退回拟稿单位重新拟稿。经行政部审查修改后的文稿，送部门主管领导核稿。

3. 文稿审核会签后，应当按批准权限的规定分别呈送党委、公司领导审定批准签发。经领导批准签发后的文稿交行政部机要秘书统一编号送打字室打印。文件打印清样，应由拟稿人校对，校对人员应在发文稿上签名。

4. 文件打字后，由行政部派专人按数印刷，再由行政部机要秘书分发并检查落实情况，对印刷质量不好的文件，机要秘书应拒绝盖印分发。

第四章　文件的借阅和清退

第十条　各部门有关工作人员因工作需要借阅一般文件，需经本部门负责人同意后办公室方可借阅。

第十一条　借阅文件应严格履行借阅登记手续，就地阅看，按时归还。任何人不得将文件带走或全文抄录，不允许拆卷和在文件上勾划等。

第十二条　各部门应指定一位责任心强的员工负责文件收交、保管、保密、催办检查工作。

第五章　文件的立卷与归档

第十三条　文件归档范围。

凡下列文件统一由行政秘书归档：

1. 企业领导发出的报告、指示、决定、决议、通报、纪要、重要通知、工作总结、领导发言和经营工作的各类计划、统计、季度、年度报表等。

2. 各种专业例会记录。

3. 企业召开重要会议所形成的报告、总结、决议、发言、简报、会议记录等。

4. 有保存价值的客户资料及处理结果。

5. 企业日志和大事记。

续表

第十四条　立卷要求。			
1. 文件立卷应当按照内容、名称、作者和时间顺序，分门别类地进行整理归档。			
2. 立卷时，应当将文件的批复、正本、底稿、主件和附件收集齐全，保持文件、材料的完整性。			
3. 应当坚持平时立卷与年终立卷归档相结合的原则。重要工作、重要会议形成的文件材料，要及时立卷归档。			
第六章　文件的销毁			
第十五条　对于多余、重复、过时和无保存价值的文件，"两办"机要室应定期清理造册，并按上级有关规定办理申请销毁手续。			
第七章　附则			
第十六条　本制度自发布之日起开始执行。			
第十七条　本制度的编写、修改及解释权归行政部所有。			
执行部门		监督部门		编修部门	
编制日期		审核日期		批准日期	

❖ 小贴士

文书收发一般由行政部文员或者前台来完成，其内容主要涉及以下几方面：

1. 文件签收

文件到达时，行政部的文员应当做好签收工作。签收时应当注意检查文件是否完整并且加盖印章。

2. 文件登记

登记的项目应当包括收到时间（急件应注明具体时、分）、登记人姓名、发件单位、收件单位、封皮编号、文件号、件数、附件、办理情况以及收件人签名备注等。收发室只是信件的收转部门，登记时按来件的外部标志登记即可，不需另行编号或加注其他标记。

3. 文件分发

文件分发时，收件人应当清点，防止出现差错，并且在"收入件登记簿"上签字明确责任，便于以后查对。

4. 文件投递

比较重要的信件或票证，为防止丢失，可以寄顺丰、EMS快递。

信件数量多且邮寄面广时，可以采取邮资总付的办法，由快递公司按大宗邮件统一结算。

范例三：公司档案管理制度

制度名称	××公司档案管理制度	受控状态	
		编号	

第一章　总则

第一条　为了规范公司档案管理工作，保证档案的完整性及保密性，理顺工作程序，明确工作职责，杜绝资料流失，特制定本制度。

第二条　本制度适用于公司档案的管理。

第三条　公司档案管理工作坚持集中统一的原则，由公司行政与人力资源总监统一负责，统一管理。

第二章　归档制度

第四条　凡是反映公司战略发展、生产经营、企业管理及工程建设等活动，具有查考利用价值的文件资料均属归档范围。

第五条　凡属归档范围的文件资料，均由公司集中统一管理，任何个人不得擅自留存。

第六条　归档的文件资料原则上必须是原件，原件用于报批不能归档或相关部门保留的，综合部保存复印件。

第七条　凡是公司业务活动中收到的文件、函件承办后均要及时归档；以公司名义发出的文件、函件要留底稿及正文备查。

第八条　业务活动中涉及金融财税方面的资料，由财务部保存原件；属于人事方面的资料，由人力资源部保存原件；属于工程建设方面的，由规划建设部保存原件。以上部门应当将涉外事务的复印件报综合管理部备案。

第九条　由公司对外签订的经济合同，应当保留三份原件，综合管理部保存一份，财务部及合同执行（或签订）部门各保存一份。特殊情况只有一份原件时，由综合部保存原件。

第十条　在归档范围内的其他资料，由经办人整理后连同有关资料移交综合管理部档案室。部门需要使用的可复印或复制，归档范围外的由各部门自行保管。

第十一条　需归档的文字、音像及实物材料的分级、保管期限如下：

文件等级	文件类型	保管期限
一级	秘密文件：公司各项规章制度、简介、执照、资质证书、荣誉证书、经营计划、管理决策，与总部及其他部门往来发文，人事方面的各种文件，财务报表、账册、资产核算，合同及司法文书等	永久
二级	重要文件：会议记录、重要谈话及各种总结、报告、请示批复，企划方面的宣传方案、形象展示，涉及工程项目的文件等	5年以上
三级	普通文件：员工考勤、前台的外出登记、钥匙登记、来客记录、电话记录、维修登记、材料收发、设计师排单、仓库管理方面的材料进出登记、核算、保管，档案方面的管理指导、档案保管、核算、借阅、销毁，后勤方面的费用申请、办公用品管理、采购、出车及维修记录等	3年

续表

第十二条　归档资料要进行登记，编制归档目录。

第十三条　档案管理员要科学地编制分类法，根据分类法，编制分类目录；根据需要编制专题目录，完善检索工具，以便于查找。

第十四条　档案要分类、分卷装订成册，保管要有条理，主次分明，存放科学。

第十五条　归档时间。

1. 各部门不涉及工程项目的材料，应根据不同的材料性质进行整理。凡材料每月整理的，应在下月3日之前首先整理归档；凡材料按季度或年度整理的，应在下一季度或下一年度一周内首先进行归档。

2. 各部门涉及项目工程的材料，应在工程全部竣工后5个工作日内首先进行归档，然后将同一项目的归档材料交客服部统一移交档案部，归档应包括材料原件、复印件及扫描电子件。

第十六条　档案移交。

1. 各部门不涉及项目工程的归档材料在部门首先归档后5个工作日内经部门主管签字后移交档案室。

2. 涉及项目工程的，各部门首先归档后，由部门主管签字并统一交客服部整理，客服部应在收到各部门材料后5个工作日内经部门主管签字后将档案材料移交档案部。

3. 档案经档案部主管人员验收合格后，填写档案移交清单，双方履行签字手续，办理移交。

第三章　档案借阅管理

第十七条　本公司各部门借阅相关档案，必须由部门负责人提出申请，经总裁签字，行政部主管核准办理借阅手续。

第十八条　外单位来人查阅本公司档案，须持证明材料并经本公司总裁签字批准，方可查阅，但不得抄录或借出。

第十九条　在查阅本公司档案时，应在档案室内进行，严禁涂改、折页、裁剪、拍照、撕毁等。

第二十条　借阅档案为普通文件的，借阅时间不超过1周，如遇节假日，须在节假日前归还。借阅档案为重要文件的，借阅时间不超过3个工作日，如遇节假日，须在节假日前归还。并需填写调档单，经本部门主管及行政与人资总监签字审批后方可借阅。

第二十一条　借阅档案为秘密文件的，借阅时间不得超过1个工作日，原则上不得带出档案室。并需填写调档单，经本部门主管、行政与人资部总监及总经理签字审批后方可借阅。

第二十二条　凡私自抄录、拍摄、描绘、拆散、删刮、撕毁档案等行为者，严格按照国家《档案法》《保密法》予以追究法律责任。

第四章　档案销毁

第二十三条　对于超过保管期限或确已失去价值的档案，档案工作人员应定期销毁。

第二十四条　清单上报行政办公室主任，经行政办公室主任审核，报行政与人力资源总监批准后，方可销毁。

第二十五条　任何人不得私自销毁档案。普通档案和秘密级档案的销毁由总经理审批，机密级和绝密级档案的销毁由董事长审批。

第二十六条　档案销毁时应有2人以上进行现场监督，严禁私自销毁档案。

续表

第五章 档案保密

第二十七条 行政部管理公司档案的相关人员必须遵守保密制度，履行保密手续，确保档案的安全。

第二十八条 本公司所有人员如需借用公司内部档案，必须经档案管理人员提供，任何人不得直接动用。

第二十九条 如需借用本公司机密档案以及引进技术资料、科研成果、发明创造、专利、新产品、新工艺等技术文件材料，须严格履行审批手续。未经批准的，严禁提供利用。

第三十条 不准向无关人员提供或泄露档案内容；不准通过电话、电子邮件、普通邮件等形式传递涉密档案信息和档案材料；不准在不利于保密的场合谈论涉密档案内容。

第三十一条 档案人员不得私自打印、翻印、拍照或复制涉密档案，不准擅自带人进入档案库房。

第三十二条 停产或已生产完毕的产品图纸和技术文件材料以及其他经鉴定审批拟销毁的档案资料，统一按公司文件由公司档案信息中心组织回收，统一销毁，其他任何单位和个人一律无权处理或自行销毁。

第三十三条 单位领导和保密小组要定期检查保密工作，总结经验，堵塞漏洞严防失密、泄密发生。

第三十四条 发生泄密和档案被盗事件时要及时报告领导，当事者要及时地出具书面报告。对违反保密规定、造成泄密和被盗者，应按其性质及情节给予严肃处理。

第六章 附则

第三十五条 本制度由公司行政部与人力资源部共同制定，并负责解释和组织实施。

第三十六条 本制度报总经理批准后施行，修改时亦同。

第三十七条 本制度自颁布之日起施行。

执行部门		监督部门		编修部门	
编制日期		审核日期		批准日期	

❖ **小贴士**

档案管理应当遵循的工作原则有：

（1）公司档案为集体所有，任何人不得占为己有，因此在档案管理过程中，应当实行共同管理的原则，分清权责。

（2）根据共同分享和共同管理的原则，应当尽量减少档案的复印份数及保管场所，提高档案的保密系数和安全性，同时要降低管理成本。

（3）应当及时分类、整理、编辑与传递文书资料，进行科学归档保管，提高档案管理的质量与效率。

范例四：电子档案管理制度

制度名称	××公司电子档案管理制度	受控状态	
		编号	

第一章 总则

第一条 目的。

为了加强公司电子文件归档管理，保管电子文件和电子档案的安全保管和有效开发利用，更好地为公司发展服务，根据《中华人民共和国档案法》等有关文件规定，结合本公司实际，特制定本制度。

第二条 适用范围。

本制度适用于本公司及下属各项目公司。

第三条 定义。

1. 本制度所指的电子档案是指依赖计算机等数字设备阅读、处理，以数码形式存储于磁盘、光盘等载体，具有参考和利用价值的电子文件。

2. 本制度所指的电子文件是指在数字设备及环境中生成，以数码形式存储于磁带、磁盘、光盘等载体，依赖计算机等数字设备阅读、处理并可在通信网络上传送的文件。

第四条 职责。

1. 电子档案工作管理体制：

（1）电子档案工作实行统一领导、统一管理、统一制度、统一标准的原则。

（2）行政部是各下属单位电子档案工作的主管部门，督办指导各单位的电子档案管理工作。

（3）公司各单位接受行政部的业务指导、检查和监督。

（4）各部门及项目单位总经理是电子档案管理第一责任人，分管电子档案工作的公司领导和各公司综管部长为档案管理主要责任人，各专（兼）职档案管理员为电子档案管理直接责任人。

2. 电子档案工作管理职责：

（1）各单位应当将电子档案工作纳入本单位发展规划和工作计划，为电子档案工作规范管理提供保障，将文件形成、积累和归档要求纳入各部门员工岗位职责。

（2）行政部档案主管对各项目单位专（兼）职档案管理员移交档案的完整性、规范性和及时性予以评分考核，综合评分将纳入各单位及行政工作考核得分。各单位综管部长有权根据档案收集情况，对本单位各部门及相关人员职责履行情况进行考核。

第二章 电子档案的收集与积累

第五条 电子档案的收集范围。

1. 文书文件。即各单位在经营过程中反映本单位工作活动，具有查考价值的电子文件均属于收集范围。例如：公司重大会议纪要、总经理工作汇报资料、各类公文、公司管理制度等的正本及历次稿件及意见，上级单位针对本公司的指导性或通知类公文、各类评比活动形成的公文材料、下级部门呈送的报请类公文、其他商洽性或审批性公文。文本文件收集时应将其转换为 txt、docx、xlsx 等通用格式的文档。

2. 图像文件。指用扫描仪、数码相机等设备获得的静态图像文件。例如公司开业庆典、开业活动、上级领导巡视、捐赠仪式等。对于该类图像文件的获取应突出其主题，时间、地点及人物等。静态文件收集时应将其转换为 JPG、JPEG、PDF 等常用格式。

续表

3. 图形文件。指采用计算机辅助设计或绘图获得的静态图形文件。

4. 声音文件。WAV、MP3格式声音文件可以作为电子档案直接存储。

5. 多媒体文件。指用计算机多媒体技术制作的文件，其中包含文字、图像、图形、声音及影像等两种以上的复合信息形式。

第六条　电子档案的类别。

1. 电子档案分类总则。电子档案先按照类别分类，再按部门（公司）、时间顺序整理，先总后分，即总体性、年度性在前，季、月在后。

2. 一级类目设置共三类：

（1）综合类。

（2）业务类。

（3）会计类。

3. 二级类目的设置。按照企业管理职能和管理特点设置，类目的级位表示上下位的隶属关系。综合类的二级类目分为：行政类、人资类、党群类、监审风控类；业务类的二级类目分为：营销类、推广类、招商类、物业类、招采类、设计类、工程类、成本类、运营类；会计类的二级类目分为：会计类。

第七条　电子档案收集、积累要求。

1. 记录了重要文件的主要修改过程、有查考价值的电子文件应当被保留。当正式文件是纸质时，如果保管部门已经开始进行向计算机全文处理的转换工作，则与正式文件定稿内容相同的草稿性电子文件应当保留，否则可以根据实际条件或需要确定是否保留。

2. 在"无纸化"计算机办公或事务系统中产生的电子文件，应当保证电子文件不被非正常改动。同时必须随时备份，存储于能够脱机保存的载体上，并且对有档案价值的电子文件制作纸质或者缩微胶片拷贝保留。

3. 用文字处理技术形成的电子文件，收集时应当注明文件存储格式、属性；用扫描仪等设备获得的图像电子文件，若采用非标准压缩算法，则应当将相关软件一并收集；用计算机辅助设计或绘图等获得的图形电子文件，收集时应当注意其对设备的依赖性、易修改性等问题，不可遗漏相关软件和各种数据。

4. 用视频设备获得的动态图像文件，收集时应当注意收集其压缩算法和软件；用音频设备获得的文件，收集时应当注意收集其属性标识和相关软件。由计算机多媒体技术制作的文件，其中包含前面所示的两种以上的信息形式，收集时应当注意参数准确和数据完整。

5. 通用软件产生的电子文件，收集时应当注意收集其软件型号和相关参数。专用软件产生的电子文件，收集时应当连同专用软件一并收集。

6. 计算机系统运行和信息处理等过程中涉及的各类参数、管理数据等应当与电子文件一同收集。

第八条　电子档案的收集、积累方法。

1. 按照要求制作电子文件备份，每份电子文件均需要在电子文件登记表中登记；电子文件登记表应当与电子文件的备份一同保存。

2. 电子文件登记表如果制成电子表格，应当与备份文件一同保存，并且附有纸质打印件。

3. 电子文件性质代码：R—稿性电子文件；U—非正式电子文件；O—正式电子文件；N—无纸电子文件；T—文本文件；I—图象文件；G—图形文件；V—影像文件；A—声音文件；M—多媒体文件；P—计算机程序；D—数据文件。

续表

第三章 电子档案的移交

第九条 各单位电子文件在每年 6 月前将上年度的应归档的电子文件向公司档案保管部门归档，移交时做到数据完整、内容准确、利用安全、编目规范、账目一致、手续清楚、移交清单一式二份，交接双方签字后各执一份。

第十条 电子档案提交格式：文件夹格式为"时间—单位—部门——级类目—二级类目"（例：20××年××公司—综合类—行政类），文件内容（名称）格式为"时间—文件名"（例：20210101××公司电子档案管理制度）。

第十一条 各单位电子文件在每年 6 月前将上年度的应归档的电子文件向公司档案保管部门归档，移交时做到数据完整、内容准确、利用安全、编目规范、账目一致、手续清楚、移交清单一式二份，交接双方签字后各执一份。

第十二条 电子档案提交格式：文件夹格式为"时间—单位—部门——级类目—二级类目"（例：20××年××公司—综合类—行政类），文件内容（名称）格式为"时间—文件名"（例：20210101××公司电子档案管理制度）。

第四章 电子档案的归档

第十三条 电子文件的归档。

1. 归档范围。电子文件的归档范围按照国家关于文件材料归档和不归档的范围等业务规定执行。

2. 归档时间。逻辑归档应实时进行，物理归档应定期完成。

3. 检测。在进行电子文件归档工作时，应当按其基本技术条件进行检测。其内容包括硬件环境的有效性、软件环境有效性及其信息记录格式等。

4. 归档前的鉴定。电子文件的归档鉴定工作，参照国家关于文件的现行有关规定执行，鉴定结果在电子文件的机读目录上制作相应的标识。具体如下：

（1）有效性和完整性鉴定。归档前，应当由文件形成单位对电子文件的有效性和完整性进行审核，并由负责人签署意见。如果文件形成单位采用了某些技术方法保证电子文件的有效性和完整性，则应把其技术方法和相关软件一同移交给接收单位。

（2）保管期限划分。电子文件保管期限的划分参照国家关于文件的现行有关规定执行。

第十四条 电子文件归档要求。

1. 把带有归档标识的电子文件集中，制成归档数据集，拷贝至耐久性的载体上，至少一式两套，一套封存保管，另一套供查阅使用。必要时，复制第三套，异地保存。对于加密电子文件，则应当解密后再完成上述工作。

2. 本管理制度推荐采用的载体按优先顺序分别是只读光盘、一次性写入光盘、可擦写光盘、磁带等。禁用软磁盘作为归档电子文件长期保存的载体。

3. 存储电子文件的载体或者包装盒上应当贴有标签，标签上应当填写编号、名称、密级、保管期限、硬件及软件环境。

4. 将相应的电子文件机读目录、相关软件、其他说明等一同归档并附归档电子文件登记表。

5. 需要长期保存的电子文件应当把归档电子文件与相应的机读目录存在同一载体上。如果是自行开发的应用软件，也应当将软件及相关数据存在同一载体上。

6. 在网络中进行了逻辑归档操作的电子文件应当按上述归档过程完成物理归档。

7. 电子档案的文件材料应区别不同情况进行排列，密不可分的文件材料应当按照顺序排列在一起，即正件在前，附件在后；草稿在前，定稿在后；其他文件材料根据其形成规律或特点，应当保持文件之间的密切联系，并进行系统的排列。

第五章　电子档案的整理

第十五条　电子档案的排列编号：根据分类方案，按照移交清单的顺序，对接收的档案逐件编号。

第十六条　电子文件应按《档案著录规则》著录，并制成机读目录。

第十七条　归档电子文件应按照"件"进行管理。一般情况下，一份电子文件为一件，密不可分的几份电子文件则归为一件进行管理，例如：正文与附件，制度章程等的历次修改稿等。

第十八条　对归档文件要进行鉴定，准确划分保管期限。根据文件资料之间的有机联系、保存价值、保存期限将档案分为"永久保存期""定期保存期（30年）""定期保存期（10年）"三档，以便长远利用和保管。

第六章　电子档案的保管

第十九条　公司档案保管部门负责电子文件归档前的监督、指导工作，以及归档检查验收和接收后的统一编目、保管、开发利用。档案保管部门应配备相应的处理设备，以保证完成电子档案的检验工作。归档的每套载体均应接受检验，合格率应达到100%。与纸质档案同时保存的电子档案可采取抽样检验的方法，样本数不少于总数的20%，合格率应达到100%。归档载体应做防护处理，不得擦、划、触摸记录涂层；载体应直立存放，做到防尘、防变形。

第二十条　入库的电子档案，每满1年应对电子档案涉及的形成单位和档案保管部门的设备更新情况进行一次检查登记；每满2年进行一次抽样机读检验，抽样率不低于10%。如发现问题，应当及时采取恢复措施。

第二十一条　随着计算机技术和设备的更新、发展，对库存电子档案进行同步更新、复制或补救新版本，原载体同时保留时间不少于3年。磁性载体上的电子档案，每4年转存一次。原载体同时保留时间不少于4年。

第二十二条　保管电子档案的装具要求有防光、防尘、防磁、防有害气体的设备，环境温度选定范围宜在14～24℃；相对湿度选定范围宜在45%～60%。

第七章　电子档案的利用

第二十三条　封存的电子档案不得外借，利用时使用复制体，联网利用要有安全保密防范措施和可靠的监管保障。

第二十四条　借阅基本程序：公司档案原则上不予外借，员工确因工作需要借阅时，应当在办公系统上填写"档案借阅审批表"报部门负责人审核、相关权限人员审批。档案管理部门审核，确认无误后取出该项档案，将档案交与借阅人。对于跨部门借阅电子档案的，需加签至档案形成部门负责人审核。

第二十五条　具有保密要求的电子档案上网时，必须符合国家或部门有关保密的规定，要有稳妥的安全保密措施。

第二十六条　电子档案的销毁鉴定。

1. 电子档案的销毁鉴定按国家现行有关规定执行，应当在办理审批手续后才可实施。

续表

  2. 销毁电子档案，需经本单位档案鉴定小组、分管领导批准，编制销毁清册，鉴销人、销毁人签名盖章。

  3. 非保密电子档案可进行逻辑删除。属于保密范围的电子档案被销毁时，如存储在不可擦除载体上，须连同存储载体一起销毁，并在网络中彻底清除。

  第二十七条 电子档案的统计。保管部门应及时按年度对电子档案的保管、利用等情况进行统计。

第八章 附则

  第二十八条 本制度自发布之日起开始执行。

  第二十九条 本制度的编写、修改及解释权归行政部所有。

执行部门		监督部门		编修部门	
编制日期		审核日期		批准日期	

二、行政文书档案管理实用表格

（一）文件目录清单

××公司××××文件目录清单						
文件编号	文件名称	页数	日期	备注	文件类别	

注：文件类别应按标准类、规格类、规范类填写。

（二）发文审批表

文件类型：□内部文件　　　　□外发文件
发文编号：
档案编号：

文件名称					
拟稿部门			拟稿人		
密级	□秘密　□机密　□绝密		缓急	□特急　□急　□一般	
拟稿部门意见				签字： 日期：	
相关部门意见				签字： 日期：	
办公室核稿				签字： 日期：	
报送			抄送		
附件					
校对			打印		印数
发布形式	□书面　□网络　□其他		20××年××月××日印发		

（三）发文登记簿

序号	登记日期	文件标题	文件编号	密级	签发人	拟稿部门	拟稿人	印数	印数日期	发布形式

（四）文件送发登记表

表格名称	××公司文件送发登记表									
编号										
序号	日期		发文		文件标题	附件	份数	送达单位	签收人员	归入卷号	备注
	月	日	字	号							

（五）文件签收簿

签收日期			文件名称	密级	件数	收件单位	收件人
年	月	日					

（六）信函与快件寄发登记表

寄发日期	编号	寄送部门	数量	密级	送达单位	接收人	寄送人

（七）文件移交清单

××公司文件移交清单						
移交时间		移交所属部门		移交人		
接收时间		接收所属部门		接收人		
交接事项：						
序号	文件编号	文件名称	份数	单份页数	备注	

移交人：　　　　　　　　　　　　　　　　　接收人：

（八）文件销毁清单

××公司文件销毁清单								
序号	文件编号	文件名称	版本版次	页数	销毁时间	销毁人	监督人	备注

经办人：　　　　　　　　审核人：　　　　　　　　总经理：

（九）信函与快件签收登记表

×× 公司信函与快件签收登记表					
登记日期	编号	来件单位	数量	接收部门	签收人

（十）文件阅办卡

来文单位		来文字号	××发〔20××〕××号	收文时间	
紧急程度		密级		总页数	
主题					
附件			复印/原件	× 份	
^			复印/原件	× 份	
拟办意见	拟办人： 日期：				
送阅领导	×××	×××	×××	×××	×××
送阅时间					
领导批示					
部门意见					

续表

承办单位意见		承办人	
		负责人	
		阅文日期	
存档情况	收存部门		
	管理人员		
	文件类别		
	文件编号		

（十一）文件签报单

发文编号：

档案编号：

签报部门				签报时间			
签报内容							
密级	□秘密	□机密	□绝密	缓急	□特急	□急	□一般
办公室意见					签字： 日期：		
总经理批示					签字： 日期：		
处理结果							
办公室核稿							
抄送							

（十二）员工档案表

填报日期：

表格名称		××公司员工档案表			
编号					
员工基本情况	姓名		性别		
	民族		出生日期		
	身份证号码		政治面貌		
	婚姻状况		□已婚　□未婚		
	毕业学校		学历		
	专业		毕业时间		
	籍贯		户口所在地		
	现住地址				
	联系电话		手机号码		
	电子信箱		邮政编码		
	备注				
员工入职情况	所属部门		担任职务		
	入职时间		转正时间		
	合同到期时间		续签时间		
	聘用形式				
	是否已调档		如未调档，档案所在地		
	备注事项				
档案所含资料	个人简历		□有	□无	
	应聘人员面试结果表		□有	□无	
	学历证书复印件		□有	□无	
	员工报道派遣单		□有	□无	
	员工职务变更审批表		□有	□无	
	求职人员登记表		□有	□无	
	身份证复印件		□有	□无	
	劳动合同书		□有	□无	
	员工转正审批表		□有	□无	
	员工工资变更审批表		□有	□无	
	员工续签合同申报审批表		□有	□无	
	备注				

（十三）档案封面

档案编号		保密级别	
档案名称			
档案整理人		所属部门	
归档时间		保管期限	
备注			

（十四）档案卷内目录表

序号	编号	责任人	文件名称	日期	页数	备注

（十五）归档材料移交清单

序号	日期	单位名称	部门	类别	文件名称	备注
1						
2						
3						
4						
……						

（十六）档案调阅单

填表日期：

姓名		所属部门		职位	
调阅申请事由					
部门主管意见					签字： 日期：
行政部门意见					签字： 日期：
总经理意见					签字： 日期：
备注					

（十七）档案借阅审批表

申请单位		申请部门	
申请人		申请日期	
申请档案名称			
申请事由			
档案申请部门领导意见			签字： 日期：
档案形成部门领导意见			签字： 日期：
档案管理员借阅确认		使用日期	

（十八）档案调阅登记表

编号：

日期	姓名	所属部门	职务	调阅事由	调阅内容	是否复制	调阅人签字	归还日期	备注

（十九）档案查询申请表

部门：
填表日期：

档案编号	档案名称	查询事由	查询时间	查询人	批准人

行政部意见：

签字：
日期：

（二十）档案转出登记表

部门：
填表日期：

档案编号	档案名称	转出事由	转出人	批准人	经办人

（二十一）档案索引表

部门：

序号	档案编号	档案名称	建档日期	存储位置	摘要	保管期限	备注
1							
2							
3							
4							
5							
6							

（二十二）档案记录卡

柜位号：
档案卷号：
档案编号：

本案文件目录					
件数	收文号	来文号	发文号	页数	备注

（二十三）档案明细表

部门：
档案库号：
柜位号：

| 文件编号 | 文件名称 | 文件类别 | 保密级别 | 保存年限 || 收件人签章 |
| | | | | 入库日期 | 出库日期 | |
				年　月　日	年　月　日	

审核人：　　　　　　　　主管领导：　　　　　　　　经办人：

（二十四）档案销毁登记簿

部门：

档案编号	档案名称	保存起止时间	销毁理由	销毁日期	审核人	监督人	执行人

第三节　印信管理

印章是印信凭证的一种，是刻在固定质料上的代表机关、组织或个人权力、职责的凭据。盖印，标志着文书生效和对文书负责。一般企业都会指定专人负责，并制定严格的用印制度，以制度防止印章被非法使用。

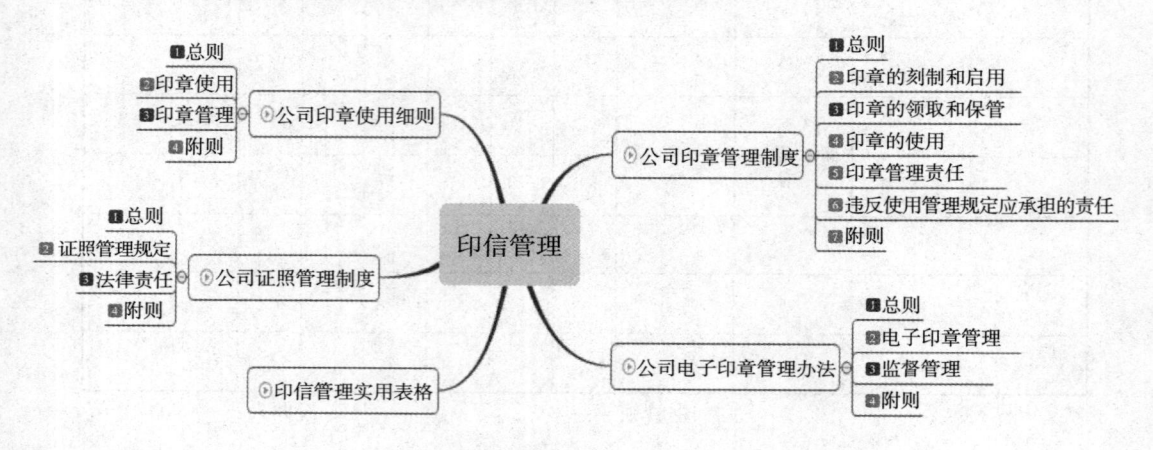

```
公司印章使用细则
  1 总则
  2 印章使用
  3 印章管理
  4 附则

公司证照管理制度
  1 总则
  2 证照管理规定
  3 法律责任
  4 附则

印信管理实用表格

印信管理

公司印章管理制度
  1 总则
  2 印章的刻制和启用
  3 印章的领取和保管
  4 印章的使用
  5 印章管理责任
  6 违反使用管理规定应承担的责任
  7 附则

公司电子印章管理办法
  1 总则
  2 电子印章管理
  3 监督管理
  4 附则
```

一、印信管理制度

范例一：公司印章管理制度

制度名称	××公司印章管理制度	受控状态	
		编号	

第一章　总则

　　第一条　公司印章是公司合法存在的标志，是公司权力的象征，是公司经营管理活动中行使职权的重要凭证和工具。印章的管理关系到公司正常的经营管理活动的开展，甚至影响到公司的生存和发展。为了保证公司印章的合法性、可靠性和严肃性，有效地维护公司利益，杜绝违法违规行为的发生，加强公司各类、各种公章的管理，便于公章的刻制、使用、销毁等各环节的工作，减少和避免因公章疏于管理给公司造成的损失，特制定本管理制度。

　　第二条　本管理制度所指印章包括公司公章、公司法人章、公司财务专用章、公司合同专用章、公司人事章等具有法律效力的印章。

续表

1. 公司公章，指刻有公司注册名称且对外具有法律效力的印章。
2. 公司法人章，指刻有公司法人职衔及其姓名的印章。
3. 公司财务专用章，指公司财务部为履行财务职能而使用的印章。
4. 公司合同专用章，指刻有公司或子公司名称，为履行合同职能而使用的印章。
5. 公司人事章，指公司人力资源部为履行人事职能而使用的印章。

第三条 本管理制度适用于第二条所指印章的管理公司公文、信函、授权委托书、证件、证书、财务报表、统计报表及对外签署的合同、协议等。

第四条 公司总经理授权由办公室全面负责公司的印章管理工作，发放、回收印章，并监督印章的保管和使用。

第二章 印章的刻制和启用

第五条 印章的刻制。

1. 公司印章的刻制均须报公司董事会审批。
2. 法人个人名章、行政章、财务章、合同章，由行政管理中心开具公司介绍信统一到指定的公安机关办理雕刻手续，印章的形体、规格按国家有关规定执行，并经当地市公安局备案。
3. 公司各部门的专用章（人事章、生产章等），由各部门根据工作需要自行决定其形体、规格。
4. 未经公司总经理批准，任何单位和个人不得擅自刻制本部门的印章。

第六条 公司印章的启用。

1. 新印章要做好戳记，并统一在行政管理中心留样保存，以便备查。
2. 新印章启用前应由行政部下发启用通知，并注明启用日期、发放单位和使用范围。

第三章 印章的领取和保管

第七条 印章的领取。

1. 公司及所管辖各分子公司，经董事长授权持章保管人员，到集团总裁办档案室领取印章时，须在《印章保管登记表》上登记。
2. 印章领取后经分子公司领导，部门主管确认印章无误后将其存放于保险柜妥善保管并建立印章使用登记表。

第八条 印章的保管。

1. 印章保管人应将印章置于其日常工作活动范围内的办公桌、文件柜内或保险箱内，并将钥匙妥善保管。
2. 更换印章保管人时，应当按照公司规定办理工作交接手续，并填写"印章移交或销毁清单"。
3. 印章保管人公差、外勤或因故休假等不能正常工作时，应当事先将印章存放处的钥匙或保险箱密码交与代理人。
4. 印章应在公司办公场所固定位置保管，禁止任何人外出携带，但经公司董事长认可并同意者，可就所任职务需要专案呈核后携出洽公。
5. 财务部使用印章的保管按财务相关制度的规定执行。

第四章 印章的使用

第九条 印章的使用范围。

1. 董事会、监事会印章使用，根据企业章程规定的范围及职权行使。

续表

2. 公章使用范围：
（1）发送正式公文、电函及传真件等；
（2）报送或下达各类业务计划、业务报表及财务报表等；
（3）授权委托书、人事任免、劳动合同及对外介绍等；
（4）签订重要业务合同、合作协议等；
（5）上岗证、先进集体及个人荣誉证书等；
（6）需要代表本企业加盖行政公章的其他批件、文本、凭证及材料等。

3. 各职能部门印章使用范围：
（1）在其职权范围内，企业内部对口业务部门的电文、通知及函件等工作联系。
（2）用于对外工作介绍信和授权范围内的工作函件等。
（3）公司各职能部门专用章仅限于公司内部工作联系使用，不得对外。

第十条 印章使用要求。

1. 公章由综合管理部经理或专人保管。公司各级人员需使用印章，须按要求填写"印章使用审批表"，将其与所需印的文件一并逐级上报，经公司有关人员审核，并最终由具有该印章使用决定权的人员批准后，方可交印章保管人盖章。在逐级审核过程中被否决的，该文件予以退回。

2. 印章保管人应当对文件内容和印章使用单上载明的签署情况予以核对，经核对无误的文件方可盖章。

3. 公司总经理对公司所有的印章的使用拥有绝对的决定权。

4. 涉及法律等重要事项需使用印章的，须依有关规定经法律顾问审核签字。

5. 财务人员依日常的权限及常规工作内容自行使用财务印章，无须经上述程序。

6. 用印后，该印章使用单作为用印凭据由印章保管人留存，定期进行整理后交办公室归档。

7. 印章原则上不许带出公司，确因工作需要将印章带出使用的，应事先填写"公章外出使用审批单"，载明事项，经公司总经理批准后，两人以上共同携带使用。印章外出期间，借用人只可将印章用于申请事由，并对印章的使用后果承担一切责任。

8. 以公司名义签定的合同、协议、订购单等，由专业人员审核，公司分管领导批准后方可盖章。（对于加盖印章的材料，应当注意落款单位必须与印章一致，用印位置恰当，要齐年盖月，字迹端正，图形清晰。）

9. 私人取物、取款、挂失、办理各种证明，需用单位介绍信时，由行政管理中心严格审批，符合要求后办理并执行登记制度。

10. 任何印章管理人员都不得在当事人或委托人所持空白格式化文件上加盖印章。用章材料必须已经填写完毕，字迹须清晰、正确。

第十一条 印章损坏与遗失的处理。

1. 印章因长期使用或其他原因造成损坏需要刻制新印者，印章保管人应当向公司总经理报告，经其同意后，按前述刻章流程，持已损坏的印章赴当地公安机关重新刻制，取得新印章后须将原印章及时销毁。

2. 印章若有遗失，保管人应当在发现后立即向办公室主任及审计部报告，并采取相应措施，同时依法公告作废。

3. 人为损坏印章者应当按照公司奖惩办法视行为人的过错程度给予相应处分。保管人或其他人因过错导致印章遗失且给公司造成损失的，应依法律规定办理。

续表

　　第十二条　公司印章的停用。

　　1. 有下列情况，印章须停用：

　　（1）公司名称变动。

　　（2）印章使用损坏。

　　（3）印章遗失或被窃，声明作废。

　　2. 印章停用时须经总经理批准，及时将停用印章送行政管理中心封存或销毁，建立印章上交、存档、销毁的登记档案。

　　第十三条　印章的移交或销毁。

　　1. 因故分立、合并、解散、终止，由公司登记机关办理变更登记或注销后，印章保管人应当将印章交予原单位善后事务的处理人保管。印章移交时，应当填写"印章移交或销毁清单"。

　　2. 已解散或终止的单位其善后事宜处理完毕后，由公司法律顾问判定，或销毁或移交总部相关部门管理，并填写"印章移交或销毁清单"。

第五章　印章管理责任

　　第十四条　印章专管员的责任。

　　1. 印章专管员每天下班前，应当检查印章是否齐全，并将印章锁进保险柜内，妥善保管；次日上班后，应当首先检查所保管印章保险柜有无异样，若发现意外情况应当立即报告。

　　2. 印章专管员因事、病、休假等原因不在岗位时，印章授权人应当指定他人代管印章，印章专管员要向代管人员交接工作，交代用印时的注意事项。待印章专管员正常上班后，代管人员应当向专管员交接工作，登记用印的起止日期，实行管印人员登记备案制，以明确责任，落实到人。交接工作时，应当严格办理交接手续，填写印章交接单，登记交接日期、管理印章类别。分别由交接人员、印章授权人签字认可后备存。

　　3. 印章专管员应遵守保密规定，严格照章用印。未按批准权限用印或用印审批手续不全的，印章专管员不予用印；经办人拒绝印章专管员审核文件内容或审批手续的，印章专管员可拒绝用印并报告领导处理。

　　4. 印章专管员用印盖章位置要准确、恰当，印迹要端正清晰，印章的名称与用印件的落款要一致，不漏盖、不多盖。介绍信、便函、授权委托书应有存根，要在落款和骑缝处一并加盖印章。印章专管员不得擅自用印，若因擅自用印导致公司遭受经济损失时，由其承担全部赔偿责任并且按公司人力资源管理的规定进行处罚。

　　5. 印章专管员离职时，其管理的印章记录和档案作为员工离职移交工作的一部分。印章专管员离职时，须办理分管印章的移交手续，并且填写印章专管人离职交接单后方可办理离职手续。

　　6. 禁止任何人未经批准携带公章外出。如确需带出使用时，须经董事长批准并填写公章外出使用审批单；非公章专管人员携带外出时，用印人还应当填写印章交接单办理交接手续。

　　第十五条　其他人员的责任。

　　任何人员都必须严格依照本制度规定程序使用印章，未经本制度规定的程序，不得擅自使用。

第六章　违反使用管理规定应承担的责任

　　第十六条　公章使用责任人（签字人）对公章负有经济、行政、法律责任。如公章使用申请人假公济私，未经批准利用公章办理个人事务的，每次罚款×××元。累计超过两次的直接予以辞退或开除，给公司造成经济损失的应予以赔偿，造成重大损失或严重后果的承担相应的法律责任。

第十七条　公章保管人不得利用职务便利未经批准私自使用公章，违者扣罚保管人×××元/次，累计超过两次以上的直接予以辞退或开除，给公司造成经济损失的应予以赔偿。造成重大损失或严重后果的承担法律责任。

第十八条　公章保管人因故意或疏忽造成公章遗失的，应立即报告上级领导采取措施。如有必要，应到当地新闻媒体通告注销、挂失。同时，公司将追究公章保管当事人的行政、经济责任，给予严厉的处分，并赔偿所发生的一切费用。

第七章　附则

第十九条　本制度自发布之日起开始执行。

第二十条　本制度的编写、修改及解释权归办公室所有。

执行部门		监督部门		编修部门	
编制日期		审核日期		批准日期	

范例二：公司电子印章管理办法

制度名称	××公司电子印章管理办法	受控状态	
		编号	

第一章　总则

第一条　为了进一步加强公司协同办公信息化管理，规范电子印章在电子公文及其他材料中的使用和管理，保证文件资料传输的安全、合法、有效，提高办公效率，根据《中华人民共和国电子签名法》，参照《国务局关于地方各级人民政府和部门印章管理的规定》等公章管理的相关规定，结合本公司实际情况，特制定本管理办法。

第二条　本管理办法所规定的电子印章指公司行政、合同、法人、工会、纪委、党委印章，及下属各分、子公司行政、合同、法人印章以及各部室印章。

第三条　电子印章主要用于本公司及本公司内部各级单位往来正式文件、函件、报告、请示及报表资料等，电子印章与实物印章有同等效力。原则上所有合同文本及对外报送的正式文件、函件等不能使用电子印章。

第四条　本办法适用于本公司及下属各分、子公司及作业区。

第二章　电子印章管理

第五条　公司电子印章由公司信息中心负责制作，公司行政部为信息中心对口联系部门，负责根据公司机构设置及变化情况，结合各级单位实际业务开展情况，向信息中心申请制作、变更或销毁电子印章。各级单位如需新增、变更或销毁电子印章时，须向行政部提出正式申请，由行政部统一向信息中心申请办理。

第六条　公司电子印章保管与实物印章保管一致，即公司行政印章、合同专用章、法人印章由行政部保管；各分、子公司行政印章、合同专用章、法人印章由行政部及分、子公司各保管一套；各部门印章由各部门负责保管。

续表

第七条　电子印章须在专用计算机上使用。使用电子印章，要做到位賂准确，印章端正，清晰，防止错盖、斜盖和模糊。

第八条　电子印章应当指定专人进行保管，且存放电子印章的电脑必须设置开机密码，并且定期更换，同时必须安装杀毒软件及防火墙等网络防护软件。存放电子印章的电脑在不用时应当关机，管理人员离开电脑时，必须将电脑锁定。

第九条　电子印章管理人只能通过信息化应用系统对已经审批的电子文件进行盖章，按规定的份数进行在线打印，并且定期生成电子印章签章和在线打印情况汇总表，送办公室统一存档备查。

第十条　所有电子印章管理人须对电子印章负全责。若因管理不慎造成后果，将追究电子印章管理部门的主要领导、分管领导或保管人的责任。

第三章　监督管理

第十一条　行政部为公司电子印章监督管理部门，负责公司电子印章使用指导及监督。行政部将定期对各部门电子印章使用环境、使用情况等进行检查，对因电子印章保管或使用不当造成不良影响的，根据相关规定提出考核意见并追究责任。

第十二条　各使用部门应严格按照规定使用电子印章，在使用过程中遇到问题及时向行政部反映。

第四章　附则

第十三条　本管理办法自发布之日起开始执行。
第十四条　本管理办法由行政部负责解释。

执行部门		监督部门		编修部门	
编制日期		审核日期		批准日期	

范例三：公司印章使用细则

制度名称	××公司印章使用细则	受控状态	
		编号	

第一章　总则

第一条　公司印章是公司合法存在的标志，是公司权力的象征。为规范本公司印章使用及管理，有效的维护公司利益，杜绝违法违规行为的发生，特制定本制度。

第二条　本细则的适用范围为公司总部。

第三条　本公司所有印章由总经理及行政总监负责保管。

第二章　印章使用

第四条　印章使用程序。
1. 经办人填写"印章使用审批单"，申请部门负责人签字。
2. 行政总监审核、总经理批准。
3. 盖章。

177

4.将用印文件复印，由办公室印章保管人员存档。

　　第五条　盖章前要认真检查手续是否齐全，材料是否完备，对不符合要求的，印章保管人员应拒绝盖章，等手续完备后再行盖章。

　　第六条　盖章要严格按照公文格式的规定，用印位置恰当，将公章下边压在公文落款日期的正中间，骑年盖月，图形清晰。对加盖公章的材料，应注意落款单位与公章一致。

第三章　印章管理

　　第七条　总经理因不得已的原因而不能自行用印时，要预先征得行政总监同意委托事务董事代行用印。

　　第八条　印章禁止带出使用，如因特殊需要，必须经公司分管副总批准，由印章保管人员携带前往，用后立即带回，如现场不具备复印条件，则拍照记录盖章文件。

　　第九条　印章保管有异常现象或遗失，应保护现场，迅速向总经理或行政总监汇报，并备案，配合查处。

　　第十条　印章的新刻或改刻由行政主管获总经理批准后办理。

　　第十一条　公司的印章，用于文件和凭证时就代表着公司的权利和义务，因此应当将印章的印模制成印鉴簿交由行政主管保管。

　　第十二条　印章移交须办理手续，交接印章使用记录，签署移交证明，注明移交人、接交人、监交人、移交时间、图样等信息。

第四章　附则

　　第十三条　本细则的制发、修改和废止，由董事会研究决定。

　　第十四条　本细则于20××年××月××日实施。

执行部门		监督部门		编修部门	
编制日期		审核日期		批准日期	

范例四：公司证照管理制度

制度名称	××公司证照管理制度	受控状态	
		编号	

第一章　总则

　　第一条　目的。

　　为了加强公司的证照管理，保障公司证照安全有效、提高证照应用效率，根据证照业务实际，特制定本制度。

　　第二条　适用范围。

　　证照是指经政府职能部门核发给公司的证明企业合法经营的有效证件，包括公司的营业执照、土地证、房产证、资质等级证书等证照的原件、复印件、扫描件。本制度适用于公司各类证照。

续表

第三条 责权部门。
行政部负责统筹组织、监督检查及协助各种公司证照的管理工作。
第四条 管理原则。
公司证照实行"统一领导、集中保管、分工办理、借用管理"的制度。
1. 统一领导：是指公司所有涉及证照的业务活动统一由一个部门归口主管。
2. 集中保管：是指公司所有证照由公司综合档案室集中保管，需要借用时办理借出登记。
3. 分工办理：是公司指定对口部门分工负责办理证照的申请新办、审核更换等工作。
4. 借用管理：是指公司对证照的借用采取借用审批、借用登记、定期盘点、归还核销等措施进行有效管理。

第二章 证照管理规定

第五条 证照种类。
证照种类包括基础证照和专业证照两类。
1. 基础证照。指各公司的营业执照、组织机构代码证、税务登记证、银行开户许可证等公司开业运营必须具备的证照。
2. 专业证照。指各公司在经营中取得的专业类证照，例如安全生产许可证、专项工程设计证书、质量体系认证证书、环境管理体系认证证书、职业健康安全管理体系认证证书、酒店的特种行业许可证、卫生许可证、烟草专卖许可证、酒类零售许可证、建设集团的资质证书以及各类专业管理人员学历证、职称证、专业资格证和房地产开发企业的资质证书等。
第六条 证照办理。
1. 办理部门：
（1）营业执照、组织机构代码证由公司行政部统筹办理。
（2）税务登记证、银行开户许可证由公司财务部统筹办理。
（3）公司专业证照主要由行政部办理。
2. 证照除了正常的年审和换证外，凡涉及变更或注销的，必须由董事会批准后方可办理。
3. 证照的办理必须在规定期限内完成，如因超过规定期限未办理以致证照过期的，由经办人员负主要责任，经办人员的直接领导负连带责任，如被罚款的，所罚款项全部由经办人及其直接领导共同承担。
4. 所有证照办理完毕后，必须将复印件备案至行政部。
5. 证照在办理过程中产生的费用由经办人员凭票据办理报销手续。
第七条 证照保管及使用。
1. 公司所有证照原件由专人专柜保管，行政部登记、备案并保留复印件、扫描件。各公司行政部统一管理证照复印件，如因业务需要使用证照复印件的，由行政部同意提供，并做好登记，注明用途及有效期。
2. 为防范风险，公司证照原件（含正本、副本）原则上不能对外提供或使用。因业务需要必须对外提供原件时，必须严格履行借用审批手续，并且确保妥善使用，按时归还。
3. 公司各部门如因业务需要，须对外提供公司证照原件、复印件、电子扫描件时，需由借用部门到相应证照管理归口部门填写"证照借用登记表"，方能办理借用手续。

续表

4. 公司所属各项目如因业务需要，必须对外提供公司证照原件、复印件、电子扫描件时，需由所属项目借用部门填写"证照借用申请表"，经借用项目负责人审批签字并加盖所属项目公章，将扫描件报公司相应证照管理归口部门审批后，方能办理借用手续。

5. 公司证照原件、复印件、电子扫描件必须在规定范围和借用期限内使用。证照原件使用完毕后，应立即归还并办理相应归还手续。如未能按时归还，必须提交书面材料加以说明。证照的电子扫描件使用完毕后应立即删除，不得擅自留存、使用和外借。未经授权审批，任何部门、单位和个人不得使用、转借、复印公司证照原件、复印件和电子扫描件。

6. 证照管理责任人应确保证照借用、归还登记的及时性和完整性，并及时追踪证照使用情况。证照借用部门、单位和个人应妥善使用和保管证照，应确保证照的安全性、完整性和整洁性。

7. 任何单位和个人都不得利用证照从事违法活动，发现有用证照从事违法、违规活动者将给予当事人以经济处罚，并收缴全部非法所得。造成严重后果者，按照有关程序追究当事人的刑事责任。

第八条　证照遗失处理。

1. 证照遗失，必须马上告知行政部，由行政部登报声明证照作废，并且按主管部门的要求重新补办新证照。

2. 遗失证照的，由遗失人承担全部责任，所发生的费用全部由遗失人承担，并处以×××元罚款。

第三章　法律责任

第九条　任何人员都必须严格依照本制度规定程序使用公司证照，不符合本制度规定时，不得擅自使用。

第十条　违反本制度的规定使用公司证照，造成丢失、盗用、仿制等，依情节轻重，对责任者分别进行批评教育、行政处分、经济处罚直至追究法律责任。

第四章　附则

第十一条　本管理制度自发布之日起执行。

第十二条　本管理制度由行政部负责解释。

执行部门		监督部门		编修部门	
编制日期		审核日期		批准日期	

二、印信管理实用表格

（一）印章刻制申请表

表格名称	××公司印章刻制申请表					
申请刻章部门		申请人		申请日期		
申请章类	□分公司公章 □营销中心专用章 □人力资源部专用章 □部门专用章 □财务专用章 □技术服务中心专用章 □其他＿＿＿＿＿＿＿＿＿＿					
刻章状况	□初次 □复次（第＿＿＿次）		印章内容		印章形状	
印章字体			印章制作材料		印章尺寸	
申请刻制原因	□新刻制，原因：＿＿＿＿＿＿＿＿＿＿＿＿＿＿＿＿＿＿＿＿＿＿ □原章损坏，损坏原因：＿＿＿＿＿＿＿＿＿＿＿＿＿＿＿＿＿ □其他，原因＿＿＿＿＿＿＿＿＿＿＿＿＿＿＿＿＿＿＿＿＿＿					
部门主管意见	 签名： 日期：					
行政部意见	 签名： 日期：					
总经理意见	 签名： 日期：					

（二）印章使用范围表

种类	区别	支票及银行兑现凭证	公司内部文件	日常业务文件	订货单	合同及协议	收据	人事关系及有关证明
公司名称印章	集团公司名章	√	√	√	√	√	√	√
	分公司名章	√	√	√	√	√		√
	部门名章		√			√		
职务名章	董事长名章	√						
	总裁名章		√	√	√			
	总经理名章		√	√	√			
	财务部经理名章	√					√	
	会计出纳名章	√					√	
专用章	财务专用印章（银行专用）	√					√	
	合同专用章					√		

（三）印章使用审批单

编号：

用章部门		用章人	
印章类别			
用章事由			
使用时间		备注	
用章人（签字）		公司领导（签字）	

（四）公章使用登记表

序号	日期	文件名称及发文号	公章类别	印章用途	使用部门	使用人	审核人	备注

（五）用印申请单

编号：

单位		申请部门		申请人	
申请日期		份数		编号	
用印事由					
用印类别	□公章　□合同专用章　□法定代表人印章 □财务专用章　□发票专用章					
申请部门负责人		印章管理部门负责人		总经理	

（六）印章管理台账（发票专用章）

编号：

印章名称	发票专用章		
印章用途	1. 用于向税务部门购买发票 2. 用于公司业务收入开具的增值税普票、专票		
印章保管记录	姓名	职务	日期
印章留样			

（七）印章管理台账（法人印章）

编号：

印章名称	法人印章		
印章用途	1. 用于银行业务，以及签收、签发支票 2. 用于经审核的税务报表		
印章保管记录	姓名	职务	日期
印章留样			

（八）印章留样备案表

编号：

印章名称	
印章用途	
印章启用时间	
配置及保管部门	
印章专管员	

印章留样

本留样印章自＿＿＿＿年＿＿＿＿月＿＿＿＿日启用。

印章领用凭据及承诺：本人作为本留样印章的保管及使用责任人，于＿＿＿＿年＿＿＿月＿＿＿日自公司办公室领取本印章，本人承诺将尽职妥善保管本印章，依照公司《印章管理制度》使用印章、登录该印章的使用记录、保管相应的审批文件资料；若因本人故意或过失使用本印章导致公司遭受经济损失时，本人自愿全额赔偿对公司因此导致的全部经济损失并接受公司的相应处罚。

印章专管员：
日期：

（九）印章使用登记簿

编号：

序号	印章使用时间	文件名称及发文号	批准部门	批准人	使用部门	使用人	印章专管员（签章）

（十）外借印章申请表

申请部门		申请人		预还时间	
资料名称		印章名称		还回确认（是/否）	
申请外借印章事由：					
部门主管意见		行政主管意见		总经理意见	

（十一）印章外出使用审批单

编号：

外出印章名称	
外出印章用途	
使用部门名称	
使用日期	
外出使用事由	
用印责任人	
印章留样	

　　本印章自_____年_____月_____日_____时经授权人签字同意外出使用期间，其保管责任和用印责任均由用印责任人负责。

用印责任人：
日期：
印章授权人：
日期：

（十二）印章交接单

编号：

交接印章名称	
交接部门名称	
印章交接日期	
交接注意事项	1. 交接双方的行为均应遵守本公司《公司印章管理办法》的规定。 2. 其他事项：_____。
印章移交人	
印章接收人	
印章留样	

本印章自_____年_____月_____日_____时经授权人签字确认后，其保管责任和用印责任均由接收人负责。

印章移交人：
日期：
印章接收人：
日期：
印章授权人：
日期：

（十三）公章保管委托书

编号：

××公司公章保管委托书
兹委托部门负责保管和使用××公司××××印章，其权限为：在××公司《印章使用管理制度》允许的范围内实施印章的保管和使用，并负有相应的责任。 　　委托期限：自本委托书签章之日起至＿＿＿＿年＿＿＿＿月＿＿＿＿日止。到期一个月内未重新签订本委托书的，自动延期一年。 　　本委托书一式两份，委托人与受托人各持一份。 　　　　　　　　　　　　　　　　　　　　　　　委托人： 　　　　　　　　　　　　　　　　　　　　　　　被委托人： 　　　　　　　　　　　　　　　　　　　　　　　××公司（印章） 　　　　　　　　　　　　　　　　　　　　　　　日期：

（十四）印章保管登记表

编号：

印章名称		登记日期		是否为新刻章	
原保管人		新保管人		监交人	
印章使用范围					
移交资料	1. 2. 3.				
	印章留样				

原保管人签字（新刻制章可略此项）：
现保管人签字：
监交人签字：

（十五）证照办理（变更）申请表

编号：

证照名称	
申请事由	申请人： 日期：
申请人所在单位意见	负责人： 日期：
审批单位意见	审批人： 日期：
新证移交及旧证缴销情况	经办人： 日期：

（十六）证照使用申请表

编号：

申请单位		申请部门	
申请人		申请日期	
证照名称			
证照类别	□原件借阅　□复印件　□电子档	份数	
申请使用事由			
使用时间		归还时间	
部门负责人审核	签字： 日期：		

续表

单位负责人审核	签字： 日期：
总经理审批	签字： 日期：
证照保管部门登记（公司行政管理部）	□已使用　　□未使用　　□其他说明 经办人：　　　　　　　　　　　　　　部门负责人： 日期：　　　　　　　　　　　　　　　日期：

（十七）证照使用归还登记表

编号：

证照名称	
证照类别	□原件借阅　　□复印件　　□电子档
使用起止时间	自_____年_____月_____日 至_____年_____月_____日
证照归还情况： 　　　　　　　　　　　　　　　　　　　　　　经办人（双方）签字： 　　　　　　　　　　　　　　　　　　　　　　日期：	

（十八）证照借用申请表

编号：

申请部门			申请日期	
证照名称				
借用证照类别	□原件	□复印件		□电子档
申请项目				
用途及情况说明				
申请人	部门负责人		行政部负责人	主管领导
批准日期			归还日期	

（十九）证照借用登记表

序号	日期	借用部门	借用人	证照名称	份数	用途	借用期限	归还日期	签收人	备注
1										
2										
3										
4										
5										
6										
7										
8										
9										
……										

第四节　会议管理

为了规范企业各项会议及各类培训流程，提高会议质量，提高行动能力，企业应当进行规范、高效的会计管理。

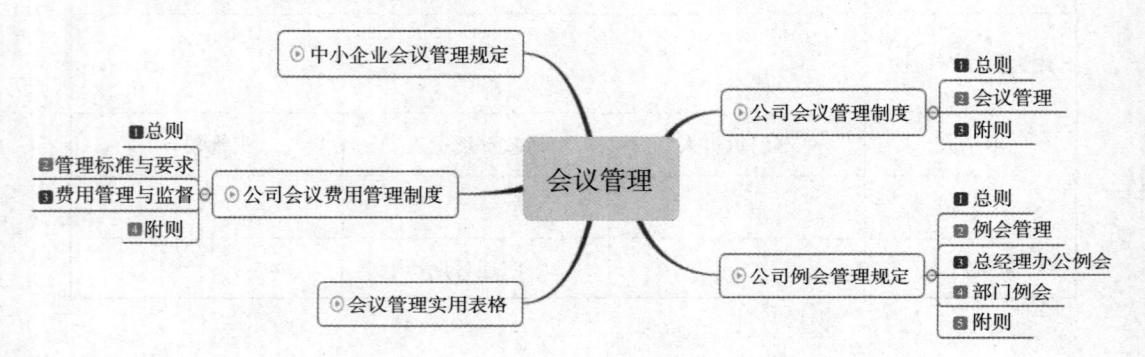

```
                    ┌─ ① 中小企业会议管理规定
                    │                              ┌─ ① 总则
                    │              ┌─ 公司会议管理制度 ┼─ ② 会议管理
  ① 总则            │              │                └─ ③ 附则
  ② 管理标准与要求   │              │
  ③ 费用管理与监督 ─ 公司会议费用管理制度 ─ 会议管理 ─┤
  ④ 附则            │              │                ┌─ ① 总则
                    │              │                │─ ② 例会管理
                    │              └─ 公司例会管理规定 ┼─ ③ 总经理办公例会
                    └─ 会议管理实用表格                │─ ④ 部门例会
                                                     └─ ⑤ 附则
```

一、会议管理制度

范例一：公司会议管理制度

制度名称	××公司会议管理制度	受控状态	
		编号	

第一章　总则

第一条　目的。
为规范公司会议管理，提高会议质量，降低会议成本，特制定本制度。
第二条　适用范围。
本制度适用于公司各项会议管理。
第三条　管理权责。
1. 总经办负责公司会议的统筹协调及本制度的执行监督。
2. 会议提拟人或主办部门（含各中心/部门）负责会议的组织工作，并有权对违反本制度的行为提出处罚。
第四条　会议形式。
1. 公司的会议形式包括定期的常规性会议和临时性会议。其中，定期的常规性会议主要包括以下几种形式：

续表

（1）公司周年庆典表彰大会。
（2）公司高管工作例会。
（3）公司年终工作述职工作总结会议。
（4）公司年中工作述职工作总结会议。
（5）公司、业务部门、办事处周例会/月度会议。
2. 临时性会议的主持部门以事件主导部门为主召开，具体会议参加人、会议时间及会议内容应提前一个工作日以通知形式告知相关参会人员。

第二章　会议管理

第五条　会议提拟与审批。
1. 公司月度例会无须提拟和审批。
2. 公司临时行政会议、公司年度例会由集团总经理直接提拟或由议题涉及业务的主办部门负责人提拟、集团总经理批准。
3. 部门会议由各部门自行安排，但会议时间、参加人等，不得与公司会议冲突。其中，中心/部门会议属于非例会性质且需另行核给专项费用的，应当向上一级主管部门报批同意；属于例会性质的，由主办部门另行提拟方案呈报集团总经理批准后执行。

第六条　会议计划与统筹。
1. 每月_____日前，总经办应与各部门协调确定下月计划召开的临时行政会议，统一报集团总经理审批后，汇同公司月例会编制月度会议计划，于月底前发放至各部门负责人。
2. 凡总经办已列入计划的会议如需改期，或遇特殊情况需安排新的临时行政会议时，会议召集部门应提前2天完成会议提拟和报批手续，并报请总经办调整会议计划。未经总经办同意，任何人不得随意打乱正常会议计划。
3. 会议安排的原则：
（1）坚持局部服从整体的原则，公司会议优先于部门会议，紧急会议优先于一般会议。
（2）各类会议优先顺序为：例会、临时性行政/业务会议、部门内部会议。
（3）因处置突发事件而召集的紧急会议不受此限。

第七条　会议通知。
1. 已列入月度会议计划表的会议，月中无调整的，不再另行通知，由中心/部门按计划表直接通知参会人。
2. 临时性会议按"谁提议，谁通知"的原则进行会议通知。
3. 会议通知期：须于开会前一个工作日内通知参会人及会务服务提供部门。
4. 会议通知形式：
（1）公司内部工作群、微信群、企业邮箱：适用于常规性会议通知（含常规性会议临时调整时间的情况）、临时性会议通知。
（2）公告栏：适用于临时性会议通知。
（3）电话通知：适用于临时性会议公告后，由主办部门电话通知参会人。
（4）OA系统中行政办公的"公告通知"模块发布：适用于所有会议类型，用于会议通知存档，备查。
5. 会议通知的内容：会议时间、会议地点、会议主办部门、参会人员、会议主题、会议须准备的资料明细、参会注意事项及其他。

第八条 会议准备。

1. 会议提拟部门应提前做好会议资料（例如会议议程议题、提案、汇报材料、计划草案、决议决定草案、与会人应提交资料等）准备的组织工作。

2. 会议主办部门应提前做好会议准备工作，包括落实会场，布置会场，备好座位及会议所需的各种设施、用品等。对于需要给参会人员发放会议资料的，会议主办部门应根据参会人数提前印制会议资料。

3. 公司总部召开的公司级会议会务服务统一归口总经办负责。

4. 为了合理地分配会议室资源，有效贯彻会议室安排原则的要求，会议主办部门须提前至少一个工作日在OA系统的"综合办公"栏目中填写会议申请流程表单；因处置突发事件而召集的紧急会议不受此限，但会议组织部门或个人必须提前向公司行政前台备案。

第九条 会议组织。

1. 会议组织遵照"谁提议，谁组织"的原则。多个部门参加的会议原则上由总经理主持，总经理另有授权的，从总经理授权，会议议程可由综合部安排。

2. 会议进行中，主持人应根据会议进行中的实际情况，对议程进行适时、必要的控制，并有权限定发言时间和中止与议题无关的发言，以确保议程顺利推进及会议效率。

3. 对于讨论、决策性议题的会议，主持人应当引导会议做出结论。对于须集体议决的事项应加以归纳和复述，适时提交参会人表明意见；对未议决事项亦应加以归纳，并引导会议就其后续安排统一意见。

4. 主持人应当将会议决议事项付诸实施的程序、实施人（部门）、达成标准和时间等会后跟进安排向参会人予以明确，并且落实具体的会议跟踪负责人。

5. 参会人应于会前10分钟到达会场，并在会议签到表上签到。原则上参会人员不得请假；如确需请假的，须向会议主办部门负责人及分管副总、必要情况下还要向总经理说明情况并征得同意后，方可请假。

6. 会议主持人为会议考勤的核准人，考勤记录由会议记录员负责。

第十条 会议纪律。

1. 应当准时到会，并且在会议签到表上签到，遵循会议主持人对议程控制的要求。

2. 会议发言应当言简意赅，紧扣议题。

3. 属工作部署性质的会议，原则上不在会上进行讨论性发言。

4. 遵守会议纪律，与会期间应将手机调到振动或将手机呼叫转移至部门另一位未与会人处，原则上不允许接听电话，如必须接听，请离开会场。

5. 做好本人的会议纪录。

6. 公司各项会议一般应控制在2小时以内，根据会议进行情况确需延时的，主持人须征得与会人员同意。

7. 会议纪律由综合部负责监督实施。

第十一条 会议记录。

1. 各类会议均应以专用记录本进行会议记录。

2. 会议进行期间，重要会议须用录音笔录音，并于会议结束后两个工作日内由会议记录员将会议录音提交至公司存档。

3. 各类会议原则上应确定专人负责记录。各部门应常设一名会议记录员（一般为本部门的助理或行政文员），会议记录员名单须报行政部备案；如需调整会议记录员的，调整部门须及时通知行政部。会议记录员应遵守以下规定：

（1）以专用会议记录本做好会议的原始记录及会议考勤记录，根据需要整理会议纪要。

（2）会议记录应尽量采用实录风格，确保记录的原始性。

（3）对会议已议决事项，应在原始记录中括号注明"议决"字样。

（4）会议原始记录应于会议当日、会议纪要不迟于次日呈报会议主持人审核签名。

（5）做好会议原始记录的日常归档、保管工作，及时将经主持人核准的会议签到表的考勤记录报考勤人员。

4. 会议记录备档的相关规定：

（1）本部门负责组织的各类会议的会议记录，由本部门常设会议记录员负责日常归档、保管，但用完后的记录本应作为机要档案及时转公司统一归档备查。

（2）本部门会议记录由本部门常设会议记录员统一归档备查，部门内其他人员需查阅会议记录的，须经部门负责人同意，并在查阅内容所在页的页眉处签字。

（3）部门其他人员查阅会议记录时，会议记录员须在场；除经部门负责人及分管副总同意外，会议记录本不得外借给其他部门或部门内其他人员。对于会议记录的外借情况，记录员应如实在会议记录中写明外借时间、外借原因及外借人，并由外借人签字确认。

（4）会议记录为机要档案，保管人员不得擅自外泄。

第十二条　会议纪要。

1. 会议纪要主要是为了方便相关信息的查询和后续工作的追踪、落实，因此，会议纪要需对会议内容进行概括、总结，分类别或分项目地如实记录。

2. 下列情况下，应整理会议纪要：

（1）公司各类临时行政会议。

（2）须会后对会议精神贯彻落实进行跟进的会议。

（3）其他主持人要求整理会议纪要的会议。

3. 会议纪要的发放或传阅范围由主持人确定。公司各类临时行政会议的会议纪要须报总经办一份存档备查。

4. 会议纪要的整理和发送应在1个工作日内完成，下发或传阅范围由会议主持人确定，通过OA协同发送给所有会议相关人员及对接人事专员。

5. 各类会议纪要均须有落地执行计划输出。

（1）宣贯类会议：宣贯后的改进落实计划。

（2）专题类会议：针对问题如何解决列出相关人员的工作安排和计划。

（3）工作汇报类会议：针对部门问题或个人工作问题的进展安排、改善提升列出相应的计划安排。

6. 对会议纪要输出的工作计划须进行跟进落实，跟踪记录汇总实行一会一表制。

第十三条　会后跟进。

1. 会议决议、决策事项须会后跟进落实的，遵照"谁组织，谁跟进"的原则；会议主持人另有指定的，从主持人指定，并将跟进情况及时传达给相关人员。

2. 总经理主持的会议的会后跟进工作原则上由总经理助理负责落实，总经理另有指定的，从总经理指定。

3. 会议跟进的依据以会议原始记录及会议纪要为准。相同性质的例会需对上次例会中形成的决议事项的进展情况给予简单总结，并将相关情况给予公布。

续表

第十四条 会议室管理规定。

1. 公司会议室由行政部统一管理。

2. 会议室的使用时间：原则上只要使用部门在 OA 系统中填写会议室申请流程，经过行政前台审批后，均可以在约定时间内进行使用，如有变动，可以在第一时间向行政部备案调整。

3. 会议室申请与登记：

（1）除临时短暂性会议/面谈不用申请与登记外，其他会议均须填写 OA 系统会议室申请流程，并注明是否需要使用会议设备、是否需要连接电话会议、视频。

①会议设备：包括投影仪、扩音器及视频设备。

②电话会议：通常在没有网络或网络连接状态不好的时候，建议开电话会议，并且要严格控制电话会议时间。

③视频会议：会议双方均有网络的情况下，建议开视频会议。

（2）会议主办部门应当提前一个工作日在 OA 系统中填写会议室管理申请。

（3）行政前台应当根据会议室安排原则，帮助申请人合理安排会议室；如申请人对会议室安排有异议且行政前台无法解决的，提交行政部主管协调解决。

（4）对于未提前对会议室进行申请的，行政部将无法为其安排临时会议地点。由此造成的后果，由会议主办部门自行承担。

（5）对于临时召开的紧急会议需要使用会议室的，会议主办部门应当提前与行政前台沟通确认，待确认会议室没有被预约后，方可依据"特情特办"的原则由行政部统一安排，但申请部门不得对会议室的地点提出异议。

4. 会议室使用部门须维持会议室的整洁，使用完毕须将移动的桌椅及时放回原位，以方便其他部门使用。

5. 会议室使用部门及参会人员须确认座位周边及会议室内的电源及电器设备是否关闭，如发现设备故障的应及时报行政部备案，以便及时修理，保证其他会议的顺利进行。

6. 会议室内物品未经行政部批准，不得私自转借他人或挪作他用，严禁在会议室打牌、嬉戏打闹、聚会等。

第十五条 处罚。

1. 迟到：所有参加会议的人员在会议规定召开时间后 10 分钟内未到的，计为迟到。

2. 早退：凡参加会议人员，如未经主持人同意在会议召开结束前 10 分钟提前离开会场的，计为早退。

3. 缺席：凡必须参会人员未经请假擅自不参加会议或请假未批准而不参会者，计为缺席。

4. 无正当理由迟到、早退每次处 20 元的罚款。

5. 无正当理由缺席每次处以 50 元的罚款。

6. 凡是因通知原因造成应参加会议人员迟到或缺席的，以上处罚由传达人承担。

第三章 附则

第十六条 本制度公布之日起执行，原相关文件同日废止。

第十七条 本制度由集团总经办负责解释。

执行部门		监督部门		编修部门	
编制日期		审核日期		批准日期	

范例二：公司例会管理规定

制度名称	××公司例会管理规定	受控状态	
		编号	

第一章 总则

第一条 为配合会议制度的实施，规范例会的组织召开，提高团队整体工作效率，特制定本规定。

第二条 本规定所指例会分为总经理办公例会和部门例会。

第二章 例会管理

第三条 结合公司实际情况，各主管经理每月召开一次所辖员工大会。

第四条 各部门员工及主管人员在例会上汇报近期的工作进展情况，包括在工作中遇到的困难以及进一步开展工作计划。

第五条 例会中予以讨论、协商解决问题的办法，同时明确下阶段工作计划和目标，对取得的成果给予肯定。

第六条 如无特殊情况，全体人员必须准时出席例会，因故不能到会者，须事先向主管副处长请假，连续两次缺席视为旷会一次，累计两次旷会取消参会资格。

第三章 总经理办公例会

第七条 总经理办公例会由总经理负责召集和主持，如总经理因特殊原因不能履行本职时，由总经理指定一名总监召集和主持。

第八条 总经理办公例会于每周一上午××～××召开，如有变动，由办公室主任提前通知。

第九条 总经理办公例会会议地点为总经理室。

第十条 与会人员部门经理（含）以上管理人员，办公室主任列席参加。

第十一条 会议考勤和记录由总经理秘书负责，当日下班前整理出会议纪要由主持人签发，下午前将纪要发送到每位与会人员处。

第十二条 办公室主任负责对会议纪要的督办。

第四章 部门例会

第十三条 部门例会由部门经理负责召集和主持，如部门经理因特殊原因不能履行本职时，由部门经理授权人员召集和主持。

第十四条 部门例会每月召开一次，具体时间由部门经理确定后，提前通知与会人员。

第十五条 部门例会地点在各部门办公室。

第十六条 与会人员为部门全体人员。

第十七条 会议记录与考勤由部门经理指定专人进行，会后整理出会议纪要，由主持人签发，当日下班前发送到每位与会人员及行政管理部办公室处。

第十八条 会议主持人负责对会议纪要的督办。

续表

<td colspan="3" align="center">**第五章 附则** 第十九条 本规定由办公室制订，报总经理批准后施行，修改时亦同。 第二十条 本规定由办公室负责检查督办。 第二十一条 本规定自颁布之日起施行。</td>

执行部门		监督部门		编修部门	
编制日期		审核日期		批准日期	

范例三：中小企业会议管理规定

制度名称	××公司会议管理规定	受控状态	
		编号	

第一条　目的。

为了提高会议的质量和效率，强化日常会务管理，规范议事日程，根据本公司实际情况，特制定本管理规定。

第二条　适用范围。

本管理规定适用于公司各种例会及专题会议的管理规定。

第三条　职责。

1. 总经办负责公司级例会的组织及相关工作，负责部门例会及各种专题会议的监督。
2. 行政部负责各种会议的会场安排、设备准备，负责管理保存所有会议纪要原件。
3. 公司各部门负责本部门专题会的组织并形成会议记录或必要的会议纪要及下发。

第四条　会议分类。

1. 公司例会：原则上固定于每周一上午9：00召开，要求各部门主管及以上人员参加。
2. 部门例会：原则上固定于每周二上午9：00召开（各部门可自行安排），要求部门全员参加。
3. 专题会议：由相关部门（或公司）组织的专项议题的会议，由召集方组织安排。

第五条　会议通知。

1. 会议召集部门应当在会议召开前1个工作日发通知单给各参会部门（人员），并且同时抄送总经办、行政部。
2. 例会时间固定，不需另行通知。如出现会议时间调整，公司级例会由总经办通知各参会人员，部门例会则由部门报总经办，并且说明原因。
3. 会议通知单需明确会议时间、地点、内容及参会人员等。

第六条　会议准备。

行政部负责会场安排、设备准备，应当在会前30分钟准备完毕。

第七条　会议纪律。

1. 会前认真做好各项准备工作，例如笔记本、中性笔及其他相关材料。
2. 按时到会、离会，不得迟到、早退，更不得无故中途离会；如确因出差在外等特殊情况不能参加会议者必须会前2个小时内向本部门负责人请假，由部门负责人告知总经办。

续表

　　3. 会议期间一律将手机调至"静音"状态，任何人都不得接听电话（特殊情况除外）。

　　4. 会议期间的纪律情况由综合管理部负责记录。公司根据有关管理规定对违纪人员作出处理，纳入其个人的绩效考核。

　　5. 会议期间讨论公司内部重大机密文件和信息，应予以保密，在公司未对外公布之前，不得私自对外公开。

　　第八条　会议记录和纪要。

　　1. 各类会议由行政部现场做记录，会后形成统一的会议纪要，经总经理签批后下发至各部门。

　　2. 会议纪要需要参会主要人员签字确认。公司例会纪要由总经理签字，直接下发；部门例会纪要由部门负责人签字；专题会议纪要需参会主要人员（或部门）签字。

　　3. 会议纪要按公司模板记录，会议迟到、未到人员名单附后。

　　第九条　会后督办。

　　1. 对于各类会议形成的决议事项由总经办负责监督实施，具体查办承办部门的落实情况，并根据具体办理结果提出考评意见。

　　2. 会议决议事项全部办理完毕，由总经办负责将所有会议资料汇总，形成会议档案实施统一管理，以便日后调阅使用。

　　第十条　本规定自正式颁布之日起实施。

执行部门		监督部门		编修部门	
编制日期		审核日期		批准日期	

范例四：公司会议费用管理制度

制度名称	××公司会议费用管理制度	受控状态	
		编号	

第一章　总则

　　第一条　为了加强公司会议费用管理，统一会议费开支标准，严格控制成本，有力支持业务发展，在总结我公司会议管理制度执行情况基础上，根据我公司的实际情况，特制定本制度。

　　第二条　本制度适用于会议费用的管理。本制度所指会议费是指公司各部门、所属各单位、各直管项目部因召开和参加会议所发生的费用支出，包括会议期间的食宿费、会场租赁费、会场布置费、设备租赁费和文件资料印刷费等。

　　第三条　会议分为内部会议和外部会议。

　　1. 内部会议。指公司召开的各种经营分析、总结、培训讨论及激励表彰等会议，具体划分如下：

　　（1）管理条线的半年和年度工作总结会议。

　　（2）区域、条线季度经营分析会议及专题会议。

　　（3）公司检视会。

　　（4）大型项目启动或培训会议。

2. 外部会议。指非我公司组织的各种会议。包括：

（1）监管部门、政府职能部门及其直属专业机构举办并要求我公司人员必须参加的会议。

（2）同业或其他机构举办并邀请我公司管理人员参加的专业交流会议。

（3）外部以赢利为目的的机构组织的论坛、研讨会、表彰会、峰会以及各类以培训为名、行非培训之实的活动。

第四条　行政部办公室为公司会议费的归口管理部门。主要职责是：

1. 建立、健全公司会议费管理制度和标准。
2. 组织研究、完善、监督、执行会议费的审批与报销程序。
3. 组织定期盘点、分析、通报会议费使用情况。

第五条　公司各部门、各直管项目部为公司会议费的使用部门。主要职责是：

1. 严格执行本制度有关规定，结合实际细化会议费管控措施。
2. 组织编制、上报、执行会议费年度计划。
3. 定期汇总、分析会议费使用情况。
4. 对公司会议费的管控提出合理化建议。

第二章　管理标准与要求

第六条　依据公司下达的会议费指标，公司对会议费实行总额控制。

第七条　公司内部会议分类及会议组织参照会议管理制度进行。

第八条　会议召开应精简节约，少于15人的内部会议原则上应在公司内召开，不得发生会议场租等费用；应充分利用视频会议和电话会议系统。在公司内部会议场所召开的各类会议，应当遵照公司会议管理制度有关规定执行；使用公司会议室的，由会议组织部门（或单位、直管项目部）在信息网上履行申请程序。

第九条　公司各部门拟在外部场所租用会场召开会议，须于每年1月底前填写《会议计划表》，经部门分管领导审核后，提交行政部办公室汇总，再报行政经理审批。未纳入年度计划的会议，确因工作需要临时申请在外部场所举办会议，费用预算在3万元以内，经部门分管领导同意、行政部办公室负责人签字后实施。费用预算超过3万元的，须经公司总经理审批方可实施。

第十条　公司所属各单位、各直管项目部根据公司下达会议费预算指标，结合实际制定具体管控措施，严格控制在外部场所召开会议。

第十一条　外出召开会议，主办单位应当优先选择协议酒店，统一安排住宿等事宜，分公司人员参加总公司举办的会议，原则上分公司参会人员发生的相关费用应当由总公司承担。

第十二条　公司所属各单位、各部门、各直管项目部召开会议，特别是在公司外部租赁会议场所召开会议，应严格控制各项费用支出。

第十三条　一般行政会议立项时，需在签报中列明会议议题、参加人员、餐费、住宿标准等内容。因公外出参加会议，会议期间会议主办方统一安排食宿的，住宿费、伙食补助费不予报销；不统一安排食宿的，住宿费、伙食补助费按照《公司差旅费管理办法》执行。

第三章　费用管理与监督

第十四条　公司会议费管理严格执行全面预算管理办法，纳入公司年度预算。

第十五条　每年年初，公司行政部办公室应结合本公司实际情况，对公司下达的会议费指标进行二次分解，经行政部办公室审定后，对公司所属各单位、各直管项目部下达年度会议

续表

费使用指标；每月末，行政部统计费用指标执行情况；每年年中行政部对费用指标执行情况进行专项分析、通报；每年第3季度，结合实际情况对费用指标进行适当调整；每年年底，行政部对费用指标完成情况进行考核。

第十六条　会议费的核算遵循《企业会计准则》和《公司会计核算标准化手册》。

第十七条　会议费报销应当符合公司规定程序，总额不能超出年度总预算。

第十八条　会议费报销起始（结束）日期不得早（晚）于会议的前（后）一天。

第十九条　公司各部门、所属各单位、各直管项目部不得以任何方式挤占其他费用指标。

第四章　附则

第二十条　本制度适用于公司所属各单位、各直管项目部参照执行。

第二十一条　本制度由行政部办公室、财务处负责解释。

第二十二条　本制度自印发之日起执行。

执行部门		监督部门		编修部门	
编制日期		审核日期		批准日期	

二、会议管理实用表格

（一）会议计划表

编号：
日期：

月份	会议信息	
1月	会议名称	
	会议类型	
	开会地点	
	开会日期	
	会议时间	
	参会单位	
	预计人数	
	主持人	
	会议宗旨及议题	
	审核人	

续表

月份	会议信息	
2月	会议名称	
	会议类型	
	开会地点	
	开会日期	
	会议时间	
	参会单位	
	预计人数	
	主持人	
	会议宗旨及议题	
	审核人	
……		

（二）会议安排表

会议主题			
会议类型			
会议主办单位			
会议负责人		会议主持人	
会议摘要			

续表

会议议题 / 内容				
会议议题 1	议题名称			
序号	时间	内容		发言人
会议议题 2	议题名称			
序号	时间	内容		发言人
出席人员		会议记录员		
备注事项				

（三）会议通知单

发文部门		接收部门	
通知日期		会议名称	
会议类型		会议时间	
会议地点		参会单位	
备注事项			

续表

会议注意事项	1.
	2.
	3.
	4.
	5.
会议联系人		联系电话	

签章处：

通知回执联

　　会议通知已收到，内容详细了解，□能　□不能　届时参加。谢谢！

　　签名：
　　日期：_____年_____月_____日

（四）会议议程表

会议名称				
会议时间				
会议地点				
议程项目	程序	负责人	使用时间	备注
第一项			____点____分 至____点____分 共计____分钟	
第二项			____点____分 至____点____分 共计____分钟	
第三项			____点____分 至____点____分 共计____分钟	
……			____点____分 至____点____分 共计____分钟	

（五）会议签到表

会议名称		会议时间	
主持人		会议地点	
参会人			
签到			
序号		姓名	部门

（六）会议纪要表

编号：
填表日期：

会议名称			
会议时间		会议地点	
参会单位			
主持人		记录人	
发言人		参会人	
会议议题			

会议纪要	报告事项：
	  1.
	  2.
	
	讨论事项：
	  1.
	  2.
	
	临时动议：
	  提议：		

会议决策	决议： 1. 2. 3.		
记录审核人		审核结果	

（七）会议登记簿

会议名称	会议时间	会议地点	主持人	发言人	参会人	决议事项

（八）会议决定事项实施管理表

会议名称	
会议时间	
参会单位	
会议议题	

序号	决定事项	实施目标	实施部门	执行负责人

实施情况验证（以下由项目实施验证人填写）					
序号	验证时间	验证结果	整改措施	验证人

（九）会议经费预算报告表

会议名称	
会议时间	
会议地点	
参会单位	
参会人数	

<table>
<tr><td colspan="3" align="center">会议经费预算</td></tr>
<tr><td>序号</td><td>项目</td><td>金额（元）</td></tr>
<tr><td>1</td><td>会议场地费</td><td></td></tr>
<tr><td>2</td><td>交通费</td><td></td></tr>
<tr><td>3</td><td>办公用品及文件资料费</td><td></td></tr>
<tr><td>4</td><td>咨询费</td><td>咨询费标准_____元/人，咨询费合计：</td></tr>
<tr><td>5</td><td>餐饮费</td><td>餐饮费标准_____元/人，餐饮费合计：</td></tr>
<tr><td>6</td><td>其他费用</td><td></td></tr>
<tr><td colspan="2">会计预算总额（大写）</td><td></td></tr>
<tr><td colspan="2">预支会议经费（大写）</td><td></td></tr>
</table>

部门主管意见：

签字：
日期：

总经理意见：

签字：
日期：

（十）会议经费开支明细表

会议名称	
会议时间	
会议地点	
参会单位	
参会人数	
预支会议经费	

会议经费开支明细			
项目	明细	金额	备注
会议场地费			
交通费			
办公用品及文件资料费			
咨询费			
餐饮费			
其他费用			
金额合计（大写）			
报销结算情况			
部门主管意见： 签字： 日期：			
行政主管意见： 签字： 日期：			
总经理意见： 签字： 日期：			

第五节　计算机网络信息管理

公司应加强网络信息保密及安全措施，保障计算机系统的正常运行，并最大化的发挥计算机信息管理的优势。

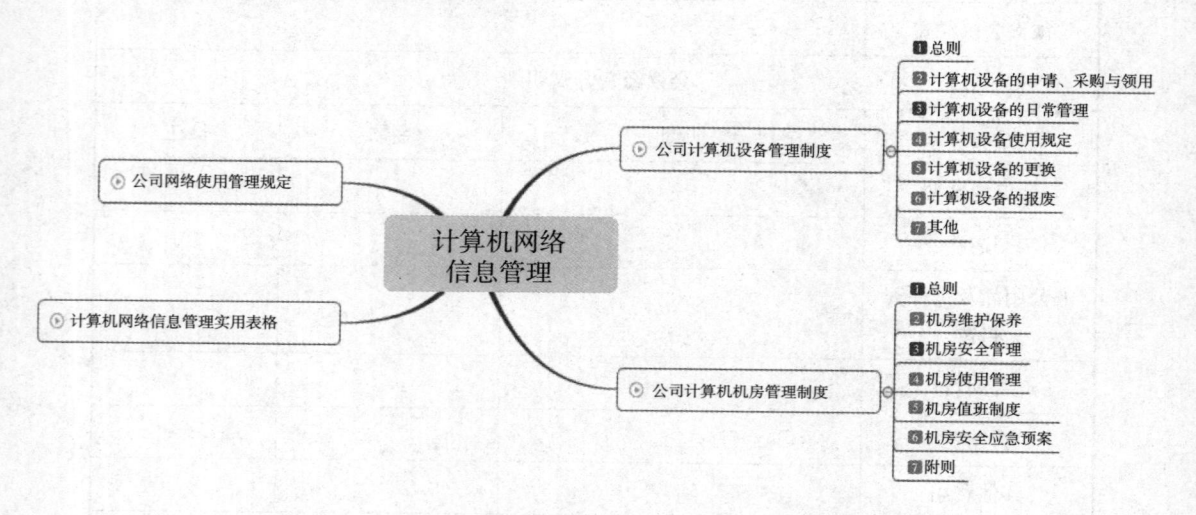

```
                                              ┌ 1 总则
                                              ├ 2 计算机设备的申请、采购与领用
                                              ├ 3 计算机设备的日常管理
                      ┌ 公司计算机设备管理制度 ─┼ 4 计算机设备使用规定
                      │                       ├ 5 计算机设备的更换
  ○ 公司网络使用管理规定                       ├ 6 计算机设备的报废
                      │                       └ 7 其他
           计算机网络
           信息管理
                      │                       ┌ 1 总则
                      │                       ├ 2 机房维护保养
  ○ 计算机网络信息管理实用表格                 ├ 3 机房安全管理
                      └ 公司计算机机房管理制度 ┼ 4 机房使用管理
                                              ├ 5 机房值班制度
                                              ├ 6 机房安全应急预案
                                              └ 7 附则
```

一、计算机网络信息管理制度

范例一：公司计算机设备管理制度

制度名称	××公司计算机设备管理制度	受控状态	
		编号	

第一章　总则

第一条　为了加强公司计算机设备管理，确保公司计算机及网络环境正常可靠地运转，保证公司各部门日常业务的正常进行，特制定本制度。

第二条　公司全体员工有责任和义务执行本制度。

第三条　本制度中的计算机设备主要是指计算机、打印机、专用设备及与计算机相连接的其他设备。计算机包括主机（包括机箱内的各种芯片、功能卡、内存、硬盘、软驱、光驱等）、显示器、键盘、鼠标等。

第四条　所有计算机设备均属公司固定资产。

续表

第二章　计算机设备的申请、采购与领用

第五条　各部门根据业务需求，需配备计算机设备时，须报信息技术部工作分管领导批准。信息技术部可根据实际情况，在现有设备中进行调配。

第六条　如需要购置新设备，信息技术部应根据具体运行业务需求提出配置方案，向公司提出书面请示。经公司三项工作管委会研究批准后，由信息技术部向上级公司上报购置计算机设备请示文件，待上级公司批复后，由信息技术部按照相关程序组织采购。

第七条　对于新购置的计算机设备，在领用前信息技术部先进行计算机设备固定资产登记，填写计算机设备管理台账，设备档案归档工作。

第三章　计算机设备的日常管理

第八条　各部门使用的计算机设备实行综合管理和日常使用管理分离的原则，信息技术部负责计算机设备的综合管理，各部门负责计算机设备的日常管理和使用。为了充分发挥设备性能，信息技术部可以根据业务需要对公司各部门计算机设备进行统一调配。

1. 建立设备档案，为每台设备编制唯一编号。
2. 设备的新增与报废应当事先征得信息技术部的技术指标。
3. 定期对设备进行维护、升级和检查。

第四章　计算机设备使用规定

第九条　设备使用者对设备的安全和完整负有责任，具体应当做到：

1. 保持设备清洁。
2. 设备周围严禁堆放资料和杂物，确保设备具有良好的散热环境。
3. 在操作过程中需离开岗位时，应立即退出操作系统，以保证密码的可靠性。
4. 保管计算机内文件，并及时备份。
5. 在操作过程中遇到的意外情况，应当及时报告信息技术部，不得擅自作主，随意操作。

第十条　每台计算机必须设置口令。直接使用者原则上不能将机器交由他人操作，特别是非本单位人员，更不能擅自在他人的计算机上进行任何操作。

第十一条　使用人员要严格按计算机设备操作规程进行操作，不准操作与工作无关的内容，不准带电插拔外设。未经授权，不得擅自操作服务器和网络设备。

第十二条　所有计算机设备，未经信息技术部授权，不得擅自拆解、更换零件、配件、外设。不论该举止是否已经对设备、网络、数据造成影响，一律视为严重违规。未经信息技术部同意严禁外来设备在本单位网络内使用；本单位人员统一使用公司下发的注册移动存储设备。

第十三条　各部门用于办公的计算机设备必须指定专人使用和保管，落实计算机设备管理责任人，对于人为造成设备丢失或损坏的，要照价赔偿。

第十四条　新购置的计算机设备添加到局域网络前，必须经过信息技术部同意和部门经理的批准。

第十五条　计算机设备物理方位如需变化（如：外出维修、部门间借用、外单位借用），必须先报告业务主管领导同意，确保设备数据绝对安全（尤其是计算机硬盘数据的安全）后方可进行。

第十六条　员工岗位变动时，计算机设备不动，人员调动的部门要在被调离人员工作交接前通知信息技术部，由信息技术部监督计算机设备交接，办理计算机设备移交手续。在责任人调离岗位时，交接双方必须在计算机设备交接单中签字，对于未办理交接手续或未在设备交接单中签字的，发生设备丢失或人为损坏责任的，由原使用人赔偿。

续表

第十七条　所有接入公司局域网络的计算机必须安装防病毒软件和启用防火墙。无特殊情况必须安装上级公司信息中心统一要求的杀毒软件，并定时杀毒。若发现有查杀不了的病毒或机器运行异常应立即断开网络连线，及时通知信息技术部网络管理员；计算机设备使用人员每天要查看杀毒软件的升级日期，凡是距当前日期相差一个月以上的，及时通知信息化部门。

第十八条　计算机与 Internet 等公众网相联时，严禁浏览与工作无关的网站，做到需要时上网，网上工作完成立刻下线。

第十九条　严禁利用计算机在任何时间进行各种游戏，一经发现，将视为严重违规行为予以处理。

第二十条　各部门设备在使用过程中发生故障或异常现象时要立即与信息技术部联系，保修期内的要及时联系维保商进行维保；对过保修期无法修复的零部件报分管领导批准后进行更换。

第五章　计算机设备的更换

第二十一条　计算机设备的更换包含：内部调配、购置新设备。

第二十二条　计算机设备更换程序。

1. 书面形式写出更换的理由和所需设备应配置的岗位和基本条件，由部门经理和业务主管领导签署意见后报信息技术部。

2. 信息技术部签署技术意见，部门主管签署意见并报财务部和中心领导审批。

第二十三条　更换计算机设备及配件的途径。

1. 设备在使用过程中发生故障或毁坏时，首先应当由直接责任人将计算机呈现的错误现象和故障原因及时报信息技术部，严禁自行拆除设备的任何组成部分。

2. 凡计算机设备均由信息技术部负责购置并予以处理和维修。

3. 对设备需升级的部件，应事先报信息技术部，其中需说明理由和具体要求，由信息技术部处理。

第六章　计算机设备的报废

第二十四条　符合下列条件之一者，各部门可向信息部提出报废。

1. 质量低劣或不符合技术标准，且在实际使用中不能满足最低性能要求。

2. 技术落后或耗能很高或效率很低。

3. 超过使用年限（计算机主机为 3～5 年），主要结构陈旧，计算精度低劣，且不能改装利用。

4. 由于事故或其他原因使设备严重损坏，丧失使用功能，已无修复价值。

5. 虽然能修复使用，但是修复费用接近或超过购置新设备费用（修复时市场价）半价。

第二十五条　各部门应当委派计算机设备管理员与信息技术部对拟报废设备写出鉴定意见，填写"设备报废申请单"，待报废设备所在单位主管领导及信息技术部经理签署意见后报财务部和中心领导审批后，由信息技术部具体处理。

第二十六条　报废设备必须账物相符，认真核对，严防错登错报。设备未经正式批准报废前，各部门不得自行拆解和挪用备件。正式批准报废的设备，必须按整机交付信息技术部处理。

第二十七条　处理报废设备由信息技术部统一办理，所得收益由财务部统一管理，用于设备的更新改造。设备报废处理后，部门凭设备报废申请单到财务部销账。

续表

第二十八条 经鉴定不符合报废条件又闲置不用的设备,由信息技术部作出调配处理意见并报业务主管审核、领导审批。

第七章 其他

第二十九条 由于违反上述规定,造成计算机设备的硬件损坏或使用性能降低的,直接责任人要承担经济损失的全部赔偿,直至追究法律责任。

第三十条 本制度自发布之日起予以执行。

执行部门		监督部门		编修部门	
编制日期		审核日期		批准日期	

范例二:公司计算机机房管理制度

制度名称	××公司计算机机房管理制度	受控状态	
		编号	

第一章 总则

第一条 为了进一步规范公司机房的管理,为公司计算机信息系统的安全、正常运行提供可靠保障,特制定本制度。

第二条 本制度适用于公司计算机机房管理。

第二章 机房维护保养

第三条 机房卫生要求。

1. 进入机房人员,须换上专用拖鞋。
2. 每周一早上,务必彻底进行一次机房打扫。平日注意机房保洁,如遇特殊情况需要打扫时,勿延怠。

第四条 机房密封性要求。

1. 定期检查机房门窗的密封性。
2. 定期检查机房与外界各种连接管道处的密封性。
3. 定期测定机房内与机房外的正压。
4. 机房进出门应当保持关闭状态。

第三章 机房安全管理

第五条 外来人员进入机房必须经信息技术部领导批准,并且履行登记手续,由机房管理员陪同。

第六条 非机房管理员未经同意不得进入机房,确因工作需要进入机房的,应履行登记手续,并由机房管理员陪同。

第七条 建立完整的机房工作日志,记录计算机运行情况、操作维护以及突发异常情况等有关资料。

第八条 机房管理员应每天定期检查安全保障设备,确保其处于正常工作状态。

续表

第九条　严禁将易燃、易爆、强磁物品以及其他与机房无关的物品带入机房。

第十条　机房内不抽烟、不会客、不做与系统安全运行与维护无关的事情。未经批准，机房内的设备与软件不得外借。

第四章　机房使用管理

第十一条　进入机房人员必须严格遵守机房管理制度。

第十二条　设备开关机由机房管理人员负责，其他任何人不得私自开关除终端、微机、打印机以外的任何设备。

第十三条　未经允许，不得私自搬运、拆除机房内的设备、设施，严禁将机房内的资料或公共设施带出机房。

第十四条　所有外来计算机存储介质，未经许可，不得在机房内使用。

第十五条　上机时发现任何异常情况，立即通知管理人员。下机前，应将所用的计算机或终端去电，以延长使用寿命。

第十六条　严禁在发证计算机上玩游戏、上公众网、处理其他文字，不准拷贝任何外单位的软盘，切实做到打证专用。

第五章　机房值班制度

第十七条　机房值班人员必须做好值班记录，遇到紧急情况，应及时通知有关主管人员；未经主管人员批准不得擅自更改网络配置和网站的内容。

第十八条　机房值班人员在值班期间不得带非工作人员在网络中心机房停留。

第十九条　机房值班人员在换班前应整理好仪器设备，检查设备是否正常，清理机房。

第二十条　本单位人员进入机房操作，必须填写完备的工作内容报告。

第二十一条　机房值班人员必须严格遵守安全、防火、防盗制度。

第六章　机房安全应急预案

第二十二条　机房发生漏水、漏电等紧急情况时，应在第一时间切断供电线路，关闭UPS电源，上报相关领导和信息中心值班领导。

第七章　附则

第二十三条　本制度解释权归信息技术部，自发布之日起实施。

执行部门		监督部门		编修部门	
编制日期		审核日期		批准日期	

范例三：公司网络使用管理规定

制度名称	××公司网络使用管理规定	受控状态	
		编号	

第一条　为了保证公司网络的正常运行，规范公司网络的管理，确保网络资源高效安全地用于工作，特制定本规定。

第二条　本规定涉及的网络范围包括公司各办公地点的局域网、办公地点之间的广域连接、公司各片区和办事处广域网、移动网络接入、Internet 接口以及网络上提供的各类服务，例如 Internet 电子邮件、代理服务、办公平台等。

第三条　公司的计算机与网络由信息管理员管理维护，其他部门和个人不得私自更改计算机的各项设置。

第四条　任何人均不得在网络上从事与工作无关的事项，违反者将受到处罚。同时也不允许任何与工作无关的信息出现在网络上，否则要追查责任。

第五条　严禁任何人以任何手段，蓄意破坏公司网络的正常运行，获取公司网上的保护信息。

第六条　公司网上服务如 DNS、DHCP、WINS 等由管理工程部统一规定，任何部门和个人均不得在网上擅自设置该类服务。

第七条　任何部门和个人严禁在局域网上使用来历不明、引发病毒传染的软件。对于可能引起计算机病毒的软件，应使用杀毒软件检查、杀毒。未经许可不得利用网络下载与工作无关的软件，更不得下载电影，黑客软件及对公司计算机网络安全有破坏性的程序。

第八条　严禁任何部门和个人在网上私自设立 BBS、NEWS、个人主页及各种文件服务器，严禁在公司网络上玩任何形式的网络游戏、浏览图片、欣赏音乐等各种与工作无关的内容。

第九条　对于蓄意破坏网络正常运行，蓄意窃取网上秘密信息的个人，作辞退处理，并依法追究法律责任。

第十条　对于私自设立 BBS、NEWS、个人主页等各种形式网络服务的责任人，或玩网络游戏的个人，第一次发现降薪一级，第二次发现将其降职，第三次发现作辞退处理。

第十一条　对于由管理不善引起公司秘密泄露的责任人，处以罚款、降薪、降职等处理。

第十二条　对于私自更改网络结构，私自设置 DNS、WINS 等服务的责任人，处以罚款、降薪等处罚。

第十三条　对于其他任何利用网络资源从事与工作无关的行为，均将对其处以罚款、降薪等处理。

第十四条　本规定自 20××年××月××日起生效。

执行部门		监督部门		编修部门	
编制日期		审核日期		批准日期	

二、计算机网络信息管理实用表格

（一）计算机使用记录表

日期	使用人	所使用计算机	使用前是否运行正常	使用后是否运行正常	使用事由	使用起止时间
		A□　　B□				

注：计算机使用人员要正确使用计算机、爱护计算机及相关设备，严禁使用计算机打游戏、看录像、下载可能威胁计算机安全的文件、私自安装软件、删除计算机内的任何文件，与本计算机及其设备常规操作无关的操作事项等。

（二）非涉密计算机检查记录表

检查日期	使用部门	使用人	检查项目	检查结果	检查人
			计算机是否安装安全防护软件并及时更新系统补丁	□是　□否	
			计算机是否安装与工作无关的软件	□是　□否	
			计算机是否安装防违规涉密助手	□是　□否	
			计算机是否存储、处理大比例尺地形图、标有密级的文件等涉密资料	□是　□否	
			计算机是否连接无线网卡、随身WIFI等无线设备	□是　□否	
			计算机是否同时连接互联网和政务网	□是　□否	
			计算机是否连接互联网	□是　□否	

注：一机一表，按部门所有非涉密计算机（含上网机）的实际台数填写本表。

（三）计算机网络报修登记表

序号	报修时间	报修部门	报修原因	维修人员	维修结果	完成时间	备注
异常情况说明：								

（四）网络设备配置清单

序号	设备名称	设备型号	单位	数量	单价	合计	备注
总价款：							

第六节 公共关系管理

公司应当始终保持与政府社会各界良好关系的建立与维护，保持与公司员工的沟通和理解，并规范公司公关活动和行为，塑造公司良好的对外形象。

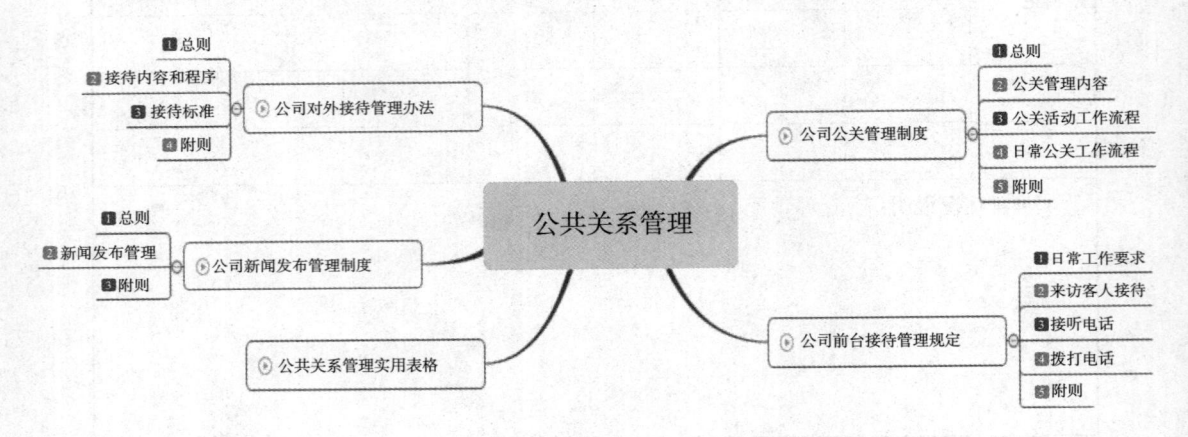

```
公司对外接待管理办法
    ①总则
    ②接待内容和程序
    ③接待标准
    ④附则

公司公关管理制度
    ①总则
    ②公关管理内容
    ③公关活动工作流程
    ④日常公关工作流程
    ⑤附则

公司新闻发布管理制度
    ①总则
    ②新闻发布管理
    ③附则

公司前台接待管理规定
    ①日常工作要求
    ②来访客人接待
    ③接听电话
    ④拨打电话
    ⑤附则

公共关系管理实用表格
```

一、公共关系管理制度

范例一：公司公关管理制度

制度名称	××公司公关管理制度	受控状态	
		编号	

第一章 总则

第一条 目的。
为使公司始终保持与政府、社会各界良好关系的建立与维护，树立良好的企业形象，规范公司公关活动和行为，特制定本制度。

第二条 适用范围。
本制度适用于公司总部的公共关系管理工作。

第二章 公关管理内容

第三条 公关对象。
1. 公司的外部客户：业务合作对象、竞争对手、新闻媒体、政府机关、社会公众等。
2. 公司的内部客户：公司员工、股东等。

续表

第四条 公关原则。
1. 统一领导，分级负责，团结一致。
2. 顾全大局，有的放矢，全员参与，严守机密。
3. 表里如一，实事求是，言行得体，不卑不亢。
4. 以诚待人，诚信为本，热情周到。

第五条 公关目标。
1. 树立公司良好的信誉和形象。
2. 监视、改善、适应公司的运作环境。
3. 联络公众和传递内外信息。
4. 辅助决策和协调人际关系。
5. 增加公司的社会效益和经济效益。

第六条 开展公关活动的方式。
1. 宣传活动方式：主要包括广告、新闻宣传、新闻报道、专题通讯、经验介绍及记者专访等。
2. 服务活动方式：指提供优质产品、商品及服务。
3. 社会活动方式：指举办社会性活动，包括纪念会、庆祝会、赞助、展览会、联欢会及音乐会等。
4. 征询活动方式：包括满意度测试和问卷以及公司经营管理活动时的有奖征询，如征询商标名、图案、产品名称、企业形象及经营点子等。

第三章 公关活动工作流程

第七条 根据公司的经营管理计划、市场环境，制订公关工作计划。

第八条 调查研究、判断形势，通过对公司内部状态、外部环境的调查，了解社会公众的意见态度以及对公司行为的反应，判断企业的社会基本形象、地位和问题。

第九条 确定公关目标、选择公关媒介（投放平台的选择——选择新闻媒体）。
1. 公关目标一般包括多个目标体系。
2. 以对外公关为主，根据行业特点确立公关的重点对象和工作方式，争取政府、社会公众、媒体和公司员工对公司的关心、支持。
3. 公关媒介选择要有利于目标的实现，有利于公众的接受，有利于内容的传播，有利于经费的节约等。

第十条 确定公关方式和公关技巧。创建企业内部交流刊物，不定期地组织举办赞助活动、联谊活动，广泛征集公众参与性资讯，或由公司领导根据实际情况，随时酌情举办新闻发布会（设立一名新闻发言人）、社会宣传活动等。

第十一条 做出公关活动预算，制定公关活动详细企划书，并予以实施。

第十二条 进行品牌公关运营。

第十三条 定期评价公关工作阶段效果，做好总结，将取得关于公关工作过程、工作效益信息作为决定开展、改进公关工作和制定公关计划的依据。

第四章 日常公关工作流程

第十四条 重大公关活动。
1. 重大公关活动由公司总经理进行决策，党委副书记负责协调相关部门，行政部负责制定公关方案，由网络部门配合实施。

续表

2. 建立公关活动领导小组，邀请外部知名人士和领导参加，公司内部各部门负责人为其成员。

3. 聘请、委托专业公关咨询公司或企划人员专门策划公关方案。

4. 制订详细的公关活动工作计划，并组织精心实施。

5. 各部门对各自运营中出现的公关或事关公司形象声誉的情况迅速反馈至行政部，经行政部做出修正计划，力争取得最佳效果。

6. 根据公关黄金 24 小时法则，危机公关决策时限原则上在 24 小时之内解决。

第十五条　商务接待活动。

1. 了解接待对象的具体情况，制订接待计划。接待计划经主管领导核准后，报请总经理审批，审批通过后方可实施。

2. 有针对性地采取接待措施，安排每项具体活动的时间。

3. 根据具体接待对象明确相应的接待规格，做出活动预算，包括招待费、餐饮费、住宿费、交通费、材料费以及礼品费等，接待人员应根据实际需要认真估算。

4. 做好接待对象的生活安排、迎送安排、安保工作安排等。

5. 接待活动完成后，接待部门应进行工作反省，查找不足，以便日后改进。

第十六条　新闻媒体接待。

1. 凡新闻媒体记者采访均由行政部接待和安排，各部门、分支机构给予配合。

2. 记者申请采访时，请先将采访提纲传真或邮件至行政部，经党委副书记签批后方可答复。

3. 重大采访活动，行政部人员应当自始至终陪同，做详细文字或摄影、录像记录，并存档。

4. 采访后的新闻稿件、视频在发表前由行政部阅览，经领导同意才可播发。

第五章　附则

第十七条　本制度自发布之日起执行。

第十八条　本制度的编写、修改及解释权归人力资源部所有。

执行部门		监督部门		编修部门	
编制日期		审核日期		批准日期	

❖ 小贴士

公关即公共关系，具体是指制定政策及程序来获得公众的谅解和接纳。公司组织建立良好的公共关系通常需要良好的公共关系活动的策划来实施和实现。公司公关工作主要包括下列内容：

（1）处理与各类媒体的接洽事宜和合作关系。

（2）组织策划并实施有效的公关活动，与相关政府部门进行良好的沟通。

（3）编辑对传统媒体、网络媒体发布的新闻宣传稿件。

（4）负责公司市场推广的广告宣传、媒体公关等市场推广工作。

（5）负责市场推广公关活动的策划、组织和管理。

（6）处理公众咨询和客户投诉，接待与安排公众来访，并听取客户的意见、建议。

（7）负责内外部网上推广活动、刊物的策划和管理。

（8）跟踪各类媒体上关于公司业务方向的宣传报道，从而判断市场趋势和媒介热点，并及时提供市场宣传建议。

公司通过一系列的公关事务，可以将想要传达的信息告诉客户及公众人员，以此提升品牌形象，促进市场销售。

范例二：公司前台接待管理规定

制度名称	××公司前台接待管理规定	受控状态	
		编号	

第一章　日常工作要求

第一条　前台着装应以职业装为标准，上班时化淡妆，精神饱满，仪态大方。

第二条　前台的接待工作在前台区域，上班时间不得随便离开工作区域，确因情况特殊需离开的，必须安排临时人员值守，严禁出现上班时间无人接听电话的情况出现。

第三条　保持前台工作区域的干净整洁，维持前台区域的秩序，不聊天、不大声喧哗、不吃零食。

第四条　上班过程中不得长时间占用公司电话拨打私人电话，不得上网聊天或是浏览与工作无关的网站，不得做与本职工作不相关的工作。

第五条　负责前台电话的接听和转接，做好来电咨询工作，重要事项认真记录并传达给相关人员；不遗漏、不延误。

第六条　接听电话或接待访客时，不得答复自己职责范围外的内容，以免公司机密外泄或导致不必要的麻烦。

第七条　对来访客人做好接待、登记、引导工作，及时通知被访人员。对无关人员、上门推销和无理取闹者应拒之门外。

第八条　待人接物应面带微笑，礼貌周到，热情大方。

第二章　来访客人接待

第九条　在处理前台文件工作时，应不时留意周围环境，保证客户到来时第一时间给予接待。

第十条　对待访客应热情周到，礼貌大方；有客人来访时，应当面带微笑主动起身问好，问清楚客人身份和来意后立即电话通知被访者，得到被访者认可后，方可指引来访者进入办公区域。

续表

第十一条　对临时来访的客户，应当礼貌询问、详细了解其用意与意向接待人，经判断无须接待的，应当礼貌地予以拒绝；不能判断的，应当请其稍坐，电话征询意向接待人的意见再做处理。

第十二条　为客户带路时，不可奔跑，脚步应轻快无声，转弯、进门要手势指引。

第十三条　尽量牢记客户的姓氏，在见面时能称呼客户"×先生／女士，您好"。

第十四条　应当引导到访者进入公司区域并帮助其找到被访者；因被访者因故无法立即接待到访者，需来访者等待时，应当将其引领至公司会客区，为其提供茶水并询问是否有其它特殊需求，必要时还应为其更换茶水，其间应当注意来访者的活动情况，委婉告知来访者不得在办公区域内随意走动；如被访者不在公司，应明确告知来访者。在其离开时，应请其留下联系方式，以便告知被访者。

第十五条　公司领导带客人来访时，应当面带微笑小步跑到大门处问好，并且陪同领导和访客送入电梯后方可返回。

第十六条　客人离开公司时应礼貌道别目送其离开。

第三章　接听电话

第十七条　前台听到电话铃响，应速接电话，先向对方问好，并报本公司名称。

第十八条　接听电话应当口齿清晰、音量适中、语气和蔼，切忌态度生硬。

第十九条　听话过程中，应当认真细致，做好记录，回答时要礼貌简练，语速恰当。

第二十条　应当熟记常用电话号码，对方询问时能做到脱口而出。

第二十一条　电话需要转接时，应当问清对方需求后迅速按下转接键，将电话转接给被找人。若被找人不在时，应当及时告知对方；若对方有信息需要传达时，应当认真记录，必要时应复诵一遍待对方认可后及时传达。

第二十二条　接听电话中，应当保守公司机密。

第二十三条　通话结束前应复述通话内容重点进行确认，无误后礼貌道再见，听筒应后挂轻放。

第二十四条　应随时记录电话内容，并定期对电话记录进行整理，做好电话记录的编号存档工作。

第四章　拨打电话

第二十五条　拨打电话前首先确认电话号码的正确性。电话接通后，应当首先报出公司名称、职务、姓名，然后转入正题。

第二十六条　拨打电话前，应当做好必要的准备工作，备齐与通话内容相关的资料，内容较多时，可把重点记录在本子上以免遗漏。

第二十七条　通话时，应当观点鲜明，避免长时间占用电话，影响来电。

第五章　附则

第二十八条　本规定的最终解释权为公司行政办公室，公司其他部门监督实施。

第二十九条　本规定自颁布之日起执行。

执行部门		监督部门		编修部门	
编制日期		审核日期		批准日期	

范例三：公司对外接待管理办法

制度名称	××公司对外接待管理办法	受控状态	
		编号	

第一章　总则

第一条　为提升公司形象，提高工作效率，规范对外接待管理，特制定本办法。

第二条　本办法适用于全公司各部门。

第三条　对外接待应当遵循"平等、对口、节约、周到、保密"的原则。

第四条　公司行政部为公司负责接待的职能部门。遇到重大接待工作和活动，可由总经理室协调若干部门共同完成此项工作，有关部门要积极主动配合。

第二章　接待内容和程序

第五条　接待来宾。

1. 弄清来宾的基本情况，包括来宾单位、来宾人数、职务、抵离时间等信息。
2. 布置接待部门、规格、费用预算等，并报请上级批准。
3. 根据来宾身份、人数，预订招待所或宾馆，并且安排好宴请事宜。
（1）宴请前，应当经部门主管核准，以确定宴请活动是否必要。
（2）宴请费用须严格遵循公司相应的标准，特殊情况须总经理核定。
4. 了解来访日程和目的，商定活动日程并通知有关部门。
5. 按接待规格和礼仪，安排会见会谈的时间、地点、陪同人员。
6. 组织业务部门向来宾介绍情况，参观现场；对上级检查，安排汇报、座谈会。
7. 根据客人意见，预定回程交通工具，协助客人结算食宿账目，派人派车送至车站、码头或机场。
8. 每次较大规模接待完成后进行小结，以便总结经验、改进后续工作。

第三章　接待标准

第六条　普通接待的接待标准如下：

项目	说明
适合人群	普通商务类考察人员、技术人员、设计师、供应商中层管理者以下人员等
交通标准	按对方人员要求协助订购，公司不负担费用
住宿标准	按对方人员要求，公司不负担住宿费用
餐饮标准	简餐消费控制在××元/人以下，宴请消费控制在×××元/人以下
接待陪同人员	接口业务人员、部门主管
接待车辆	商务车或出租车
其他接待	1. 公司会议室布置投影机、白板、饮品（饮用水、茶及咖啡） 2. 必要时于来宾临行时赠送纪念品，消费控制在××元/人以下

续表

第七条 中级接待的接待标准如下:

项目	说明
适合人员	企业领导、地方有关部门人员等
交通标准	按对方人员要求协助订购,公司不负担费用
住宿标准	按对方人员要求,公司不负担费用
餐饮标准	简餐消费控制在××元/人以下,宴请消费控制在×××元/人以下
接待陪同人员	接口业务人员、部门主管、主管副总
接待车辆	公司轿车、商务车或出租车
其他接待	1. 必要时制作来宾接待手册 2. 公司会议室布置公司介绍PPT、宣传资料、文件袋(信笺纸、笔)、饮品(饮用水、茶及咖啡) 3. 必要时于来宾临行时赠送纪念品,消费控制在×××元/人以下

第八条 高级接待的接待标准如下:

项目	说明
适合人员	行业相关部门领导、公司特邀人员等
交通标准	按对方人员要求订购,公司不负担费用
住宿标准	四星级以上酒店,公司负担费用
餐饮标准	简餐消费控制在×××元/人以下,宴请消费控制在×××元/人以下
接待陪同人员	1. 接口业务人员、部门主管、主管副总、总裁 2. 必要时安排董事长、股东
接待车辆	公司轿车或租用专车
其他接待	1. 制作来宾接待手册,必要时安排酒店在房间内布置迎宾卡、鲜花及水果 2. 公司显著位置布置迎宾条幅等 3. 公司会议室布置公司介绍PPT、宣传资料、文件袋(笔记本、笔)、饮品(瓶装饮用水、茶、咖啡)、鲜花及水果等 4. 安排公司领导与来宾合影并制作相框,必要时安排会谈记录、录音、摄影及摄像 5. 必要时于来宾临行时赠送纪念品,消费控制在×××元/人以下

续表

第九条 特殊接待的接待标准如下：

项目名称	具体说明
适合人员	主要行业主管领导、地方有关部门领导、公司特邀领导、其他特殊人员等
交通标准	按对方人员要求订购，公司可负担费用
住宿标准	五星级以上酒店，公司负担费用
餐饮标准	不设定具体标准
接待陪同人员	1. 接口业务部门主管、公司副总、总裁、董事长 2. 必要时安排董事长、股东
接待车辆	公司高级轿车或租用高级专车
其他接待	1. 制作来宾接待手册，酒店房间内布置迎宾卡、鲜花、水果 2. 公司显著位置布置迎宾条幅等 3. 公司会议室布置公司介绍PPT、宣传资料、文件袋（笔记本、笔）、饮品（根据来宾喜好安排）、鲜花及水果等 4. 安排公司领导与来宾合影并制作相框，全程安排会谈记录、录音、摄影及摄像 5. 于来宾临行时赠送纪念品，不设定具体标准

第四章　附则

第十条　涉及重大接待活动，需要各部门协调执行。

第十一条　行政部对本办法享有最终解释权，如有疑问可以咨询相关人员。

第十二条　本办法经公司总经办讨论通过后，自公布之日开始实施。

执行部门		监督部门		编修部门	
编制日期		审核日期		批准日期	

范例四：公司新闻发布管理制度

制度名称	××公司新闻发布管理制度	受控状态	
		编号	

第一章　总则

第一条　为明确公司新闻宣传工作职责，建立公司新闻宣传工作机制，进一步加强和规范公司新闻发布行为，营造良好的舆论环境和氛围，促进公司改革和发展，结合我公司实际，特制定本制度。

第二条　公司新闻宣传工作必须遵守国家有关新闻管理的法律法规和本制度。

第三条　本制度适用于公司职能部门和所属各单位。

第四条　成立新闻发布会领导组。

1. 领导小组的主要成员：
（1）组长：董事长、总经理。
（2）副组长：行政经理。
（3）成员：公关主管及专员。

2. 领导小组的主要职责：
（1）负责公司生产安全事故新闻发布会组织、筹备、协调等各项工作并确保落实到位。
（2）接待各级新闻媒体采访、发布各类信息。

第五条　新闻发布的工作原则。

1. 有序管理，统一口径。
2. 及时准确，掌握话语主动权。
3. 公开透明，服务公众。

第二章　新闻发布管理

第六条　新闻发布内容要求。

1. 新闻发布的内容：
（1）涉及本公司的重大生产安全事故问题及重大突发性事件。
（2）对新闻媒体有关报道的回应和事实说明。
（3）其他应予新闻发布的事项。

2. 新闻稿件应当突出新闻性，内容要真实、准确、客观，切忌含混、模糊、夸张，避免对该新闻事件进行主观判断和评价。

3. 稿件文字要严谨、简练、准确，语言要鲜明生动、通俗易懂，注重可读性和吸引力。

第七条　新闻发布的形式。

1. 举办新闻发布会、记者招待会、新闻通气会或媒体集中采写等发布新闻信息。
2. 通过书面形式发送新闻通稿。
3. 通过互联网发布新闻信息。
4. 通过接受记者采访、向新闻界发表谈话发布新闻信息。

第八条　新闻发布的审批管理。

1. 各部门负责人为新闻发布第一责任人，各部门发布的每条新闻稿件都要由本部门负责人严格把关审核，审核合格后提交人事行政部复核。

续表

2. 涉及本公司生产安全事故的发布，根据公司会议决议或董事长批示进行。

3. 对生产安全事故问题、新闻媒体报道的敏感话题、重大突发事件的新闻发布，需要由新闻办出面进行舆论引导，并且报请上级有关部门批准进行。

第九条　新闻发布的纪律。

1. 新闻发布应当符合国家的方针政策，坚持正确的舆论导向，坚持新闻真实性原则，遵守新闻宣传纪律。

2. 新闻发布应当遵守保密规定，不得涉及公司商业秘密。

3. 举办新闻发布会应当严格按照批准的内容进行，所发布的内容要按照确定的口径统一对外发布。如需变动，要重新审批。

4. 未经公司授权，任何人不得以公司名义擅自发布公司信息。

5. 对涉及本公司重大事件内容、生产安全事故的发布，上级各有关部门要严格把关，确保正确的舆论导向。

第三章　附则

第十条　本制度由公司人事行政部制定并负责解释。

第十一条　本制度自20××年××月××日正式生效执行。

执行部门		监督部门		编修部门	
编制日期		审核日期		批准日期	

二、公共关系管理实用表格

（一）公关工作计划表

公关计划名称					
公关主题					
实施部门			公关组别		
公关计划参与人员					
公关主管		公关人员		辅助参与人员	
公关计划安排情况					
公关进度	起始时间		工作内容		工作要求
调研阶段					
策划阶段					

续表

公关进度	起始时间	工作内容	工作要求
实施阶段			
评估阶段			
完成情况			
预算		结算	
部门领导意见			
总经理批示			

（二）公关预算表

填制日期：

公关活动名称	
公关活动开展日期	
公关接待费用预算	
会议费用预算	
活动宣传费用预算	
人工费用预算	
设备费用预算	
其他费用预算	
合计	

（三）前台接待记录表

序号	时间	来访人	单位	人数	接待负责人	联系电话	来访事由

（四）商务接待申请表

申请部门		负责人	
接待时间	_____年_____月_____日至_____年_____月_____日 共_____日
接待事由	
招待项目	□住宿　　□交通　　□宴请　　□其他
陪同人员	
洽谈人员	
备注	
客人基本信息
姓名	单位	职务	联系方式
部门主管意见	签字： 日期：
总经理意见	签字： 日期：

（五）接待行程安排表

填表时间：

接待部门			接待负责人	
行程安排计划				
第一天 （＿＿月＿＿日）	主讲/陪同			
^	参加部门			
^	接待地点			
^	接待事宜	1. 2. 3. 4. 5.		
第二天 （＿＿月＿＿日）	主讲/陪同			
^	参加部门			
^	接待地点			
^	接待事宜	1. 2. 3. 4. 5.		
第三天 （＿＿月＿＿日）	主讲/陪同			
^	参加部门			
^	接待地点			
^	接待事宜	1. 2. 3. 4. 5.		

（六）接待费用报销单

编号：
填表时间：

姓名		所属部门	
职务		接待事由	
接待对象		接待人数	
备注			

日期	地点	住宿费	餐饮费	交通费	礼品礼金	其他费用	金额合计						
							万	千	百	十	元	角	分

金额（大写）		合计	
部门主管审批		财务审批	
部门审核		财务复核	
经办人		报销人	

（七）公司宣传信息发布审批表

报送部门		经手人	
宣传主题			
宣传内容			
宣传平台	内部宣传：□宣传栏 外部宣传：□微信　□微博　□网站　□内刊　□其他			
主管部门意见			
相关部门意见			
行政部门意见			
总经理意见			
经办人：			日期：

（八）公司对外宣传报道稿件审批表

员工姓名		所属部门	
工作职位		职称	
稿件名称			
稿件关键词			
主要用途	□媒体发表　　□宣传　　□展览展示		
是否涉密	□是　　□否		
拟投媒体			
主管部门意见			负责人： 日期：

续表

行政部门意见	负责人： 日期：
保密办公室意见	负责人： 日期：
公关部门意见	负责人： 日期：
总经理意见	负责人： 日期：

注：稿件内容附本表后面。

（九）宣传报道记录表

序号	报道标题	日期	员工姓名	发表平台	备注

第七节　机要保密管理

机要保密管理工作主要是对技术、财务、商务信息的保密。

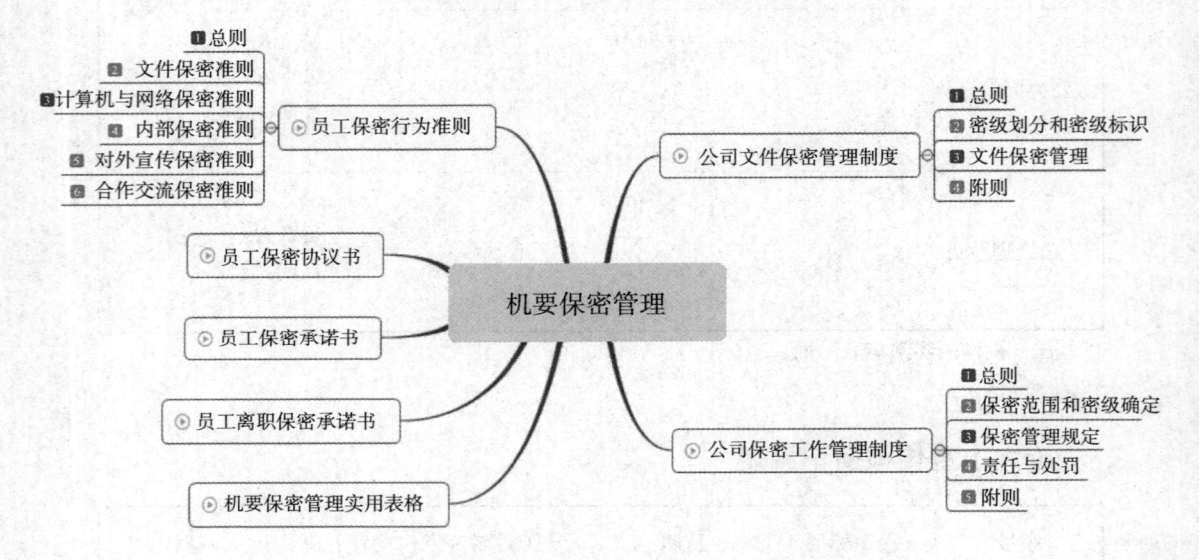

```
机要保密管理
├─ 员工保密行为准则
│   ① 总则
│   ② 文件保密准则
│   ③ 计算机与网络保密准则
│   ④ 内部保密准则
│   ⑤ 对外宣传保密准则
│   ⑥ 合作交流保密准则
├─ 公司文件保密管理制度
│   ① 总则
│   ② 密级划分和密级标识
│   ③ 文件保密管理
│   ④ 附则
├─ 员工保密协议书
├─ 员工保密承诺书
├─ 公司保密工作管理制度
│   ① 总则
│   ② 保密范围和密级确定
│   ③ 保密管理规定
│   ④ 责任与处罚
│   ⑤ 附则
├─ 员工离职保密承诺书
└─ 机要保密管理实用表格
```

一、机要保密管理制度

范例一：公司文件保密管理制度

制度名称	××公司文件保密管理制度	受控状态	
		编号	

第一章　总则

第一条　为了确保公司的有关保密文件资料能够在特定范围内使用，保证公司利益不受到损害，特制定本制度。

第二条　公司的保密文件是指与公司一切经营活动有关的、公司不允许向外发布和扩散的文件，包括但不限于各种文件、函件、文档、报告、报表、纪要、目录、清单、合同、协议及备忘录等。

续表

第二章 密级划分和密级标识

第三条 密级划分。保密文件根据其内容不同，可以分为绝密、机密、秘密文件。

1. "绝密"文件是指包含公司最重要的机密，关系公司未来发展的前途命运，对公司根本利益有着决定性影响的保密文件。

2. "机密"文件是指包含公司的重要秘密，其泄露会使公司的安全和利益遭受严重损害的保密文件。

3. "秘密"文件是指包含公司一般性秘密，其泄露会使公司的安全和利益受到损害的保密文件。

第四条 密级标识。密级确认后，文件应当按其密级在其醒目位置加盖或加印相应标识。专用印章由综合管理部指定专人负责保管。

1. 绝密文件应当在其文件每一页的右上角加盖"绝密"专用印章。

2. 机密文件应当在其文件每一页的右上角加印"机密"专用印章。

3. 秘密文件应在其文件首页的右上角加印"秘密"专用印章。

第三章 文件保密管理

第五条 文件打印。

1. 由文件原稿提供单位领导签字，签字领导对文件内容负责任，不得出现对公司不利或不该宣传的内容，同时确定文件编号、保密级别、发放范围、打印份数。

2. 打印部门应当做好登记，打印校对人员姓名应当在发文单中反映，保密文件应当由总经办负责打印。

3. 打印完毕，所有文件废稿应当全部销毁，计算机存档应删除或加密保存。

4. 公司将对删除情况不定期检查，不得私自拷贝秘密文件。

第六条 文件发送。

1. 文件打印完毕，由文印室专门人员负责转交发文部门，并作登记，不得转交无关人员。发文部门下发文件应认真做好发文记录。

2. 绝密、机密、秘密文件必须发至相关部门指定文件接收人签收。

3. 发送保密文件应由专人负责，严禁让未转正员工发送保密文件。

4. 绝密、机密、秘密文件严禁在内部办公网络上发布、公开与传送。

5. 在对外合作中，如确需向合作方提供公司保密文件的，应当首先按其密级由公司总经理书面批准，并且在提供前与其个人签订保密协议。

第七条 文件借阅。借阅保密文件必须经借阅方、提供方领导签字批准，提供方加以专项登记，借阅人员不得摘抄、复印，向无关人员透露，确需摘抄、复印时，需经提供方领导签字并注明。

第八条 文件复印。

1. 原则上保密文件不得复印，特殊情况由总经理批准执行。

2. 文件复印应做好登记，一般文件复印应有部门负责人签字，注明复印份数。

3. 复印件只能交给部门主管或其指定人员，不得交给其他人员。

4. 严禁复制绝密文件。

5. 机密文件复印必须由主办部门负责人、分管领导和公司总经理签字批准。

6. 秘密文件复印由部门负责人、分管领导签字批准。

续表

第九条　文件保管和存档。
1. 绝密、机密、秘密文件应当由文件的签收人和签发人亲自保管。
2. 绝密、机密、秘密文件的查阅和复制应在文件保管处登记，以备核查。
3. 如绝密、机密、秘密文件的保管人不慎将文件丢失，应当立即向公司相应的领导汇报情况。

第十条　作废文件的处理。
1. 文件保管人应当定期对保管的文件进行清理，对于已过时或作废的文件要进行销毁或者解密。
2. 绝密、机密、秘密文件的解密和销毁应当由部门负责人、分管领导、公司总经理签字批准后进行。

第十一条　保密责任。
1. 绝密、机密、秘密文件的保管人不得擅自复制文件，不得让无关人员接触这些文件。
2. 严禁未被授权的人员查阅、复制或摘抄绝密、机密、秘密文件。
3. 员工在离职时不得携带公司的秘密、机密、秘密文件。

第十二条　监督和检查。
1. 各部门负责人应当对本部门机密、秘密文件的保密情况进行有效监管，对违反管理规定的行为要及时指正，对严重违反者要立即上报。
2. 各部门负责人应当对本部门保密文件的控制情况有所记录，并应当根据最新记录对各保密执行情况进行不定期检查，对违反管理规定的情况要通报批评；对严重违反规定，可能或者已经造成重大损失的情况，要立即汇报公司部门主管。

第四章　附则

第十三条　本制度由综合管理部负责解释，自发布之日起执行。

执行部门		监督部门		编修部门	
编制日期		审核日期		批准日期	

❖ 小贴士

文件机密的泄露有多种多样的方式，要防止公司机密泄露，就要严防以下一些常见的泄露途径：
（1）通过移动设备如U盘、USB存储设备，复制电子档文件从而导致文件机密泄露。
（2）通过聊天软件的文件传输功能将电子档文件发送到其他电子设备上。
（3）通过发送邮件，以正文或附件的方式泄露公司电子机密文件的行为。
（4）通过网盘上传电子文件的方式将公司机密文件泄露出去。
（5）通过FTP文件上传的方式将公司机密数据发送出去。

（6）通过微博、论坛留言及发帖的方式将公司电子机密文件上传至网络。

（7）通过蓝牙、PCI卡等方式复制电子文件的行为。

（8）通过手机数据线复制电子文件或者电脑手机文件互传泄密资料的行为。

因此，对公司来说，想要防止机密文件泄密，除了通过管理制度、法律条款或签订协议外，还要通过技术手段来对企业员工可能泄露公司机密的行为进行进一步有效的控制，这样才能最大限度地减少公司承受的损失。

范例二：公司保密工作管理制度

制度名称	××公司保密工作管理制度	受控状态	
		编号	

第一章 总则

第一条 目的。

为保守公司秘密，维护公司权益，特制定本制度。

第二条 定义。

公司秘密是关系公司权利和权益，依照特定程序确定，在一定时间内只限一定范围人员知悉的事项。

第三条 公司附属组织和分支机构以及职员都有保守公司秘密的义务。

第二章 保密范围和密级确定

第四条 公司秘密根据保密水平由高至低分为绝密、机密、保密三个级别。

第五条 绝密信息是指处于不为公众所知、能给公司带来经济利益或竞争优势，或者其泄露将损害公司的经济利益或竞争优势的信息，包括但不限于下列公司秘密：

1. 公司的技术成果及相关资料。
2. 公司产品或业务开发设计资料、技术资料和生产情况。
3. 公司的客户名单。
4. 处于谈判或准备期间、尚未有定论的兼并、收购、合资、合作、融资、诉讼项目的信息。
5. 公司关于新产品、新服务、新经营模式的计划。
6. 公司有关销售业务资料，货源情报，供应商咨信调研资料。

第六条 机密信息是指不为公众所知、其泄露能给竞争对手带来经济利益或竞争优势的信息，包括但不限于以下公司秘密：

1. 公司股东、董事会、总经理办公会的会议记录、纪要，保密期限内的重要决定事项。
2. 未公布的关于公司中层以上职员人事考核、任免、奖惩决定的信息或者有可能使公司做出上述决定的信息。
3. 财务预算决算报告、营销报表和各种综合统计报表。
4. 公司关于客户、市场、竞争对手的研究计划、成果。

续表

5. 公司与客户、供应商等的合同、协议。

第七条 保密信息是指不为公众所知、其泄露将给公司带来不利影响的信息，包括但不限于：

1. 公司薪酬制度。
2. 具体员工的工资薪酬信息。
3. 公司的安全防范状况及存在问题。
4. 公司员工违法违纪的检举、投诉、调查材料，发生案件，事故的调查登记资料。

第八条 公司未列入保密的事项。一般性决定、决策、通告，行政管理资料等内部文件不属于保密范围。

第三章 保密管理规定

第九条 文件、资料的保密。

1. 一切秘密公文、图纸、资料应准确标明密级，在拟稿、打字、印刷、复制、收发、承办、借阅、清退、归档、移交、销毁等过程中，均应建立严格的登记手续。
2. 绝密级的技术、经营资料，只限于总经理或副总经理批准的直接需要的科室和人员使用。
3. 机密级的文件资料，限于主管部门经理批准的需要部门的人员。使用部门和人员必须做好使用过程的保密工作，而且必须办理登记手续。

第十条 电话、计算机的保密。

1. 通话内容不得涉及秘密。
2. 存有涉密内容的计算机网络、外存储设备、磁盘等应当按照秘密文件资料管理，并且采取相应加密措施。
3. 计算机网络使用按有关计算机网络使用规则管理。

第十一条 会议保密。

1. 在工作中所涉及的内容，严禁泄密扩散。
2. 在工作中所涉及到高级领导在会议上的重要讲话，严禁扩散。

第十二条 新闻报导保密。

1. 未经许可，严禁接收任何新闻采访单位的采访。
2. 经批准许可的采访，在采访过程中严禁涉及公司和客户方秘密，严禁将客户方的有关情况透露给新闻单位。

第十三条 公司对外宣传的保密。

1. 公司宣传不得涉及公司秘密，如确需透露某项秘密的，应当由公司分管副总经理审定文稿。
2. 对外宣传部门的员如对某一具体事项不能确定是否需要保密，应当请示上一级主管确认。
3. 非对外宣传部门的员工不得与媒体讨论有关公司的问题。

第四章 责任与处罚

第十四条 出现下列情形之一，给予警告并予以 ×× 元以上 ××× 元以下的罚款。

1. 泄露公司秘密，尚未造成严重后果或经济损失的。
2. 已泄露公司秘密但采取补救措施的。

第十五条 出现下列情形之一的，予以辞退并罚款 ××××× 元，酌情赔偿公司因此受到的经济损失直至追究其刑事责任：

续表

1. 故意泄露公司秘密，造成严重后果或重大经济损失的。				
2. 违反本制度规定，为他人窃取、出卖公司秘密的。				
3. 利用职权强制他人违反保密规定的。				
<div align="center">第五章　附则</div>				
第十六条　本制度自发布之日起执行。				
第十七条　本制度的编写、修改及解释权归行政部所有。				
执行部门		监督部门		编修部门	
编制日期		审核日期		批准日期	

范例三：员工保密行为准则

制度名称	××员工保密行为准则	受控状态	
		编号	

第一章　总则

第一条　所有员工应自觉遵守公司的各项保密管理规定。
第二条　所有员工不得探听或泄露公司的机密。
第三条　所有员工在工作中如有创新发明的项目，应自动向公司申报职务发明。
第四条　所有员工不得在公共场所和亲属、朋友面前谈论公司机密。
第五条　未经公司同意，不得利用公司秘密进行有损公司利益的活动。

第二章　文件保密准则

第六条　绝密、机密级文件必须由秘书、机要打字员或本人打印，不得交付其他人员打印。
第七条　文件复印完毕，要将原件收回；所有废弃的文件要及时销毁，不得留在打印机上，更不得随意丢弃。
第八条　密级文件的复印要提出书面申请，经相应级别的领导批准方可复印。
第九条　不得私自复制工作范围之外的秘密文件到磁盘上。
第十条　不得在不利于保密的地方存放秘密文件资料。
第十一条　所有绝密、机密级文件都要由专人传送，由收件人签收。
第十二条　密级文件原则上不要使用传真。特别需要时，应当在密级文件传真前电话通知接受人在传真机旁等候，传真完毕进行电话确认。
第十三条　文件上网前，必须进行密级审查。绝密文件不能上网；机密、秘密级文件上网要设置权限口令。
第十四条　在互联网上发送与公司相关的技术文件或商务文件应当经过审查。
第十五条　保密文件应当在限定的范围内传阅。
第十六条　含有商业秘密的文件不准张贴在对外公开的公告栏上。

续表

第十七条　密级文件的查阅和复印应当经过相应级别的领导审批，并予以登记。密级文件或磁盘带出公司应当经相关权限的领导审批，并配合安全管理人员检查。

第十八条　保密文件必须密存在设置有效密码的保密文件柜中，并定期更换密码。

第十九条　员工携带保密文件出差时，保密文件应当随身携带，不作为行李托运。

第二十条　打印、复印密级文件形成的废纸要及时用碎纸机销毁。

第三章　计算机与网络保密准则

第二十一条　员工个人计算机应当设置开机密码和屏幕保护密码。必要时，应当定期更换密码。

第二十二条　公司内部计算机进行文件共享时，必须设置有效口令，口令应当设为无规律的字符串。共享文件传送完毕后，应当及时取消共享。

第二十三条　不准通过 E-mail 发送涉及机密的内容。

第二十四条　存在涉密内容的计算机网络、外存储设备、磁盘等，应当按照秘密文件资料进行管理，并且采取相应的加密措施。

第二十五条　计算机网络使用按相关计算机网络使用制度进行管理。

第四章　内部保密准则

第二十六条　公司内部电话，如涉及机密内容，要问清对方的姓名、职务，并确认后再作决定。

第二十七条　遇有不明身份的人来话询问涉及公司内部秘密时，要根据当时的具体情况，婉言谢绝。

第二十八条　在召开内部涉密会议时，会议通知不要发在 Notes 公告牌上，应当发给本人或发至其邮箱中，并且会议内容要记录，并标明密级。

第二十九条　妥善保管、发放的密级会议资料，不得随便放置、复印、转交他人。

第五章　对外宣传保密准则

第三十条　未经公司批准，不得以公司名义对外举办新闻发布会、记者招待会及其他性质的会议，不得对外发表事关公司的意见和文章。

第三十一条　公司宣传不得涉及公司机密，如确需透露某项秘密的，应当由公司分管副总经理审定文稿。

第三十二条　处于预研、立项阶段的项目，未经批准不公开宣传。

第六章　合作交流保密准则

第三十三条　与合作商、供应商接触时，如果涉及公司商业或技术秘密，应当事先与之签订保密协议。

第三十四条　合作商、供应商接待应当在专门的接待室进行。在公司内活动时，应当安排专人陪同。接待完毕，应当及时填写接待记录。

第三十五条　向客户发放涉及公司机密的文件或资料前，应当向客户明确保密义务。

第三十六条　合作方派人在公司工作时，需要与其个人签订保密协议。只向其提供与工作有关的资料，接触秘密资料时要求登记。

执行部门		监督部门		编修部门	
编制日期		审核日期		批准日期	

范例四：员工保密协议书

编号：_____

员工保密协议书

甲方：_____
乙方：_____
签订日期：____年____月____日

续表

甲方：　　　　　　　　　　　　　乙方：
法定代表人（主要负责人）：　　　身份证号：
联系方式：　　　　　　　　　　　联系方式：

　　鉴于甲乙双方已建立雇佣关系，乙方存在知悉甲方的商业信息、技术信息等内容之可能，为防止泄密造成双方利益上的损失，为明确双方的保密义务，甲乙双方本着平等、自愿、公平的原则，根据《中华人民共和国劳动法》《中华人民共和国反不正当竞争法》《中华人民共和国保密法》《关于禁止侵犯商业秘密行为的若干规定》和国家、地方有关规定，经友好协商签订本协议。

　　第一条　保密的内容和范围
　　1. 甲乙双方确认："保密信息"是指甲方未曾公开的商业秘密、技术信息和财务信息等。
　　2. 本合同提及的商业秘密，包括：
　　（1）甲方尚未公开的发展规划、方针政策、经营决策的信息、计划、方案、指令及商业秘密。
　　（2）甲方财政预算、决策报告、财务报表、统计资料、财务分析报告、审计资料和银行账号。
　　（3）甲方的经营方法、状况和经营实力。
　　（4）甲方未公布的人事调动、人事任免。
　　（5）甲方机构的设置、编制、人员名册和统计表、奖惩材料、考核材料。
　　（6）甲方各级员工的个人薪金收入情况。
　　（7）甲方具有保密级别的文件、资料、会议记录、信件、方案、投标书、图片和电脑软件。
　　（8）甲方客户的资料及财产。
　　（9）甲方专有产品技术、新技术，包括设计方案、测试结果和记录、数据资料、计算机程序以及售后服务技术。
　　（10）销售合同、销售网络和渠道。
　　3. 特别约定：乙方在甲方工作前所持有的科研成果和技术信息已经被甲方应用和生产的（另有约定的以约定为准），以及乙方在甲方工作期间研究发明的科研、技术成果均为甲方的技术信息，乙方应予保密。
　　4. 乙方在甲方工作期间可能直接或者间接的通过书面、口头、图表、音像资料等途径获得或者观察全部或者部分设备、产品等获得的秘密信息，乙方应予保密。

续表

第二条　权利和义务

1. 甲方提供乙方正常的技术研究、开发条件和业务拓展的空间，努力创造有利于乙方发展的机会。乙方在甲方任职期间，因履行职务或者主要是利用甲方的物质条件、技术积累、业务信息等产生的发明创造、作品、计算机软件、技术信息或者其他商业信息有关的知识产权均属于甲方享有。甲方享有乙方在履行职务工作过程中创造的任何工作成果、技术信息或者其他商业信息。工作成果包括发明创造、技术改造、工具模型、专有技术、专有设计、专利、管理模式、商业模式、管理方法等，甲方可按照甲方制度和法律规定给予乙方相应的奖励或报酬。

2. 除了履行职务的需要之外，乙方承诺，未经甲方同意，不得复印、摘抄、随意或恶意拿走甲方的秘密文件、电脑软硬件等；未经批准，不得向他人泄露甲方秘密、信息。

3. 乙方保证未经甲方事先书面许可，不得以任何方式自行使用秘密信息，并且不得以任何方式许可或者协助他人使用保密信息。确因工作需要，乙方将数据、资料等保密信息向第三方移交时，须持有甲方的书面同意。

4. 乙方承诺，严格保守自己在为甲方工作期间所获得有关甲方及甲方项目的一切秘密信息。

5. 乙方应妥善谨慎保管和处理甲方及其客户之机密信息资料及固定资产，如有遗失，应立即报告并采取补救措施挽回损失。

6. 乙方离职或者退休后仍对其在甲方任职期间接触、知悉的属于甲方或者属于第三方但对甲方承诺有保密义务的技术信息或者商业信息，承担如同任职期间一样的保密义务和不擅自使用有关保密信息的义务。

7. 甲方有义务对乙方在保守秘密、举报泄密或改进保密技术、措施，以及及时防止泄密事故、挽救损失方面成绩显著者，给予奖励。

第三条　违约责任

1. 乙方违反此协议，甲方有权无条件解除聘用合同，并取消或收回有关待遇。

2. 乙方违反此协议，造成一定经济损失，甲方将处以乙方_____万元罚款。

3. 乙方违反此协议，造成甲方重大经济损失的，应赔偿甲方全部损失。

4. 以上违约责任的执行，超过法律、法规赋予双方权限的，申请仲裁机构仲裁或向法院起诉。

第四条　协议期限

1. 聘用合同期内。

2. 解除聘用合同后的_____年内。

甲方（盖章）：　　　　　　　　　　　　　乙方（签字）：

_____年_____月_____日　　　　　　　　　_____年_____月_____日

签订地点：　　　　　　　　　　　　　　　签订地点：

续表

> 附件

补充合同

公司：_____（下称"甲方"）
员工：_____先生／小姐（下称"乙方"）

下列条款与条件经双方一致协商制订，若有不足之处，由双方协商修订并由甲乙双方签署生效。

一、适用范围
甲方已聘用的可以接触公司技术或销售秘密的员工。

二、甲方权利和义务
1. 甲方有义务为乙方在工作过程中需要了解涉及保密范围的工作内容提供方便。
2. 甲方为乙方的科研成果提供良好的创造和应用条件，并根据创造的经济效益给予奖励。
3. 甲方在乙方离职时发放离职补偿金以要求乙方做到第四项条款。获取离职补偿金条件：当涉及违反甲方纪律而被处分、处罚或被解雇的乙方不在获取离职补偿金范围内。
4. 离职补偿金的发放比例：
（1）已工作半年未到一年的，以最后工作日底薪的_____％补偿。
（2）已工作一年至三年的，以最后工作日底薪的_____％补偿。
（3）已工作三年以上的，以最后工作日底薪的_____％补偿。

三、乙方权利和义务
乙方在任何时候任何场合均不得向第三方泄露甲方商业秘密、资料和信息。
乙方不得到与甲方相同或相近业务（专业）有竞争关系或利益关系的其他公司兼职。掌握甲方专有产品技术或销售业务网络的乙方，在离开甲方后的1年内不得到与甲方相同或相近业务（专业）有竞争关系或利益关系的其他公司任职。离职之日起2年内，不得利用甲方技术机密、商业机密和客户资源参与同行业竞争。
乙方在离职前可以得到甲方给予的离职补偿金作为须遵守以上条款的补偿。

四、注释：相同或相近业务（专业）有竞争关系或利益关系的公司
1. 行业的相关公司。
2. 可利用甲方软、硬件核心技术的相关公司。
3. 可利用甲方客户资料及销售网络和渠道的相关公司。

五、违约责任
乙方违反此合同，甲方有权无条件解除聘用合同，当造成一定经济损失时，甲方视情节轻重处理，处以乙方_____至_____万的罚款。
乙方违反此合同，造成公司重大经济损失的，应赔偿甲方全部经济损失，甲方有权追回乙方所得全额离职补偿金。
以上违约责任的执行，超过法律、法规赋予双方权限的，申请仲裁机构仲裁或向法院起诉。

甲方（盖章）：   乙方（签字）：
____年____月____日   ____年____月____日

范例五：员工保密承诺书

员工保密承诺书

_____（单位）：

我已了解有关保密法规制度，知悉应当承担的保密义务和法律责任。本人庄重承诺如下：

1. 严格遵守国家保密法律、法规和规章制度，履行保密义务。
2. 严格遵守本人工作单位与_____签订的保密协议。
3. 严格遵守_____其他各项安全保密的相关规定。
4. 对参与的信息化项目和服务所涉及的技术资料和数据信息履行保密义务，未经许可，不得擅自发表或使用。
5. 离职时，对仍需要保密性的技术资料和数据信息履行保密义务。

承诺人（签字）：
承诺人身份证号码：_____
日期：

范例六：员工离职保密承诺书

员工离职保密承诺书

本人于_____年_____月_____日入职_____（公司名称），在_____部门从事_____岗位。现本人于_____年_____月_____日离职，自离职之后，本人确认并同意，承诺担负如下保密责任，履行相关保密义务。

1. 对公司的以下商业信息绝对保密：技术方案、技术指标、技术报告、工艺流程、工艺配方、制造方法、操作手册、设备及工程设计、电路设计、图纸、实验数据、试验结果、样品、检测报告、研发资料、技术文档、客户资料、营销计划、定价政策、数据库、相关的函电、各种购销合同、进货渠道、财务资料、财务数据、员工信息、人力资源文件、各种协议、企业注册信息、法律文件、项目资料、会议记录、产品指标及说明书等包括但不仅限于以上信息。

2. 本人在公司任职期间创作的产品设计图、计算机软件、完成的发明创造、完成的产品成果等均为公司所有。

3. 公司一切书面和电子类的图纸、文件、培训资料等，公司均有知识产权，本人在未经授权许可的情况下，不能对外传播。

4. 任何公司财产，包括配备给本人使用的办公桌、保险柜、橱柜，乃至储存在公司设备内的电子资料，都是属于并且只属于公司，本人不具有所有权及隐私权，离职之后，所有资料及资料的载体都应自觉归还。本人不保留任何资料的原件和副本。

5. 本人对于接触过的资料（无论是文本、电子类）在离职之后都负有保密义务。本人一旦发生泄密行为，给公司带来直接或是间接的经济损失，公司对本人保有经济处罚和诉讼权。

续表

6. 本人承诺，未经公司书面同意，绝不泄露、告知、公布、发布、出版、传授、转让或者以其他任何方式使任何第三方（包括按照公司保密制度规定的不得知悉该项秘密的公司其他职员）知悉公司的以上商业秘密。

7. 本人承诺离开公司后，不以任何不正当手段劝说公司员工离职。

本人已经读过，并且已理解和同意遵守上述所有条款，如本人违背承诺，愿意接受经济处罚和行政处罚，并承担相应的法律责任。

承诺人签字：_____
日期：_____

附表：
本人由于工作岗位关系，研发、制作、参与、接触过下列项目及其他资料，材料清单如下。
1.
2.
3.
4.
5.

本人对上述材料负有保密义务，本人在离职之后，不会将任何机密信息透露给公司以外的任何组织或个人，或者在没有得到公司书面允许的情况下将机密信息用于任何未经授权的目的。

本人签名：_____
日期：_____

二、机要保密管理实用表格

（一）涉密信息打印记录表

计算机编号：_____

序号	日期	所属部门	操作人员	资料内容	保密级别	页数	份数	打印机编号	备注

（二）涉密人员信息登记表

填表日期：

部门名称				涉密人数		
涉密人员信息登记							
序号	员工姓名	职务/职称	涉密级别	涉密确定时间	密级变更时间	备注
审核人签字		行政主管签字			总经理签字	

（三）机要文件外送申请表

填表日期：

申请人		工号		所属部门	
申请事由					
保密情况	是否与对方签订保密协议等类似文件： □是 □否 注：如已签订保密协议等类似文件，则请写出文件名称，并将此文件的复印件附于本表后面。					
文件情况	文件名称				
	外送形式	□纸制文件		□电子版文件	
	发送人		发送所用 E-mail 账号		
	接收人		接收所用 E-mail 账号		
部门领导审核					
机要人员审核					

（四）保密津贴考核发放统计表

填表日期：
部门名称：　　　　　　　　　　　　　　　　　　　　　单位：元

项目代号	项目负责人	员工姓名	员工工号	银行账户号	涉密级别	考核情况	应发金额	实发金额	备注
			合计						

审核人：　　　　　　　　行政主管：　　　　　　　　总经理：

第五章

公司后勤保障管理

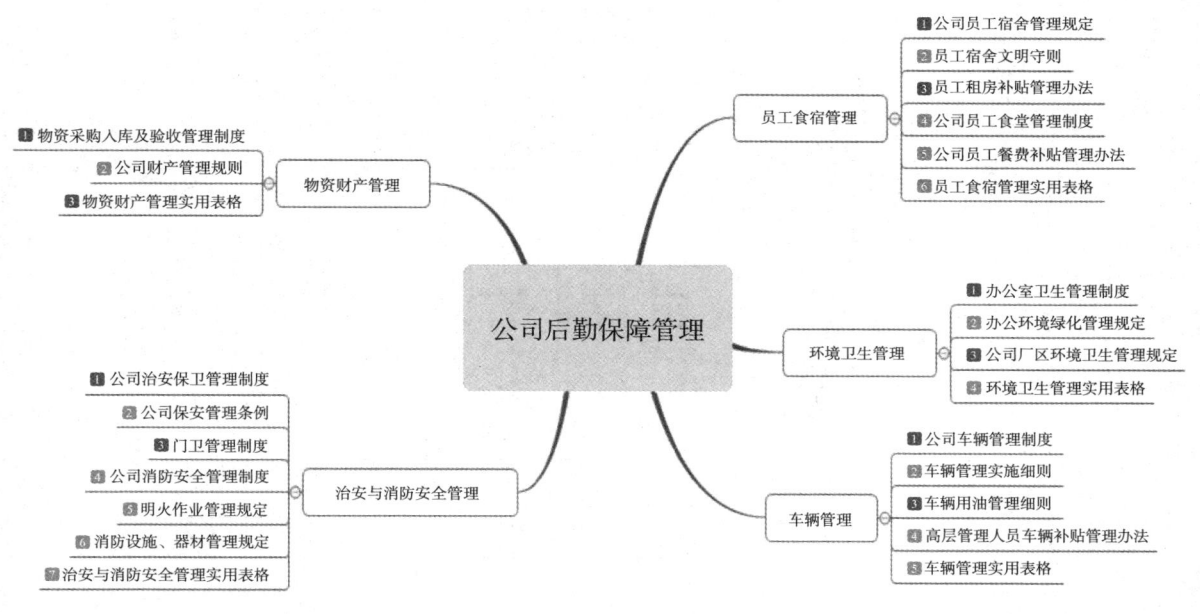

公司后勤保障管理

物资财产管理
1. 物资采购入库及验收管理制度
2. 公司财产管理规则
3. 物资财产管理实用表格

员工食宿管理
1. 公司员工宿舍管理规定
2. 员工宿舍文明守则
3. 员工租房补贴管理办法
4. 公司员工食堂管理制度
5. 公司员工餐费补贴管理办法
6. 员工食宿管理实用表格

环境卫生管理
1. 办公室卫生管理制度
2. 办公环境绿化管理规定
3. 公司厂区环境卫生管理规定
4. 环境卫生管理实用表格

治安与消防安全管理
1. 公司治安保卫管理制度
2. 公司保安管理条例
3. 门卫管理制度
4. 公司消防安全管理制度
5. 明火作业管理规定
6. 消防设施、器材管理规定
7. 治安与消防安全管理实用表格

车辆管理
1. 公司车辆管理制度
2. 车辆管理实施细则
3. 车辆用油管理细则
4. 高层管理人员车辆补贴管理办法
5. 车辆管理实用表格

扫一扫，获取
本章规范表格

第一节　员工食宿管理

员工食宿管理可以规范员工宿舍和餐饮行为及其管理行为，维护员工正常的生活秩序。

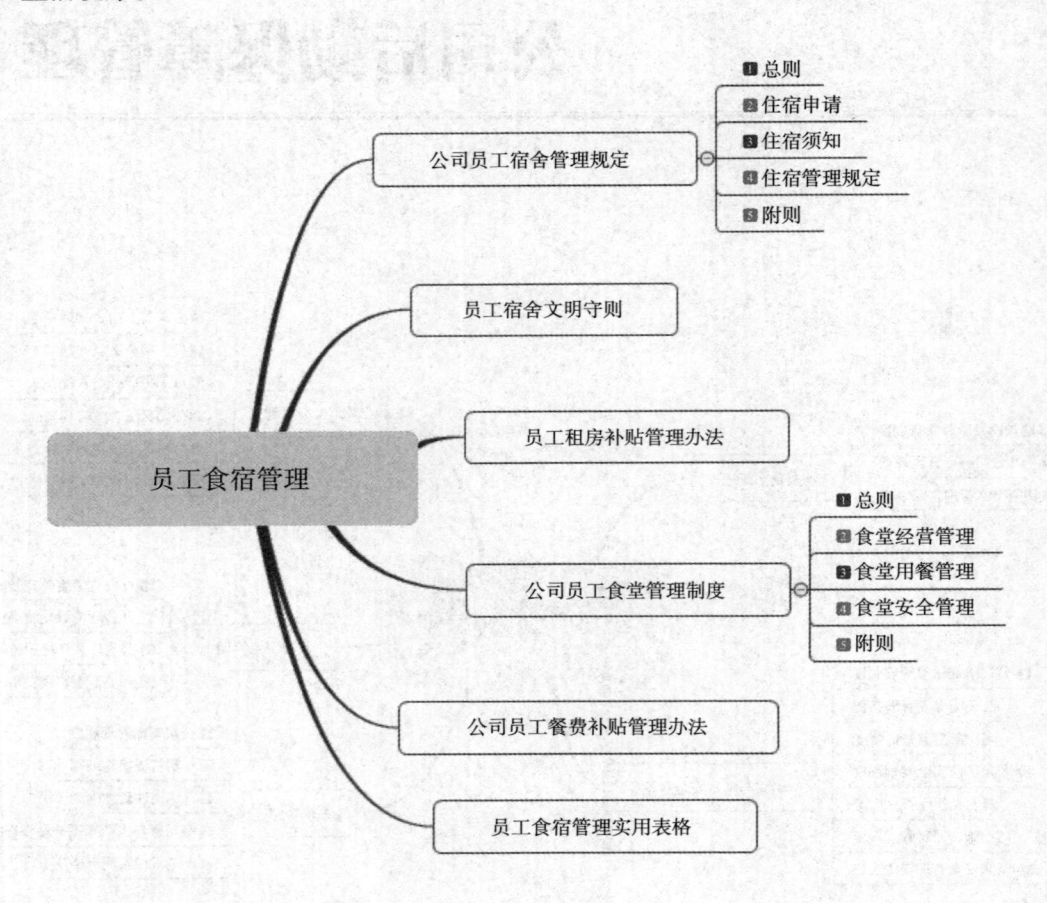

```
                              ┌─ ❶总则
                              ├─ ❷住宿申请
         ┌─ 公司员工宿舍管理规定 ─┼─ ❸住宿须知
         │                     ├─ ❹住宿管理规定
         │                     └─ ❺附则
         │
         ├─ 员工宿舍文明守则
         │
         ├─ 员工租房补贴管理办法
员工食宿管理 ┤
         │                     ┌─ ❶总则
         │                     ├─ ❷食堂经营管理
         ├─ 公司员工食堂管理制度 ─┼─ ❸食堂用餐管理
         │                     ├─ ❹食堂安全管理
         │                     └─ ❺附则
         │
         ├─ 公司员工餐费补贴管理办法
         │
         └─ 员工食宿管理实用表格
```

一、员工食宿管理制度

范例一：公司员工宿舍管理规定

制度名称	××公司员工宿舍管理规定	受控状态	
		编号	

第一章 总则

第一条 为了使住宿员工更好的学习、生活和工作，维护宿舍的正常秩序，特制定《员工宿舍管理规定》，望各住宿舍员工共同遵守。

第二条 本规定适用于公司员工宿舍的管理。

第二章 住宿申请

第三条 住宿人员申请宿舍之前先到行政部登记备案，由行政部统一安排房间、床位后方可入住。

第四条 原则上符合下列条件者，可入住员工宿舍：

1. 在职正式员工。
2. 家住本市以外的外地籍员工。
3. 因工作岗位性质需要住宿的员工。
4. 经公司认定，住房确有困难的员工。
5. 个人提出申请，取得公司批准的员工。

第三章 住宿须知

第五条 宿舍床位统一由行政部安排，不准私自调换房间、床位。

第六条 集体宿舍床位只限本人使用，住宿人员不得将床位转租或出借给其他人使用。

第七条 公司员工宿舍用房暂不收取租金（指正式聘用的员工）。公司有权根据实际情况决定宿舍租金的调整，如须调整时，办公室将提前一个月以书面方式通知租住人。

第八条 公司承担员工宿舍水电等费用。

第九条 已入住员工需退宿的，须提前3天到行政部注销备案，否则按在住员工一样交纳各种费用。

第十条 住宿员工离职必须在离职两天内搬离宿舍，到行政部交回钥匙方可办理离职手续。

第十一条 办公室每月对入住员工资格进行审查，住宿人员在住宿期间，当月非工作原因累计不在宿舍住宿时间超过10天、连续两月以上者，视为自动放弃住宿权利；不服从公司宿舍管理、全年违反宿舍管理制度三次（含）或发生严重违反住宿制度者，取消住房资格。

第四章 住宿管理规定

第十二条 公司向符合规定的员工提供单身宿舍，住宿人员必须服从宿舍管理人员的安排和调整，每个房间必须按规定住满室内人数。

续表

第十三条　不得在宿舍内使用或存放危险品、易燃品、违禁品等。一经发现，未收所有物品，视情节严重处于罚款××～×××元不等，情节严重者，送交公安机关处理，并在公司予于除名。

第十四条　已入住员工宿舍的员工必须按分派的房号与床号居住，任何人不得任意调换、转借、转租或留宿外来人员。违者一经发现，收回住房，并罚款××元。

第十五条　严禁在宿舍内从事赌博、嫖娼、宣传迷信等活动。违者视情节严重处于罚款××～×××元不等，情节严重者，送交公安机关处理，并且在公司予于除名。

第十六条　住宿人员应当自觉爱护公共设施，不得恶意损坏公共设施，不得随意改变房屋结构及用途，否则除收回住房外将根据损坏和改变情况承担赔偿责任。

第十七条　所住的住宿人员必须配合舍长的安排搞好每日所住宿舍的清洁卫生。

第十八条　住宿人员发生以下行为之一的，立即取消其住宿资格，并且视情节严重呈报至相关部门进行处理：

1. 不服从公司安排、管理的。
2. 有偷窥、偷窃行为的。
3. 在宿舍赌博、打架、酗酒的。
4. 经常妨碍他人休息，屡教不改的。
5. 蓄意破坏公物的。

第五章　附则

第十九条　本规定自发布之日起实施，请住宿人员自觉遵守。

执行部门		监督部门		编修部门	
编制日期		审核日期		批准日期	

❖ **小贴士**

公司在制定员工宿舍管理制度时，应注意以下内容是必不可少的。

（1）安排宿舍床位。是否允许员工自选床位，或更换床位等问题都需在员工宿舍管理制度中说明清楚。

（2）明确规定作息时间。结合公司的工作时间制定一个合理的作息时间。

（3）对安全责任的要求。在员工宿舍管理中最容易出现的就是火灾，所以应严格要求电器的使用。

（4）进出管理。员工入住要填写"宿舍申请表"审批。员工搬离宿舍时，要办理手续，交代搬离时间，整理好个人物品，结清水电气费，交出钥匙，然后再离开。

（5）检查卫生。对员工宿舍应有卫生要求。

（6）安全情况。主要检查有没有违规物品。

范例二：员工宿舍文明守则

制度名称	××公司员工宿舍文明守则	受控状态	
		编号	

  第一条 为加强公司宿舍区的文明建设，使职工有一个清洁、宁静、安全、文明的生活环境，特制定《员工宿舍文明守则》。
  第二条 保持宿舍环境的整洁卫生，不随地吐痰、乱丢果皮、纸屑、烟头等；宿舍区内的走廊、通道及公共场所，禁止堆放杂物。
  第三条 在宿舍不大声喧哗，影响他人休息。
  第四条 节约用水、用电，人走灯熄，避免自来水长流，如有违反者将严格处理。
  第五条 不得私自带领外界人员（非本公司员工）留在宿舍过夜，如有违反将严格处理。
  第六条 爱护宿舍内的设施、设备等公共财物，如有损坏按原价赔偿，故意损坏者双倍赔偿。
  第七条 不得在宿舍内打架斗殴、酗酒、赌博、偷窃等行为，不得影响其他员工的正常休息，如有发现给予记过，情节严重作开除处理，并送相关部门查处。
  第八条 个人物品摆放整齐；不得随手乱抛垃圾，垃圾应及时清理至垃圾池。
  第九条 不得于墙壁、橱柜上随意张贴字画或钉物品。
  第十条 住宿员工若要晚上不归，应向经理或宿舍长请示（休息天除外）。
  第十一条 遵纪守法，严格遵守治安管理有关规定，自觉维护宿舍区的秩序。

执行部门		监督部门		编修部门	
编制日期		审核日期		批准日期	

范例三：员工租房补贴管理办法

制度名称	××公司员工租房补贴管理办法	受控状态	
		编号	

  第一条 目的。
为提高公司福利水平，解决员工的住房问题，减轻员工租房负担，特制定本办法。
  第二条 适用范围。
1. 公司正式员工（不包括试用期、实习、兼职的员工）。
2. 因公司无法提供住宿条件而需要自行租房解决住宿问题的员工。
3. 非本籍地且在公司所在地没有住房的或服从公司调动安排去外市县工作的员工。
4. 员工是否符合享受租房补助条件，由综合办公室负责人在该员工入职时审核确认。
  第三条 员工配偶在公司所在地有住房的，不得申请租房补贴。
  第四条 租房补贴标准为：分公司××元/月；三级机构××元/月，四级机构××元/月。
  第五条 公司引进的特殊人才，其租房补贴标准由总经理办公会审议另行决定。
  第六条 申请租房补贴的程序与管理
  1. 员工个人提出书面申请，填写"租房补贴申请表"，所在部门认真审核个人情况后，负责人签字确认。

2. 提供租房合同复印件、所租房屋产权证复印件、房租转账凭证或暂住证等相关材料。

3. 综合办公室负责人对申请人基本情况进行复核,确定租房补贴标准。各级部门在审核过程中有权要求员工提供其他证明材料,员工需配合审核要求提供。

4. 员工需提供完整材料方可申请租房补贴,对于未及时申请或因材料不齐全造成无法审批的,审核通过后不予补发未审核期间的租房补贴。

第七条　员工及其配偶、直系亲属在工作所在地购买住房的,在拿到房屋钥匙的次日停止发放租房补贴。员工应自觉在拿到房屋钥匙的一周内向所在机构综合管理部反映住房变化情况,并在"停止租房补贴确认单"上签字确认。三、四级机构须将"停止租房补贴确认单"向分公司综合管理部报备。

第八条　享受租房补贴的员工若停止租房,在停止租房的次日停止发放租房补贴。

第九条　员工兼任两个公司岗位的,租房补贴不能重复申请,原则上在先发放工资的公司申请。

第十条　申请租房补贴的员工对于个人住房情况应如实填写,并及时向综合管理部反映住房变化情况,若发现员工弄虚作假,一经查实,将追缴全部补贴金额,并予以全公司通报批评处分。

第十一条　本办法自发布之日起执行。

第十二条　本办法由综合管理部负责解释和修订。

执行部门		监督部门		编修部门	
编制日期		审核日期		批准日期	

范例四:公司员工食堂管理制度

制度名称	××公司员工食堂管理制度	受控状态	
		编号	

第一章　总则

第一条　为规范公司食堂管理工作,提高员工就餐质量,营造一个卫生、美观、优雅有序的用餐环境,特制定本制度。

第二条　本规定的适用范围为公司全体员工、食堂工作人员。

第二章　食堂经营管理

第三条　按照食品卫生有关规定,食堂工作人员必须每年进行健康体检一次,取得健康证,凡体检不合格者或患传染病、流行性疾病者不得上岗。

第四条　食堂工作人员应讲究个人卫生、勤剪指甲、勤理发、勤洗手、不准随地吐痰、严禁上班时吸烟。

第五条　食堂工作人员在提供服务时应温和、文明、礼貌,同时也有权对违规的就餐员工提出批评建议,但不得在任何地方以任何形式因此和员工争执,如果有争议,应向公司领导反映。

第六条　食堂工作人员应严格按照食品卫生要求操作,认真清洗,保证食品和餐具卫生;应注意生熟食品分开加工和存储,避免病菌滋生或打药灭虫时给食物造成污染,防止食物中

续表

毒；应注意食品科学储存，防止变质、污染和浪费。

第七条 采购管理。

1. 由专人按需配合采购，专人验收，对不合格产品严禁入库。

2. 专人每个工作日对食堂采购的食物进行检验并做记录，检验主要内容为食物的新鲜度，对于检验中发现不符合的食品，检验人员立即报告公司领导，并有权现场监督其处理过程。

3. 食物均在保质期内使用，严禁使用过期食物。

4. 购进货物，根据用量情况，坚持适量、勤购、保持新鲜。

第八条 每周菜谱出来以后，应同时张贴到食堂内，供员工参考。

第九条 采购人员每天应如实填写食堂采购清单，如实记录供菜情况，月底制作采购汇总表报行政人事部审核。

第三章 食堂用餐管理

第十条 公司食堂仅限于公司员工、外来联系业务人员就餐和公司公务接待。

第十一条 食堂每日供应三餐，全体就餐人员必须按规定时间就餐，其中：早餐为上班时间前1小时，中餐为12点，晚餐为公司规定的下班时间。

第十二条 就餐人员必须自觉遵守食堂的有关规定，禁止在食堂内高声喧哗、打闹。

第十三条 食堂用餐实行实名制电子刷卡记餐，员工用餐卡每月1日到综合部充值，员工餐费可结转，年终未用完部分清零。

第十四条 在食堂用餐人员一律服从食堂管理和监督，爱护公物、餐具，讲究道德，如有损坏须照价赔偿，情节严重者予以罚款。

第十五条 设置一般公务接待用餐卡，由办公室统一管理。用于一般业务往来人员就餐，用餐标准按公司员工标准执行。外来业务人员如需要在公司食堂就餐，须由相关部门到综合部办理领卡手续，刷卡就餐，用完后及时将卡交回综合部。

第十六条 食堂内保持环境卫生，禁止随地吐痰、乱丢纸屑。员工就餐所剩的饭菜渣、餐纸应倒入垃圾桶内。

第十七条 员工必须在员工食堂就餐，严禁在宿舍、走廊，办公室等地就餐，违反1次罚款××元。

第四章 食堂安全管理

第十八条 使用炊事械具或用具要严格遵守操作规程，防止事故发生。

第十九条 食堂工作人员下班前，要关好门窗，检查各类电源开关、设备等。管理员要经常督促、检查，做好防盗工作。

第二十条 食堂操作间严禁闲人进入，以确保安全。

第五章 附则

第二十一条 本制度自公布之日起实施。

执行部门		监督部门		编修部门	
编制日期		审核日期		批准日期	

范例五：公司员工餐费补贴管理办法

制度名称	××公司员工餐费补贴管理办法	受控状态	
		编号	

　　第一条　为了进一步调整公司伙食质量，切实提高职工的就餐标准，体现公司福利政策，结合公司实际情况，制定本管理办法。

　　第二条　本办法适用于集团所有在职员工。员工因公出差、外派借调或长期请假者不享有此项补贴。

　　第三条　公司为员工提供餐费补贴标准为每人××元/天，该项福利适用于因工作原因无法准时回公司食堂就餐的员工。

　　第四条　项目部如无法满足就餐条件建立食堂的，公司提供午餐补贴每人××元/天，该费用均由个人垫付，每月28日项目经理提交"就餐汇总表"，公司办公室按照考勤情况核对餐费，待核对准确无误后，商务经理按照财务制度办理报销手续，统一领取当月用餐补贴。

　　第五条　如因工作原因无法准时就餐的，应当提前向部门负责人汇报说明，由办公室调整延长吃饭时间或给予就餐补贴；因工作原因需在项目部就餐的，执行项目补贴标准。

　　第六条　员工因工作原因节假日中午或晚上加班且没有统一安排用餐的，或正常工作日下午下班后加班超过两个小时以上的，需提前填写加班申请，加班申请经部门负责人审批同意后，按照每人××元/天给予晚餐补贴。

　　第七条　餐费补贴适用于公司正常出勤因公外出无法回公司就餐的员工。因请假、旷工、出差、驻外等不在公司的员工，或因个人原因自动放弃工作餐的员工，不享有餐费补贴。

　　第八条　部门负责人应按照员工实际出勤及误餐情况认真审核，避免多报或漏报现象。报销申请单由部门负责人审核签字，确认无误后方可报销。

　　第九条　对于弄虚作假、虚报出勤，公司将予以严肃处理。

执行部门		监督部门		编修部门	
编制日期		审核日期		批准日期	

二、员工食宿管理实用表格

（一）员工宿舍申请表

填表时间：

员工姓名		性别		年龄	
所属部门		职务		籍贯	
联系电话		身份证号码		入职时间	
申请时间		紧急联系人		紧急联系电话	
申请原由					
申请要求	一、申请住宿条件： 　　1. 员工在本公司所在地距离 15 公里以上无适当住所或交通不便者； 　　2. 因工作需要值班者。 二、凡有以下情况之一者，不得住宿： 　　1. 患有传染病者； 　　2. 有不良嗜好者。 三、住宿员工有下列情况之一者，除取消其住宿权利（通宿）外，并呈报公司管理部门处罚： 　　1. 不服从公司指定的宿舍管理人员的监督和调配； 　　2. 在宿舍赌博、斗殴及酗酒； 　　3. 蓄意破坏公用物品或设施，或恶意浪费相关资源等； 　　4. 擅自于宿舍内接待异性客人或留宿外人者； 　　5. 经常妨碍宿舍安宁、屡教不改者； 　　6. 违反宿舍安全规定者； 　　7. 无正当理由经常外宿者； 　　8. 有偷窃行为者。 本人承诺：_____					
部门领导意见	签字： 日期：				
办公室主任意见	签字： 日期：				

（二）员工宿舍登记表

宿舍编号	员工姓名	床位号	入住日期	退宿日期

（三）员工住房补贴申请表

填表时间：

员工姓名		所属部门		职务/职称	
入职时间		转正时间		联系电话	
申请时间		户口		□本市□外地	
现居住地址					
住房补贴标准					
部门主管意见					
行政部门审核					
财务人员审核					
总经理审核					

（四）员工宿舍搬离申请单

填表时间：

员工姓名		所属部门		入住时间	
宿舍编号		床位号		拟搬离时间	
搬离原因					
物品完好情况		□床	□衣柜	□其他	
物品交接情况		□门钥匙	□衣柜钥匙	□其他物品	
有无欠费情况					
宿舍管理员		部门主管		行政部主管	

（五）员工伙食补贴发放登记表

填表时间：

工号	IC卡卡号	姓名	所在部门	补贴金额（元）	发放时间	发放负责人	备注

（六）新入职员工餐费补贴表

填表时间：

工号	IC卡卡号	姓名	入职时间	所在部门	当月应就餐天数	应补贴金额（元）	备注

（七）离职员工餐费扣除表

填表时间：

工号	姓名	所在部门	离职时间	当月实际就餐天数	应扣除补贴费用（元）	负责人	备注

第二节　环境卫生管理

为营造一个整洁有序的办公环境，增强员工对公司的责任感和归属感，推动公司日常工作规范化、秩序化，树立良好的公司形象，公司应当建立环境卫生管理制度。

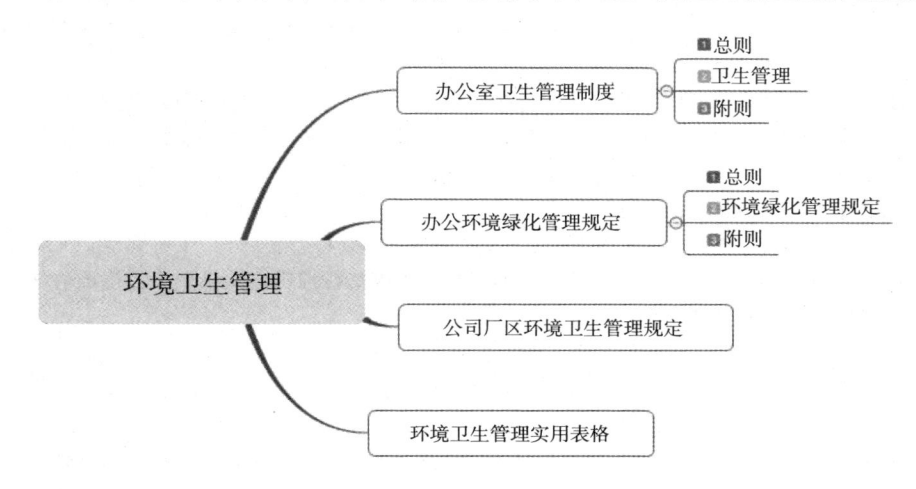

环境卫生管理
- 办公室卫生管理制度
  - ①总则
  - ②卫生管理
  - ③附则
- 办公环境绿化管理规定
  - ①总则
  - ②环境绿化管理规定
  - ③附则
- 公司厂区环境卫生管理规定
- 环境卫生管理实用表格

一、环境卫生管理制度

范例一：办公室卫生管理制度

制度名称	××公司办公室卫生管理制度	受控状态	
		编号	
第一章　总则			
第一条　为营造宜人的办公环境，保持办公场所的整齐、洁净，增强员工对公司的责任感和归属感、推进公司日常工作规范化、秩序化，树立公司形象，特制定本制度。 第二条　本制度适用于本公司办公区域的卫生管理。			
第二章　卫生管理			
第三条　员工个人办公及相关区域（如办公桌及地面、桌面办公物品等），其卫生由所属员工自行管理、清扫。			

续表

第四条 除个人区域以外的公共区域,实行轮流值日制度,行政部每月底制订次月"卫生值日表",办公室人员按照值日表进行卫生清扫、整理。

第五条 公共区域环境卫生标准。

1. 公共区域及个人区域地面干净清洁、无污物、污水、浮土、无死角。
2. 门窗干净、无尘土、玻璃清洁、透明。
3. 墙壁清洁,表面无灰尘、污迹。
4. 挂件、画框及其他装饰品表面干净整洁。
5. 卫生间、洗手池内无污垢,经常保持清洁,毛巾放在固定(或隐蔽)的地方。
6. 卫生工具用后及时清洁整理,保持清洁、摆放整齐。

第六条 办公桌面只能摆放必需物品,其他物品应放入抽屉。暂不需要的物品摆回柜子里,不用的物品要及时清理掉。

第七条 办公文件、票据等应分类放进文件夹、文件盒中,并整齐摆放至办公桌左上角。

第八条 饮水机、灯具、打印机、传真机、文具柜等摆放要整齐,保持表面无污垢、灰尘、蜘蛛网等,办公室内电器线走向要美观、规范,并用护钉固定,不可乱搭接临时线。

第九条 卫生清扫工作安排。

1. 办公室实行每周卫生大扫除制度,全体员工必须参加。
2. 卫生大扫除时间:每周五下午5:00。如员工因特殊原因无法参加,需提前告知当日办公室负责人并经其同意。
3. 由总经理指定专人负责清扫总经理办公室的卫生。

第十条 办公室卫生实行每天检查制,在检查过程中发现卫生打扫不达标者,作如下惩处:

1. 初次卫生不达标者,责令其重新打扫,并进行复查,如仍不达标,在原基础之上,责令其连续3天打扫整个办公室的卫生。
2. 出现以下情况,将对责任人进行5～30分扣分处理:
(1)多次卫生打扫不合格者或未打扫卫生者。
(2)窗户、电脑、开关、打印机、空调、水龙头等未关闭,造成安全隐患和资源浪费者。
(3)不服从主管人员工作安排者。
(4)出现的其他类似情形。

此扣分直接和经济收入挂钩,每1分为××元。

第三章 附则

第十一条 本制度自公布之日起实施。

执行部门		监督部门		编修部门	
编制日期		审核日期		批准日期	

范例二：办公环境绿化管理规定

制度名称	××公司办公环境绿化管理规定	受控状态	
		编号	

第一章　总则

第一条　为使公司办公环境整齐、统一、美观，更为进一步标准化办公环境，结合公司的实际情况，特制定本规定。

第二条　本规定适用范围为：

1. 公司区域范围内的绿化区域。
2. 被当地社区划定为公司负责的绿化区域。

第二章　环境绿化管理规定

第三条　环境绿化工作列入公司精神文明建设项目和内容，在必要时划拨一定的绿化专款用于公司的绿化养护与管理工作。

第四条　爱护办公绿化花卉人人有责，任何人不得蓄意破坏办公绿化花卉。

第五条　各办公室要爱护花草，不得随意修剪，不得随意调换或搬离办公室。

第六条　凡人为造成绿化、花木及设施损坏的，公司将给予罚款处理。

第七条　凡由公司负责绿化的，应及时检查记录，报告绿化情况，定期培土、施肥、治虫害、修剪枝叶、浇水等。

第八条　公司的绿化工作全部由综合管理部指定具体人员负责花木的修剪和养护、绿化范围内的清扫整理工作。

第三章　附则

第九条　本规定由行政部门负责解释，经公司总经理批准后实行。

第十条　本规定每年修订一次。

执行部门		监督部门		编修部门	
编制日期		审核日期		批准日期	

范例三：公司厂区环境卫生管理规定

制度名称	××公司厂区环境卫生管理规定	受控状态	
		编号	

第一条　为了加强本公司厂区环境的卫生管理，创建文明、整洁、优美的工作和生活环境，特制定本管理规定。

第二条　本规定适用于厂区环境的卫生设施的设置、建设、管理、维护和环境卫生的清洁打扫、废弃物清运处理。

263

续表

  第三条　行政部为厂区环境卫生管理的职能部门，负责全厂区的环境卫生管理工作；厂区的基建、绿化、生产、后勤等有关部门都应当按照各自的职责，协同做好环境卫生的管理工作。
  第四条　环境卫生设施的开支经费由行政部提出计划，经总经理审批后，由财务部监督使用。
  第五条　专职环境卫生清扫保洁人员应当认真履行职责，文明作业。
  第六条　厂区各部门应当按照行政部划分的卫生责任区，负责清扫与保洁，并实行"门前三包"的责任制管理。
  第七条　厂区公共区域（包括主次干道、公共绿地、员工宿舍外环境等）的清扫与保洁，由行政部负责安排人员进行。
  第八条　厂区统一使用的建筑物、宣传设施、公告栏、厕所由行政部负责安排清扫与保洁。各部门使用的建筑物、办公室等，应当由各部门自行负责保持清洁。
  第九条　厂区内严禁吸烟，禁止随地吐痰，乱扔杂物；禁止将卫生责任区内的垃圾扫入道路或公共场地，禁止在厂区内焚烧垃圾和树叶。
  第十条　厂区下水道畅通，不得有污染源。
  第十一条　厂区道路保持清洁、通畅、平整，无积水、积尘，无垃圾杂物。
  第十二条　厂区内人流、物流通道严格分开，运输过程不得对环境造成污染。
  第十三条　生产、生活中的废弃物及垃圾必须采用有效的隔离措施，在规定的远离生产区的地点放置，不得对厂区环境产生污染。
  第十四条　行政部环卫负责人指定厂区内各垃圾、废料废渣弃放点，非指定地点不得倾倒，垃圾一律用塑料袋装好后倾倒在指定区域。垃圾、废渣定期清理，每日至少一次，并由专人定时（晚间）清除，随时将盛装容器处理干净并消毒。
  第十五条　厂区卫生设施要清洁、通畅，无堵塞物及排泄物，有专人清扫、管理，不得造成对周围环境的污染。
  第十六条　行政部应安排定期对公共厕所、垃圾场等场所实施药物喷洒，杀灭蝇蛆。
  第十七条　行政部要结合厂区的具体情况，制订具体的卫生标准和卫生奖惩制度，定期检查，对卫生做得好的部门和员工要表扬、奖励。
  第十八条　违反本规定，有下列行为之一者，由行政部责令其纠正违规行为，采取整改措施，并可视情节严重程度给予经济处罚：
  1. 随地吐痰、乱扔果皮、烟头、纸屑及废弃物。
  2. 垃圾不装袋、不入桶（箱）随意弃置的。
  3. 转运生产排放物、工程渣土、建筑材料、散装产品等，造成泄漏、抛撒的。
  4. 不履行环境卫生责任区清扫保洁义务、影响环境卫生的。

执行部门		监督部门		编修部门	
编制日期		审核日期		批准日期	

二、环境卫生管理实用表格

（一）卫生状况检查表

检查项目	良好	一般	较差	缺点事实	改善项目
门、窗					
地板					
办公桌椅					
办公用品					
茶杯、烟缸					
电话					
工作桌椅					
楼道					
卫生间					
其他					

注：检查结果符合要求画"√"，不符合要求画"×"。对于不合格项目，由检查部门列出缺点事实，下发整改通知，限期整改。

（二）办公室卫生值日表

_____年_____月

日期	部门	值日安排	检查人员	备注
1				
2				
3				
4				
5				
……				
31				

（三）公共区域卫生检查表

检查项目		良好	一般	较差	缺点事实	改善项目
全面检查	墙面					
	地板					
	门、窗					
	公共设备					
重点检查	餐厅					
	茶水间					
	卫生间					
	库房					
	公共区域环境					

注：检查结果符合要求画"√"，不符合要求画"×"。对于不合格项目，由检查部门列出缺点事实，下发整改通知，限期整改。

（四）卫生清洁评分表

评分部门		评分员		评分日期	
评分项目	分 值	评 分		备 注	
一般安全	15				
消防器具	10				
走道通路	15				
工作区域	15				
办公环境	15				
办公桌椅及办公室	15				
设备维护状况	15				

（五）卫生清洁工作安排表

_____年_____月_____日至_____年_____月_____日

序号	日期	清洁工作项目	工作考核	工作人员	备注

（六）5S办公室规范检查评比表

项目	内容	应得分	实得分	备注
整理 20分	将办公室用品摆放整齐	5		
	将台面与办公无关的物品清理掉	5		
	将日后不再使用的文件资料/办公工具废弃处理	4		
	将长期不使用的文件资料编号，归类放置于指定文件柜中	2		
	将经常使用的文件资料放置于就近位置	2		
	将正在使用的文件资料分为未处理、已处理两类	2		
整顿 25分	办公桌、办公用品、文件柜等放置整齐，有规划和标识	5		
	文件夹均有标识，每份文件均有相应的编号	5		
	私人物品放置于规定位置	5		

续表

项目	内容	应得分	实得分	备注
整顿 25分	办公用品、文件资料、坐椅放置整齐有序	3		
	办公桌、抽屉整齐,不杂乱	3		
	文件处理完后放入文件夹且摆放整齐	2		
	电线/电脑线用绑带扎起,不零乱	2		
清扫 25分	地面、墙面、天花板、门、窗、办公台等干净整洁,无灰尘	15		
	垃圾桶放置在规定位置上,及时清除垃圾桶中的垃圾	5		
	办公室用品擦洗干净	2		
	文件记录破损处修补好	2		
	无噪声和其他污染	1		
清洁 10分	每天上下班花3分钟做5S工作	4		
	清理/清扫/清洁保持得非常好	3		
	能够随时自我检查/互相检查,定期或不定期地进行检查	2		
	对于不符合清洁要求的情况及时纠正	1		
素养 20分	员工佩戴工牌,衣服整洁得体,仪容整齐大方	10		
	员工言谈举止文明有礼,对人热情大方	3		
	员工工作精神饱满	3		
	员工有团队精神,互帮互助,积极参加5S活动	2		
	员工时间观念强	2		

第三节　车辆管理

公司车辆管理制度是为了合理有效地调配和使用公司车辆，最大限度地节约成本，发挥最大经济效益，并对公司所有车辆的保养和维修进行控制，以确保公司车辆安全、良好地运行。

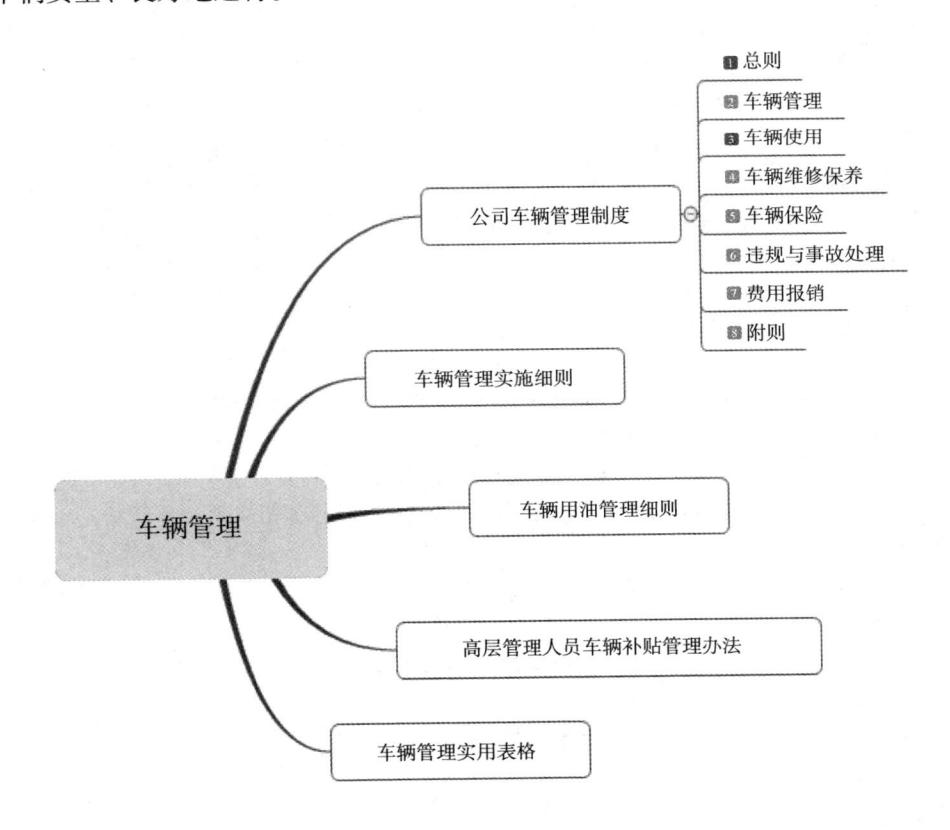

```
车辆管理
├── 公司车辆管理制度
│   ├── 1 总则
│   ├── 2 车辆管理
│   ├── 3 车辆使用
│   ├── 4 车辆维修保养
│   ├── 5 车辆保险
│   ├── 6 违规与事故处理
│   ├── 7 费用报销
│   └── 8 附则
├── 车辆管理实施细则
├── 车辆用油管理细则
├── 高层管理人员车辆补贴管理办法
└── 车辆管理实用表格
```

一、车辆管理制度

范例一：公司车辆管理制度

制度名称	××公司车辆管理制度	受控状态	
		编号	

第一章 总则

第一条 为了统一管理公司的所有车辆，有效使用各种车辆，确保行车安全，提高办事效率，减少经费支出，特制定本制度。

第二条 本制度适用于公司所有车辆的管理。

第二章 车辆管理

第三条 公务用车辆由行政部负责管理，分别按车号设册登记管理。

第四条 行政部负责所有车辆的管理工作，包括车辆调派、维修保养、费用预算、核准、车辆年检及证照管理，投保、续保与出险索赔及驾驶员管理。

第五条 公司所有车辆原则上必须由公司专职司机（含专车使用人）驾驶，公司其他持有驾照人员驾驶公司车辆公出或私用必须按规定填写"车辆使用申请单"，经批准后方可使用。无驾照人员严禁驾驶公司车辆。专职司机应每周定期对公司车辆进行检查和保养，确保行车安全。

第六条 每车设置"车辆行驶记录表"，当班司机使用前应核对车辆里程表与记录表是否相符，与前一次用车记录是否相符，使用后应记载行驶里程、时间、地点、用途、费用明细等，将发生的票据编号整理，以备报销时核对。行政部人员每月不定期抽查一次，如发现记载不清、不全或者未记载的情况，应通报司机并对相关责任人提出批评，不听劝告、屡教屡犯者应给予处分，并停止其使用资格。

第七条 公司车辆必须按规定停放在指定地点（一般不允许在外过夜），若因司机保管不善造成车辆被盗或损坏，司机须承担部分赔偿责任。

第三章 车辆使用

第八条 车辆使用范围。

1. 公司员工在本地或短途外出办事、联系业务。
2. 接送公司宾客。
3. 专车专用。

第九条 职责。

1. 公司车辆驾驶员必须持有合法驾驶证件，并且要熟知本地交通相关法规和路况。
2. 公司所有车辆的钥匙原则上应由行政部门统一保管，出车时，驾驶员应在"车辆出车安排表"上签字，表示钥匙已收到。回到公司后，驾驶员应及时将钥匙交回行政部门负责人。
3. 公司所有驾驶员每天下班前须将公司车辆停放在公司指定的地方，确认车门窗户全部关闭上锁后，方可离开。如遇特殊情况车辆当天不能返回公司的，须经行政部门经理批准。

续表

4. 公司车辆需出车接人送人、送货接货等由各部门主管统一调度但必须报备行政部，并做好行程安排登记。

5. 未经公司总经理批准，公司车辆不得对外出租和出借。

第十条　公务用车使用管理。

1. 公司人员因公用车，须提前填写"车辆使用申请表"，说明用车事由、地点、时间等，部门经理签字后交行政部负责人审批调派。行政部门负责人签字同意后，根据情况具体安排车辆。车辆使用申请尽量做到当班用车1小时前申请，下午用车上午申请，次日用车当日申请，夜间用车下班前申请，集体活动用车2天前申请，以便统一安排。

2. 行政部对审批通过的"车辆使用申请表"，将每次外出的时间、用途、来往目的地等记入，并由申请外出人签字认可后，将"车辆调派单"交与驾驶员，驾驶员根据"车辆调派单"按照派遣的时间安排出车。

3. 遇因公务紧急来不及填写"公务车用车申请单"的，获得总经理或管理部负责人同意可使用公务车，于事后1天内补办相关派车手续。

4. 任何人均依上述程序申请派车，否则不予派车，驾驶员不可擅自出车。

5. 车辆驾驶员每次出车前须到公司前台做好登记，并填写好"车辆外出登记表"，若长途出车，需填写出车时及返回公司的里程数。

6. 公司驾驶员在因公驾驶过程中要严格遵守交通法规。在无照驾驶、非公驾驶外出、未经许可，驾驶员将车辆借予他人使用等情况下，出现违反交通规则，发生违章罚款，交通事故或造成车辆损坏等的，由驾驶员承担一切后果。

7. 用车完毕，驾驶员填写用车实际情况记录，使用人应自觉填写"公务车出车登记表"上的时间、里程等相关内容，并及时将车钥匙交到管理部。

第十一条　车辆驾驶员不得擅自将公用车开回家，或做私用，违者受罚。经公司特别批准的除外。

第四章　车辆维修保养

第十二条　本公司车辆的维修保养，原则上按照车辆技术手册执行各种维修保养，并须按照预算执行。

第十三条　驾驶员负责定期检查车辆状况，定期清洗车辆，保持车辆内、外清洁，及时发现并处理简单的车辆故障。如出现碰撞损坏必须第一时间通报上级领导。

第十四条　驾驶员如需要车辆维修保养应事先填写"车辆维修保养申请表"，注明行驶里程等内容，经行政部批准后方可送修。

第十五条　车辆应由车管专人指定各厂牌保养，特约修护厂维修，否则修护费一律不准报销。可自行修复者，可报销购买材料零件费用。

第十六条　车辆于行驶过程中发生故障急需修理时，可根据实际情况进行修理，但非迫切需要或者维修费用超过×××元时，应与公司联系请求批示。

第十七条　由于驾驶员使用不当或者疏于保养造成车辆损坏或机件故障的，所需费用视情节轻重，由公司和驾驶员按照比例共同负担。

第十八条　行政部对车辆进行不定期的检查。检查不合格者，对驾驶员或相关责任人处以×××～×××元不同程度的罚款，情节严重者取消驾驶员驾驶资格。

续表

第五章　车辆保险

第十九条　公司所有车辆的保险，统一由公司支付负担。

第二十条　公司车辆投保险种以及标准按照相关规定执行，不得私自增加或减少投保险种，也不得私自提高和降低额度。

第二十一条　一旦出现车辆保险索赔事件，行政部应在第一时间与保险公司取得联系，并保存好索赔资料。事故处理完毕后，办理索赔手续。

第六章　违规与事故处理

第二十二条　在下列情形之下，违反交通规则或发生事故后果，由驾驶员全部承担，并予以记过或免职处分。

1. 无照驾驶。
2. 未经许可将车借给他人使用。
3. 酒后驾车。

第二十三条　违反交通规则，其罚款由驾驶员和公司各自承担 50%，涉及驾照扣分的由当事人负担。

第二十四条　意外事故造成车辆损坏，在扣除保险金额后，视情况由驾驶员与公司按比例承担。

第七章　费用报销

第二十五条　车辆维修保养及过境/过路费用按凭证实报实销。

第二十六条　驾驶员于每月 15 日、25 日前将所负责车辆当月高速费、过桥费及停车费等票据贴好，连同该车辆行驶记录本、车辆加油记录本交行政部审核签字后，交财务负责人审核签字，报送总经理审核后方可报销。

第八章　附则

第二十七条　本制度自发布之日起执行。

第二十八条　本制度的编写、修改及解释权归公司行政部所有。

执行部门		监督部门		编修部门	
编制日期		审核日期		批准日期	

❖ **小贴士**

公司车辆在行驶过程中发生故障，驾驶员应及时进行检查，查明故障原因，判断故障严重程度和对行驶安全的影响程度，并设法排除故障。当驾驶员无法排除故障时，应估算费用，并征得部门经理同意就近寻找修理厂进行处理，及时向部门经理汇报故障严重程度及发生故障的原因，请示处理方案。

范例二：车辆管理实施细则

制度名称	××公司车辆管理实施细则	受控状态	
		编号	

　　第一条　为更好地贯彻公司《车辆管理制度》，合理安排调度车辆，特制定本细则。
　　第二条　公司车辆定专人管理，并负责对车辆进行及时保养、维护、清洗、检查。
　　第三条　司机每日做好加油及出车记录，由综合管理部指定人员负责考核。
　　第四条　各部门用车须提前一天填具用车申请单，说明用车时间、地点、用车事由及部门，报行政部主任审批。批准后由综合管理部指定人员负责调度。
　　第五条　如各部门申请用车时间比较集中，则调度顺序按优先等级依次为销售部、技术部、办公用车等。
　　第六条　周六、周日原则上不发车，特殊情况经行政部主任批准后，方可调派车辆。
　　第七条　公司车辆原则上不许在外过夜，下午5:00前应尽量回公司并存放于指定位置。如有特殊情况，下午5:30不能回公司者，必须及时通知综合管理部指定人员。
　　第八条　司机不得私自向外借车、换车或出私车。
　　第九条　因司机个人的原因受到交通罚款由当事人承担，公司行为的情况除外。
　　第十条　每日收车后，司机要对车辆进行全面检查，发现异常情况及时向综合管理部指定人员报告，并立即排除故障以保持车辆良好的运行状态。
　　第十一条　车用油料由综合管理部按照公司标准统一管理控制，综合管理部有义务对油耗标准的执行情况进行跟踪测算，合理调整用油标准，控制管理费用。
　　第十二条　凡购买车辆的配件都要由综合管理部指定人员同意，经行政总监批准后方可办理。
　　第十三条　本细则未尽事宜，按本公司《车辆管理制度》执行。

执行部门		监督部门		编修部门	
编制日期		审核日期		批准日期	

范例三：车辆用油管理细则

制度名称	××公司车辆用油管理细则	受控状态	
		编号	

　　第一条　为使公司车辆管理统一合理化，最大限度地节约成本，降低费用，发挥车辆的使用效益，确保车辆安全良好的运行，特制定本细则。
　　第二条　严格加强油料管理，实行指定油站加油，采取一车一卡制。不得以任何理由用现金加油，如遇特殊情况需现金加油，须经部门经理、财务经理批准，并且报车辆管理人员备案。

续表

　　第三条　车辆加油卡办理后，车辆管理人员应当按车牌号与油卡号码进行备案登记，每月进行核对。

　　第四条　禁止车辆间互换油卡，禁止使用其他车辆的油卡加油，如遇特殊情况，应经车辆管理人员同意。

　　第五条　车辆管理人员应当根据车辆需要办理备用油卡，在车辆所配油卡金额不足时备用，车辆在使用备用油卡时，应当做好备用卡使用记录，便于月底数据统计。

　　第六条　驾驶员在使用油卡加油时，应当保留好每次加油的小票，小票要保持连续性，月底按顺序粘贴在"车辆用油统计表"上。

　　第七条　车辆在使用备用卡加油时，应当收集好小票，并且在小票背面注明加油车辆车牌号，交给车辆管理人员，车辆管理人员填写"备用卡加油统计表"，连同"车辆用油统计表"一齐上报财务审核。

　　第八条　每月1号和月底，车辆管理人员应将行车公里数和用油升数抄报于财务部门审核，办公室对车辆的行车公里和耗油情况进行对照、核实。

　　第九条　车辆管理人员应当实时了解车辆油卡的用油情况，在油卡金额接近×××元时，及时申请油卡充值。

　　第十条　车辆管理人员在申请充值时，应当填好"车辆用油统计表"，并且将"车辆用油统计表"上报财务部。财务部在对油卡充值审核时，应当对上次充值的用油情况进行审核。

　　第十一条　车辆油卡充值申请审核通过后，财务部将以支票或本票转交车辆管理人员，车辆管理人员应当提供正确的公司名称，并且指定专人负责领取和充值。

　　第十二条　车辆油卡充值要求开具增值税票，车辆管理人员应当在收到支票或本票后5个工作日内将充值增值税票带回公司财务部。

　　第十三条　车辆管理人员给油卡充值后，应当将各车辆充值明细连同增值税票一齐带回公司财务部。

执行部门		监督部门		编修部门	
编制日期		审核日期		批准日期	

范例四：高层管理人员车辆补贴管理办法

制度名称	××公司高层管理人员车辆补贴管理办法	受控状态	
		编号	

　　第一条　为适应公司发展的需要，针对公司高层用车情况，本着既要有效控制成本费用，又要提高办事效率，充分发挥公司高层管理人员的工作积极性的原则，结合公司实际，特制定车辆使用补贴管理办法。

　　第二条　本管理办法按照公司车改的基本原则，并根据公司高层管理人员的工作性质和职级要求实施。

　　第三条　本管理办法适用于公司高层管理人员（包括一级部门副职以上），特殊人员须经董事会研究后确定。

续表

第四条　公司对符合本办法规定的人员／车辆按月进行补贴，补贴标准为：
1. 公司技术顾问、副总经理、总工程师：××××元／月；
2. 各部门正职管理人员：×××元／月；
3. 各部门副职管理人员：×××元／月。

第五条　车辆使用补贴实行按实按月报销制。即已自购车辆的高层管理人员每月凭加油发票等真实有效的票据，经公司常务副总经理初审、总经理签字后，按本办法规定到财务部审核报销。车辆使用补贴按每一会计年度进行结算，不跨年累计结算。行政部负责建立个人车辆使用补贴台账备查。

第六条　已享受本办法补贴的高层管理人员发生岗位职务变动，车辆月使用补贴标准自职位变动之日起，于次月开始执行变动后职位对应的车辆月使用补贴标准。新岗位不在补贴范围内的，则不再给予补贴；享受补贴的高层管理人员离职，补贴费用随即取消。

第七条　已享受车辆补贴的高层管理人员用车时，必须坚持以服务工作为原则，提高工作效率为前提，加强公司对内对外的办公形象为根本原则。

第八条　原则上已享受本办法补贴的高层管理人员短途公务外出，公司不另行安排其他车辆，特殊情况须经总经理批准。

第九条　本办法自发布之日起施行。

第十条　本办法由集团公司总经办负责解释。

执行部门		监督部门		编修部门	
编制日期		审核日期		批准日期	

二、车辆管理实用表格

（一）车辆登记表

登记编号			填表日期	
使用人姓名			司机姓名	
牌照号码			车名	
车身号码			车型	
购车日期			初检日期	
复检日期				
保险记录	保险公司	保险证号码	保险期限	保险内容

续表

配购价格			经销商	
附属品	□收音机 □放音机 □热风 □冷风			
司机1	住址		电话	
司机2	住址		电话	

（二）车辆调派单

用车人		所在部门		目的地		□市内	
车牌号		车型				□外省市	
随行人数		用车时间		＿＿＿年＿＿＿月＿＿＿日 至＿＿＿年＿＿＿月＿＿＿日			
用车事由							
起始里程表数			返回里程表数				
备注							
行政部审批：						签字： 日期：	

（三）车辆使用申请表

编号：
申请时间：

申请人		所属部门		随行人数	
计划用车时间					
目的地					
用车事由					
备注					
部门主管签字					
派车人签字					

（四）车辆出车登记表

序号	车牌号码	驾驶人员	出车时间	返回时间	出发里程表数	返回里程表数	出车地点	负责人	备注

（五）车辆行驶记录表

序号	车牌号码	出发里程表数	收车里程表数	行驶里程数	高速费用	加油费用	停车费用	负责人	备注

（六）车辆日常检查表

车号：
填写日期：

星期	洗车	加油记录			车况记录					维修记录		备注
		汽油	机油	金额	配件			车辆外观	运行情况	车辆维护内容	维护金额	
		加油里程数	换油里程数		轮胎	音响	冷气					
合计												

审核：　　　　　　　　　　主管：　　　　　　　　　　填表人：

（七）车辆维修保养申请表

申请人：
申请部门：
填表时间：

车辆基本情况	车牌号	
	车型	
	购置时间	
	上次维修时间	
	上次维修公里	
	上次维修项目	
	本次行驶公里	
	是否为定期保养	□是　　□否
	是否为常规保养	□是　　□否

续表

	维修项目	材料费	工时费	小计
维修项目及资金预算				
	合计（元）			
部门主管意见		财务经理意见		总经理意见

（八）车辆加油统计表

填表日期：

车牌号		部门	
驾驶人		加油型号、单价	
月初余额		本月起始公里数	
本月充值		本月终止公里数	
本月用油		终止公里数时油箱剩余油量	
月末余额		所属期起止	
现金加油统计	日期	金额	备用卡加油统计	卡号	金额
本月车辆特别事项说明：					
本月加油小票粘贴处：					

（九）车辆故障请修单

编号：
填写日期：

车号		里程数		责任人	
请修项目					
预算金额					
修理厂					
损坏原因					
审核意见					

主管：　　　　复核：　　　　管理员：　　　　经办人：

（十）购车补贴申请表

员工姓名		所在部门		职务/职称	
入职日期		转正日期		进公司工作时间	
购车时间		购车车型		是否首次购车	
购车理由					
申请补贴金额	大写：				
行政部审核意见	审核人： 时间：				
总经理审批意见	审核人： 时间：				

（十一）车辆费用支出月报表

车牌号：　　　　　　　　　　　　　　　　　　　　　　　　　　　　＿＿＿年＿＿＿月

税捐保修费		修理保养费		过桥费		汽油费		上月里程	
说明	金额	说明	金额	说明	金额	说明	金额	本月里程	
								行驶里数	
								本月总费用	
								每公里费用	
								每公里汽油费	
合计		合计		合计		合计		备注	
汽油费明细	日期	金额	经手人	日期	金额	经手人	日期	金额	经手人	日期	金额	经手人

制表人：　　　　　　　　　　部门主管：　　　　　　　　　　财务主管：

第四节　物资财产管理

财产物资管理是企业经营过程中所需各项财产物资的采购储备，使用和保管等所进行的计划、组织和控制。

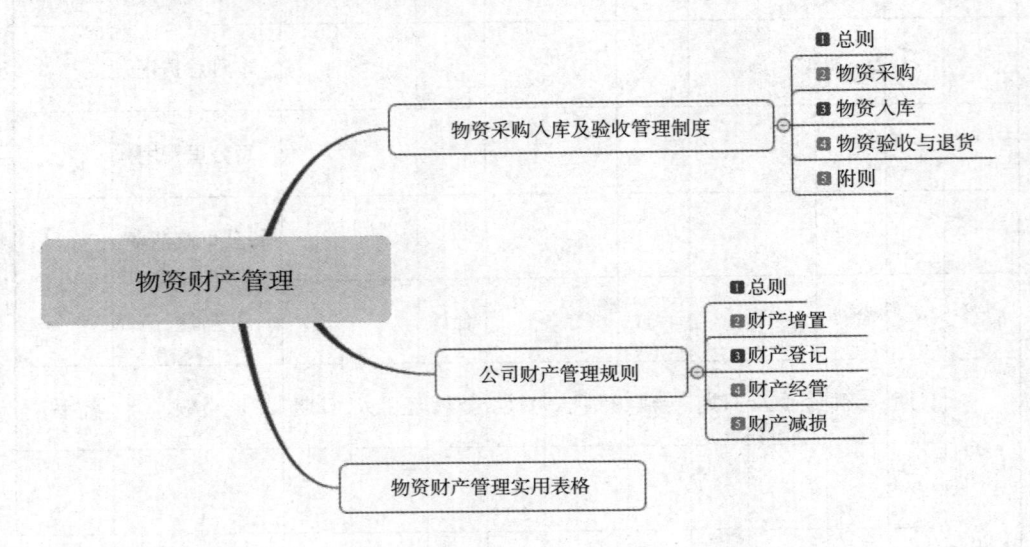

```
物资财产管理
├── 物资采购入库及验收管理制度
│   ├── 1 总则
│   ├── 2 物资采购
│   ├── 3 物资入库
│   ├── 4 物资验收与退货
│   └── 5 附则
├── 公司财产管理规则
│   ├── 1 总则
│   ├── 2 财产增置
│   ├── 3 财产登记
│   ├── 4 财产经管
│   └── 5 财产减损
└── 物资财产管理实用表格
```

一、物资财产管理制度

范例一：物资采购入库及验收管理制度

制度名称	××公司物资采购入库及验收管理制度	受控状态	
		编号	
第一章　总则 　　第一条　为了规范公司物资采购、入库和验收流程，降低物资采购成本，确保物资供应，特制定本制度。 　　第二条　本制度适用于公司物资采购、入库和验收相关工作人员。			

282

续表

第二章 物资采购

第三条 公司实际按月上报采购计划。采购部在编制采购计划时，应当从实际需要出发，避免盲目提报物资采购计划，避免物资积压而出现损失。

第四条 公司各部门于每月×日前向采购部报送下月的采购计划，由采购部汇总后统一报送总经理审核。

第五条 物资采购时，必须严格按照采购原则、采购计划进行采购，做到不错订、不漏订，及时准确地做好物资货源的落实工作。

第六条 采购部指定专门采购人员针对需采购的物资在进行市场摸价、货比三家后，如实填写"采购单"，呈交总经理审核。总经理审核签字后，安排采购人员进行采购。

第七条 仓库保管员接到采购部门转来的"采购单"后，对采购物资按物资类别、来源和入库时间等进行分门别类归档存放。

第八条 采购物资在待验入库前应在外包装上贴好标签，详细填写批量、品名、规格、数量及入库日期。

第三章 物资入库

第九条 内购物资入库。

1. 入库前，仓库保管员必须按照"采购单"，对物料名称、规格、数量、送货单和发票等一一清点核对，确认无误后，将到货日期及实收数量填入"采购单"。

2. 若发现实物与"采购单"上所列的内容不符，保管人员应立即通知采购人员和主管。在这种情况下，原则上不予接受入库，如采购部门要求接收，应在单据上注明实际收料状况，并且请采购部门会签。

第十条 外购物资入库。

1. 采购物资进厂后，仓库保管员会同检验人员按照装箱单及采购单开箱核对材料名称、规格和数量，并将到货日期及实收数量填入"采购单"。

2. 开箱后，若发现所装载材料与装箱单或采购单记载不符，应立即通知采购部门处理。

3. 若发现所装载物资有倾覆、破损、变质或受潮等现象，估算损失在××××元以上者，仓库保管员应立即通知采购人员、公证人员等前来公证，并通知代理商处理，此前应尽可能维持原来状态以利公证作业。若未超过××××元，可按实际数量办理入库，并在"采购单"上注明损失程度和数量。

4. 受损物资经公证人或代理商确认后，仓库保管员开具"索赔处理单"报主管批示后，送财务部门及采购部门办理索赔。

5. 物资入库后，仓库保管员应将当日所收料品汇总填入进货日报表作为入账依据。

第十一条 紧急材料入库交货时，若仓库保管员尚未收到"采购单"，应先询问采购部门。确认无误后，方可办理入库。

第四章 物资验收与退货

第十二条 质量管理部门应就物资重要性及特性等，适时召集使用部门和其他有关部门按照生产要求制定物资验收规范，呈总经理核准后公布实施，作为采购验收物资的主要依据。

第十三条 验收合格的物资，检验人员应在外包装上贴合格标签，交仓库保管员入库定位。

续表

　　第十四条　检验不合格的物资，检验人员应在外包装上贴不合格标签，并于材料检验报告表上注明具体评价意见，经主管核示处理办法，转采购部门处理并通知请购单位，通知相关部门办理退货。

　　第十五条　对于检验不合格的物资办理退货时，应开具物资交运单，并附上物资检验报告报主管签认，作为出厂凭证。

第五章　附则

　　第十六条　本制度自发布之日起开始执行。

　　第十七条　本制度的编写、修改及解释权归人力资源部所有。

执行部门		监督部门		编修部门	
编制日期		审核日期		批准日期	

范例二：公司财产管理规则

制度名称	××公司财产管理规则	受控状态	
		编号	

第一章　总则

　　第一条　为使本公司财产的增置、登记、经管、减损等管理有所遵循，特制定本管理规则。

　　第二条　本规则所称财产管理，系指下列财产的增置、登记、经管、减损等事项。

　　1. 土地。

　　2. 建筑物。

　　3. 机器设备。

　　4. 仪器设备。

　　5. 运输设备。

　　6. 电信设备。

　　7. 动力设备。

　　8. 生产器具。

　　9. 杂项设备及资产负债表内所列各项固定资产。

　　第三条　财产管理的原则：惜财节用，使用人负责保管维护，申购有计划，领用有登记，管理有程序，维护有记录，报废有依据。

　　第四条　财产管理职责。

　　1. 财产登记部门。负责办理财产的增减、移动等登记工作及管理责任。

　　2. 财产经管部门。负责办理财产的保管、养护、修缮等工作。

　　3. 财产使用单位。负责办理所使用财产的保管、养护工作。

　　第五条　各类财产应按其质料、性能、构造、用途及其他各项因素拟定其使用年限请总经理核定外并应详定其折旧率及剩余价值以利财产之管理。

续表

第二章　财产增置

第六条　财产增置应当依据预算，经呈总经理核准后，由经管部门或使用单位填具请购单据，签请购置或营造。

第七条　财产的增置以集中办理为原则，按其性质由有关单位会同办理。

第八条　财产的增置属于自制、捐赠或其他方法而取得时，应由财产登记部门会同有关单位估列价格。

第九条　经验收后，连同发票及其他有关单据，送财产登记部门，为财产增加之登记后签认转送会计单位结算付款。

第三章　财产登记

第十条　财产应根据财产类别进行分类编号，贴订标签，财产编号确定后，应编制财产编号目录。

第十一条　财产登记凭证为财产卡登记的依据，根据各项发生事实由有关部门填制，报送财产登记部门登记财产卡：

1. 财产增加单。根据财产购、建的发生，由购建经办单位根据验收日期填写。
2. 财产移动单。经管部门或使用单位财产移动时，由移出单位填写，并经移入单位签认。
3. 财产保养修缮单。财产保养修缮费的发生，由经办修缮单位填写，并报送经管部门或使用单位签认确认。
4. 财产减损单。由经管或使用单位填写，并呈总经理核定。

第十二条　公司各部门经管的财产，每年至少应盘点一次。

第四章　财产经管

第十三条　财产取得后应由经管部门或使用单位妥为保管。工具及其他较小的财产，必要时得由经管单位集中保管。对于经管部门或使用单位已无用途的旧财产，不得任意搁置，应即填具财产减损单呈总经理核准后，随时予以处理。

第十四条　财产经分配经管部门或使用单位，应即由移出单位填具财产移动单，经经管部门或使用单位签认后，送由登记部门做财产移动登记。

第十五条　财产经管部门应随时对使用中的财产查对实际使用状况。

第十六条　经管财产或者使用财产部门主管及其有关使用人员对分配使用的财产，应当向财产登记部门办理签认手续。

第十七条　未经总经理批准，各单位的财产不得出租出借或租用借用。财产的出租出借或租用借用应订租约或借用契约。

第十八条　经管财产人员交接时，应当将其经管的财产交接清楚，并且由接交人员另办财产责任签认手续，以明责任。

第五章　财产减损

第十九条　财产的减损经核准后，应当由经管或使用单位填具财产减损单送登记部门为财产减损的登记。

第二十条　财产变卖应当由总经理核准办理，财产出现下列情形之一时，应予以变卖：

1. 因特殊情形必须出售者。

续表

2. 呆旧而仍有利用价值者。

3. 已失原有使用效能，奉准报废而有残值者。

第二十一条 如因灾害盗窃或其他不可抗力事故而致财产损毁或遗失者，应当出示证明文件并予以报销。

执行部门		监督部门		编修部门	
编制日期		审核日期		批准日期	

二、物资财产管理实用表格

（一）物资保管清单

编号：
所属部门：

项次	购买日期			凭单号码	品名	规格	厂牌	数量	单位	单价	签认	接管日期			处理情况	凭单号码
	年	月	日									年	月	日		

主管： 复核： 保管人：

（二）物资财产登记表

登记日期：
使用单位：

物资财产名称	物资财产编号	物资财产类别				使用部门	取得方式	取得价格	维修记录
		机器设备	仪器用品	办公用品	其他				

（三）物资财产请修单

请修单位：
请修日期：

序号	物资财产编号	物资财产名称	规格型号	数量	损坏原因	需要日期	使用人	备注

（四）物资报废申请单

申请单位：
申请时间：

序号	物资名称	物资编号	规格型号	单价	数量	单位	合计金额	购置时间	使用年限	备注
金额总计（大写）										
使用部门意见	□同意报废处理□延期报废□不同意报废处理 签字： 日期：									
行政部门意见	□同意报废处理□延期报废□不同意报废处理 签字： 日期：									
总经理意见	□同意报废处理□延期报废□不同意报废处理 签字： 日期：									

注：本表为一式三份，一份由使用部门备案，一份由行政部门备案，一份由财务部备案。

（五）物资财产减损单

保管（使用）单位：
填表时间：

序号	编号	名称	规格型号	单位	数量	单价	总价	购置时间	耐用年限	减损日期	减损原因

第五节　治安与消防安全管理

治安与消防安全管理制度可以加强公司的安全防范工作，规范公司治安、消防和其他安全工作，保护公司财产和员工人身安全，保障各项工作的顺利进行。

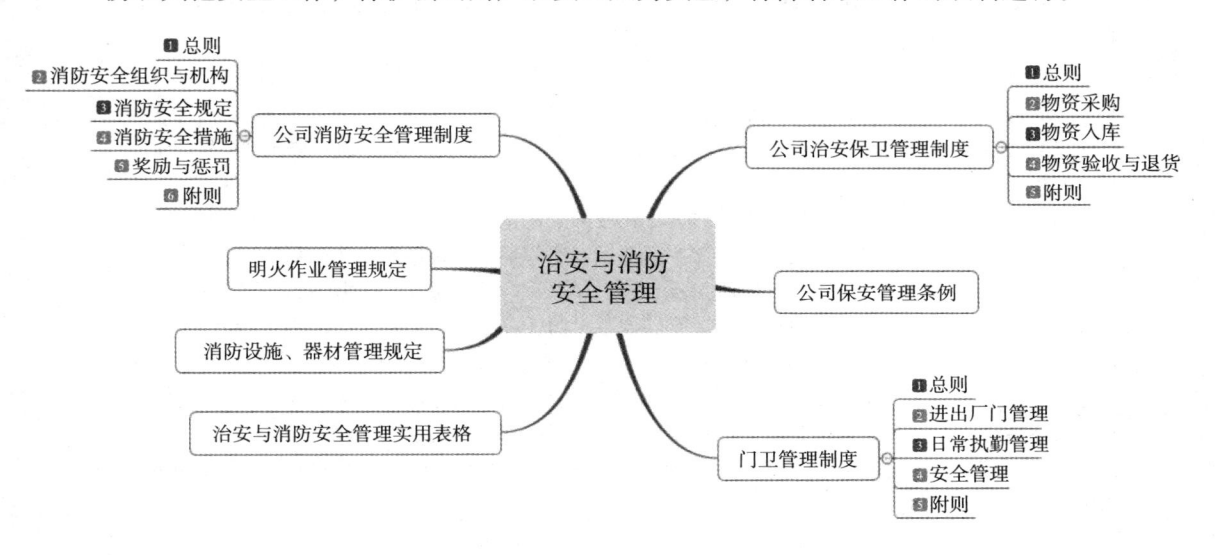

治安与消防安全管理思维导图：

- 公司消防安全管理制度
  1. 总则
  2. 消防安全组织与机构
  3. 消防安全规定
  4. 消防安全措施
  5. 奖励与惩罚
  6. 附则
- 明火作业管理规定
- 消防设施、器材管理规定
- 治安与消防安全管理实用表格
- 公司治安保卫管理制度
  1. 总则
  2. 物资采购
  3. 物资入库
  4. 物资验收与退货
  5. 附则
- 公司保安管理条例
- 门卫管理制度
  1. 总则
  2. 进出厂门管理
  3. 日常执勤管理
  4. 安全管理
  5. 附则

一、治安与消防安全管理制度

范例一：公司治安保卫管理制度

制度名称	××公司治安保卫管理制度	受控状态	
		编号	

第一条　目的。
为了规范公司内部治安保卫工作，保护公司财产和人员生命安全，维护公司的工作、生产、经营秩序，特制定本制度。
第二条　适用范围。
本制度适用于公司范围内治安保卫工作的管理。
第三条　公司治安保卫工作由行政部管理，公司自设安保人员进行公司区域内的安保工作。

续表

　　第四条　安保人员负责公司所有人员、物品的出入管理和公司区域内的安全监督管理，保障公司财产及员工的人身安全，保障公司正常的工作秩序。

　　第五条　保安人员的岗位职责。

　　1. 保安人员应根据规定的巡逻路线和时间要求进行厂区巡逻，夜间当班人员必须对公司仓库、办公楼周围、生产区域和消防配电等重点区域加强巡查。

　　2. 检查、监督进出公司的人、物品和车辆，并绝对禁止携（夹）带违禁品进入公司，除本公司所需物品外对危险或易燃品应严拒携入。

　　3. 签收公司邮件、信函和快递，及时送达行政部；签收员工邮件、快递等，及时通知本人领取。

　　4. 严守岗位，不得擅离职守；时刻提高警惕，遇紧急情况或较大事故时，做适当处置，并立即报告上级。

　　5. 坚持夜间巡逻制度，夜间每两小时巡逻一次生产区、仓库、办公楼，并做好巡查记录。

　　6. 门卫室要保持监控视频正常运转和清晰。

　　7. 交接班时，应将注意事项交代清楚，并将执勤中所见重要事项或事故，登入"交接记录"。

　　第六条　出入管理。

　　1. 员工出入必须带工作证，并及时进行相应的登记记录。

　　2. 员工亲属、朋友来公司找人一律在门卫保安室等候，电话联系员工来保安室会客。

　　3. 外来人员进入公司，一律履行登记手续，填写单位、姓名、事由、到访部门和人员，必要时应电话联系，会见后由接待人员签名方可出门。

　　4. 外来人员约见公司领导的，保安人员在征得领导同意后方可办理进入手续。有上级领导来访或领导安排需要接待的重要客人，保安人员和接待员人员应陪同引导至领导办公室，领导不在时应在接待室安排等待，由行政部负责临时接待。

　　5. 因工作需要在公司内施工人员，经领导批准办理临时工作证，方可进出。工程结束后将临时工作证收回。

　　6. 来公司参观访问的人员，必须经总经理同意，方可进入公司。

　　7. 在公司住宿人员，夜间按规定时间出入（夏季23：00，冬季22：00后严禁出入），并且做好出入登记。

　　第七条　物品管理。

　　1. 员工携带行李、包裹、提箱、大件物品者，凭行政部开具放行单放行。携带一般随身用品，由保安人员查验后放行。

　　2. 任何人未经允许不得携带公司产品、工具设备和相关资料出公司，否则保安有权扣押。

　　3. 经保安人员查获有私带公物或他人物品之嫌者，暂扣留物品，不得让当事人离开，应当速呈报主管处理。

　　4. 公司内住宿人员携带个人物品出公司时，携带行李、包裹、提箱等大件物品者，应由行政部通知保安核查后放行；携带一般日常用品者，由保安人员查验后放行。

　　5. 携带易燃易爆及危险品的人员、不明身份和拒绝登记的人员、推销产品的人员及车辆、来访人员报不清受访部门及受访人者，一律不准进入公司。

　　第八条　车辆管理。

　　1. 职工个人车辆应登记备案方可进出公司。保安人员对个人车辆出入应履行检查手续，特别是面包车及其他可载货汽车，应开门（盖）检查。

续表

2. 公司车辆拉运物资出门时，必须出示物资出门证明或出库单，出门证明由该部门主管出具，出库单由物流部出具，凭上述单据查验无误后登记放行。

3. 外来车辆一般不准进入公司生产区域内，上级领导、公安机关、纪检部门、重要客人及领导同意进入的除外。

4. 有长期业务关系或需要经常出入公司的外部车辆应及时登记，并将车主车牌信息在行政部备案，在保安室留存。

5. 下班时间、公休日、节假日除公司领导的车辆和值班维修车辆外，其他车辆不得进出，特殊情况需要进出的必须履行检查登记手续。

第九条　紧急事件处理。

1. 发现盗窃时，以收回失窃财物为首要，应立即上报主管领导处理。情况紧急或情节严重时，立即报警。

2. 遇消防安全预警时，保安人员要迅速赶赴现场，查找原因，及时消除隐患。遇火灾事故时，保安人员要正确使用消防器材灭火，必要时上报主管，情况危急时，还要通知消防报警。

3. 对外来可疑人员要监控，必要时报告主管。

第十条　处罚规定。

1. 保安人员不履职尽责，未发生不良后果的，首次批评教育；经教育不改，一次处罚××元。若发生不良后果的，视其轻重处罚×××元，并追究损失赔偿。

2. 员工不执行本制度，不接受治安保卫管理，视其情节轻重处罚×××元。

第十一条　本制度自公布之日起实施。

第十二条　本制度由公司人力资源部监督执行，最终解释权归人力资源部。

执行部门		监督部门		编修部门	
编制日期		审核日期		批准日期	

范例二：公司保安管理条例

制度名称	××公司保安管理条例	受控状态	
		编号	

第一条　为加强保安队伍的管理工作，使保安人员值勤执行任务有所依据，保护公司人员、财产、治安、消防安全，特制定本条例。

第二条　认真做好保安管理工作，自觉服从上级管理人员的工作安排，切实执行任务，严守岗位，做好交接班记录。

第三条　保安人员代表本公司执行相关规章制度，公司其他部门员工应配合保安人员工作。

第四条　公司保安勤务应每日24小时执行不间断，其各班各岗执勤时间，由保安主管进行合理安排。

第五条　执勤中应整肃服装仪容，时刻提高警惕，遇有重大灾变时，更应临危不乱，果断敏捷，作适当的处理，并立即报告上级。

续表

第六条　熟记公司内部各处之水、电、燃料、开关、门锁及消防器材放置地点，以免临急慌乱，对重要路口电灯、门窗、篱墙等有缺损时，应立即建议公司后勤部处理。

第七条　遵照巡逻路线按时或不定时巡逻公司各处外部区域。

第八条　保安值班期间发现可疑状况或发现纠纷事件，应及时与相关管理者联系。对纠纷事件，保安员应稳定事态的发展，并对当事人双方进行劝阻，以制止事态的扩大。

第九条　对于正在发生的刑事案件或可疑状况，应当及时制止并对可疑人员进行查问，状况严重的可直接与公安机关联系。

执行部门		监督部门		编修部门	
编制日期		审核日期		批准日期	

范例三：门卫管理制度

制度名称	××公司门卫管理制度	受控状态	
		编号	

第一章　总则

第一条　为加强门卫管理工作，确保公司的生产、经营管理有序进行，并保证公司财产、员工人身安全，结合公司的实际情况，特制定本制度。

第二条　本制度适用于本公司全体员工以及外来人员。

第二章　进出厂门管理

第三条　公司员工进出厂门管理。

1. 在上班期间，员工因公外出，应当持主管领导核准的"员工出门证"进出厂门；为简化手续，因公派车外出办事的员工进出厂门时可免打卡手续，出门时需提交出车申请。

2. 在上班期间，员工因私出厂，应当持主管领导批准的"员工请假单"并且打卡出厂，未刷卡者按《员工手册》相关规定处罚。

3. 在上班期间，部门经理或上级领导是总经理的员工因公或因私外出，应当在门卫处登记，因私外出需打卡出门。

4. 员工若携有公司物品出厂，应当持主管领导批准的"货物出门证"交于门卫并自觉接受检查。

5. 夜班人员如果因公或因私外出，应当持生产部门主管开具的出门证或员工请假单。

第四条　应聘人员进出厂门管理。保安人员应当要求其办理外来人员登记手续，而后引导其至办公室面试，面试完毕离开公司时，保安人员应当签注其离厂时间。

第五条　政府机关及外单位参观人员等需进入公司时，由公司经办人代办外来人员登记手续，保安员在参观人员离厂时签注离厂时间。

第六条　员工原则上在上班时间不得会客，若确有要事，应当由保安人员通知该部门领导，报经办公室同意后相关人员至门卫值班室会客，会客时间不得超过20分钟。

续表

第七条　临时或长期住宿在分公司内的员工家属，应当在办公室办理出入证，凭证出入。

第八条　离职人员，应凭人事行政部核准的出门证给予放行，保安应仔细检查其行李物品，严禁携带公司内部资料和按规定必须上交的物品出门。

第九条　物资出入管理。

1. 从公司运出物资时，凭相关部门签字开具的出门证，经当班保安核对相符方可放行，若发现与单据不符的物资一律扣押。

2. 供货商送货进入公司时，应当办理外来人员登记手续，并注明送货的产品名称；出公司时，保安人员根据物资入库票据，核对无误后放行。

第十条　车辆进出厂门管理。

1. 对进入公司的车辆进行指引，对车况不良的车辆加强检查，并做好相应措施。

2. 不得将与工作、业务无关的车辆放入厂区。

3. 进入公司的外来车辆，如有损坏公司财物，应当上报公司办公室，责其照价赔偿。

4. 车辆离开时，保安人员应当对其进行检查，若有货带出，必须出具物资出门单据，与车辆进入登记核对无误后方可放行。

第三章　日常执勤管理

第十一条　保安人员应每日 24 小时执行不间断，各班人员执勤时间，由保安队制定报人事行政部备案。

第十二条　执勤巡视期间，做到多看、多听，若有问题，立即报公司领导。

第十三条　下班后对厂区进行巡视，检查水电、门窗是否关闭。

第四章　安全管理

第十四条　执勤期间发现有可疑的人或事，应当及时地处理并报告办公室。

第十五条　如发现火警、电器漏电、设备故障、建筑物险情等不安全情况，应立即采取有效措施，并及时地通知有关部门主管。

第十六条　发现盗窃时，以收回窃物为首要，并应立即呈请处理。

第五章　附则

第十七条　本制度由人事行政部拟订、解释，经与员工代表协商、总经理确认后公示并正式颁布实施。

第十八条　根据具体情况，人事行政部对本制度进行废止和修改，经与员工代表协商、总经理确认后生效。

执行部门		监督部门		编修部门	
编制日期		审核日期		批准日期	

范例四：公司消防安全管理制度

制度名称	××公司消防安全管理制度	受控状态	
		编号	

第一章 总则

第一条 目的。

为加强公司消防安全管理，预防和减少火灾事故，保护公司财产和职工人身安全，根据《中华人民共和国消防法》等法律法规，结合本公司实际，制定本制度。本制度旨在加强我公司的消防安全工作，保护企业财产及工作人员生命安全，保障各项工作的顺利进行。

第二条 方针、原则。

本公司的消防安全管理以"预防为主，防消结合"为基本方针，实行"谁管理，谁负责；谁使用，谁维护"的原则。

第三条 适用范围。

本制度适用于本公司消防安全工作的组织管理、责任划分、明火管理、电源电气管理、消防器材管理、消防安全检查、突发安全事件响应等。

第二章 消防安全组织与机构

第四条 设立消防安全责任人。

公司、分公司及各部门、车间、班组均实行消防安全责任制，设消防安全责任人。公司总经理作为公司消防安全第一责任人，分公司消防责任人按有关要求由各单位行政主要领导担任，车间、班组的消防责任人分别由各车间主任、班组长担任。

第五条 成立消防安全领导小组。

为了确保各项消防安全措施落实，公司成立消防安全领导小组，负责本公司的消防安全管理工作，各分公司设立相应的消防安全管理领导小组。此外，各生产班组和要害工作部位设负责抓消防工作的兼职消防安全员。

第六条 建立义务消防队。

各级单位均要建立义务消防队，以便在万一发生火灾及专业消防队未到达前，能起到控制火势蔓延或把火扑灭在初起阶段的作用。

第三章 消防安全规定

第七条 消防安全职责规定。

1. 公司全体职工都应当增强消防意识并有安全消防的责任和义务。

2. 公司消防安全责任人和各分公司、车间班组的消防安全责任人，分别对本公司和本部门的消防安全负责。

3. 各级消防安全责任人的职责：

（1）贯彻上级的消防工作指示，执行消防法规，保障本公司各级单位消防安全符合规定，掌握本公司各级单位的消防安全情况。

（2）安排本公司各级单位的消防安全管理工作，将消防工作列入议事日程，做到与生产、与经营同计划、同布置、同检查、同总结、同评比。

（3）落实消防安全责任，执行消防安全制度。

（4）协助公安机关调查火灾原因，提出处理意见。

4. 消防安全领导小组的职责：

（1）组织实施日常消防安全管理工作。

续表

（2）督促各部门落实消防安全责任制，明确消防安全职责。

（3）组织开展消防安全检查，督促落实安全隐患整改，及时处理涉及消防安全的重大问题。

（4）组织交流经验，评比表彰先进。

5. 各施工生产班组和要害工作部位的兼职消防安全员要在消防安全领导小组的领导下，落实本工作部位的消防安全措施。

6. 公司义务消防队是执行公司消防任务的专门机构，义务消防队接受消防安全领导小组的指挥调动，应能召之即来，认真履行消防职责。

7. 行政部门负责公司消防设施的维修和维护。

第四章　消防安全措施

第八条　消防安全培训。

1. 消防安全领导小组应经常对全体干部、职工进行消防安全教育，并组织业务消防队进行消防训练。

2. 每年以创办消防知识宣传栏、开展知识竞赛等多种形式，提高全体员工的消防安全意识。

3. 定期组织员工学习消防法规和各项规章制度，做到依法治火。

4. 对消防器材设施维护保养和使用人员应进行实地演示和培训。

第九条　消防器材管理。

1. 行政部消防管理人员应当对公司内配置的各类消防设施和设备进行检查，保证符合消防要求和安全规定。

2. 公司各级单位应建立本单位"消防器材管理台账"，详细记录消防器材的配置种类、规格型号、数量及配置地点；消防器材应当由专人负责管理，配置地点应当有明显标志。

3. 消防设施和器材不得随意挪作他用，禁止擅自更改、移动、拆除消防设备。如因装修需要改动，一定要经相应管理部门同意后，由管理部门指定专业工程队施工，其他人员不得擅自施工。

4. 消防设施和器材应当定期进行检测、保养，发现损坏应当及时维修或更换，确保各类消防设施和器材随时处于完好状态。

5. 各办公大楼原设计安装的消防设施，如消防龙头、水管、烟感报警器以及其他消防器材要保证有效。此外，还应给各施工和要害部位及本单位其他工作地点配置相应种类和数量的消防器材。上述消防设备及器材不得借故移作他用。

第十条　安全疏散设施管理。

1. 各部门必须按规定配备应急照明设施和疏散指示标志，按规定配备防火门和其他应急疏散设施。

2. 疏散通道和安全出口必须保障畅通，不得堵塞。

3. 应急照明灯和疏散指示标志必须按规定定期检修，随时保证其完整、好用。

4. 常闭式防火门不得处于开启状态，闭门器必须完好。

第十一条　用电安全管理。

1. 车间、仓库内严禁擅自乱拉、乱接电源线路，不得随意增设电器设备。如需改变或安装线路，由专业电工负责。

2. 凡是能够产生静电引起爆炸或火灾的设备、电器，必须设置消防静电的装置。

3. 严禁在设备的电动机上、电箱开关内摆放物品。

4. 电热器具,如电炉、电茶壶等,在使用时要有人看管,用完后要立即切断电源。

5. 生产设备电源及办公设备(包括电脑、复印机等)电源,下班后要及时关闭切断。

6. 未经许可职工集体宿舍内不准使用电炉或电茶壶等电加热器具。

第十二条　消防安全防范规定。

1. 对从事或雇请电工、烧焊工、易燃易爆等特殊工种的人员,要按规定进行消防安全技术考核,取得合格证方可操作,提出动火申请后方可进行。

2. 因生产作业或维修设备需要临时用火时,用火前,要清除用火部位周围的易燃可燃杂物,配备足够的消防器材,用火危险程度较大的,应报经总经理批准。用火时,部门消防负责人、消防队员和用火审批人,要对现场监督,一旦发现违章作业或异常情况,有引起火灾的可能时,要立即停止用火。用火后,要确认无问题无隐患后才能离开现场。

3. 仓库的库存物资和器材,要按公安部公布的《仓库消防安全管理规则》的要求堆放和管理,对易燃、易爆有害物品,更要严格按章妥善管理。

4. 各生产和办公场所、物资仓库、宿舍等区域内严禁吸烟,禁止携带火种进入易燃品仓库。

5. 任何人发现火险,都要及时、准确地向保卫部门或消防机关报警,并积极投入参加扑救。单位接到火灾报警后,应及时组织力量配合消防机关进行扑救。

第十三条　消防安全检查。

1. 消防管理责任人每天要对本部门管辖的区域进行消防检查,岗位操作人员要做到一日三查,即上班后、当班时、下班前要进行安全消防检查。

2. 各施工生产班组、要害部位的兼职消防安全员,应在每日下班和交接班前,对本工作部位进行一次消防安全检查。

3. 夜间值班领导和值班人员对辖区进行巡逻检查,检查的重点是各部门值班落实情况、火源、电源,并注意其他异常情况,及时堵塞漏洞,消除隐患。

4. 各分公司的消防责任人应每月对本单位的消防安全工作做一次检查。

5. 本公司消防安全领导小组每半年进行一次检查,每季度进行抽查。

6. 完善逐级检查制度以保证及时发现和消除火险隐患。

7. 节假日期间落实好消防安全措施。

第十四条　发生安全事件的响应。

1. 发生火灾、爆炸等消防安全突发事件时,各级部门、人员应当积极参与突发事件的处理工作,实施灭火和应急疏散方案,确保火险事故得到及时有效处理,尽量避免或将损失降低到最小。

2. 一旦发生火灾、爆炸等安全突发事件时,相关部门、人员应当立即采取果断的应急措施,迅速扑灭火灾,紧急疏散人员,如触发报警装置报警及动用灭火器、消防栓等,以控制事故蔓延。

3. 员工在发现火灾、爆炸等安全事故时,应立即拨打"119"火警电话报警。

第五章　奖励与惩罚

第十五条　奖励。对消防安全工作定期检查评比,对取得下列成绩的单位或个人给予适当的表彰和奖励。

1. 进行消防技术革新,改善了消防安全条件,促进了安全生产的。

续表

2. 坚持消防安全规章制度，敢于同违章行为作斗争，保障了安全的。
3. 不怕危险，勇于排除隐患，制止火灾爆炸事故发生的。
4. 及时扑灭火灾，减少损失的。
5. 其他对消防工作有贡献的。

第十六条　惩罚。

1. 对无视消防安全工作，违反有关消防法规，经指出拒不执行的单位或个人，应视情节给予处分和包括经济制裁在内的处罚。
2. 对玩忽职守造成火灾事故的，应对直接责任者和所在部门的消防责任人追究责任，触犯刑律的，还应报司法机关追究刑事责任。

第六章　附则

第十七条　本制度自发布之日起执行。

第十八条　本制度的编写、修改及解释权归人力资源部所有。

执行部门		监督部门		编修部门	
编制日期		审核日期		批准日期	

范例五：明火作业管理规定

制度名称	××公司明火作业管理规定	受控状态	
		编号	

第一条　凡使用明火烘烤、熬炼和进行电气焊工作的部位，严禁使用和存放易燃、易爆物品，更不准用易燃、易爆物品点火。

第二条　禁止在具有火灾、爆炸危险的场所使用火。因特殊情况需要进行动火作业的，应分别落实监护人在确认无火灾、爆炸危险后方可动火作业。

第三条　动火人员应当遵守消防安全规定，并落实相应的消防安全措施。

第四条　进行明火作业（包括电、气焊）必须事先向公司安全部门办理使用明火审批手续，同时说明作业地点、时间、用途，经批准后方可作业。

第五条　明火作业点周围严禁存有易燃物、可燃物，在明火作业时必须指定专人管理，并临时配置相应灭火器。

第六条　明火作业完成，操作人员应在作业现场滞留半小时，确定无火灾隐患后，方可撤离，同时将"明火作业批准单"送回。

第七条　公司内禁止使用火炉取暖，特殊情况需使用火炉的单位（部门），必须得到安全部门的批准。

执行部门		监督部门		编修部门	
编制日期		审核日期		批准日期	

范例六：消防设施、器材管理规定

制度名称	××公司消防设施、器材管理规定	受控状态	
		编号	

第一条　公司内应设有各种明显消防标志，设置消防门、消防通道和报警系统，配备完备的消防器材与设施。

第二条　公司内的消防设备及各种消防器材（包括消防栓、水龙带、水枪、报警器等）是消防专用设施，由专人保管，定期检查。

第三条　全体员工应当爱护消防设施，禁止毁坏、偷盗消防设施，不能将消防设施挪作他用。除发生事故外，任何人不得私自动用。

第四条　消防设备、器材必须放置在明显处并摆放整齐，附近不准堆放物资，消防通道必须畅通无阻，保证使用方便。

第五条　各部（科）室对本单位所配备的消防设备、器材要定期维修检查，发现损坏及时更换。各部门的消防器材由本部门管理，并指定专人负责。

第六条　对随意动用消防器材或造成损坏的除照价赔偿外，视其情节给予处罚。在消防设备、器材附近堆放物品和堵塞消防通道情节严重的给予处罚，并限期清除。

执行部门		监督部门		编修部门	
编制日期		审核日期		批准日期	

二、治安与消防安全管理实用表格

（一）员工出入登记表

日期	外出人姓名	外出时间	外出原因	车牌号	所在部门	职位/职称	返回时间	值班人员	备注

（二）车辆/人员出入证

填制日期：

姓名或商号车行		车牌号		车型		随车人数	
事由							
记事栏							
车辆	\multicolumn{7}{	l	}{□载货车辆 □空车}
	入厂重量						
	出厂重量						
	载货重量						
	载货内容及品名						
出入公司时间	\multicolumn{7}{	l	}{_____年_____月_____日进入公司}
	\multicolumn{7}{	l	}{_____年_____月_____日离开公司}
门卫签章							
核章发号胸码							
经办人签章							

（三）车辆出入登记表

日期	车牌号	车型	进入时间	出去时间	事由	驾驶员	负责人	值班人	备注

（四）消防设施清单

编号：
填表日期：

消防设施名称	设施型号	设施数量	布置地点	设施完好情况	备注

（五）消防设备巡查记录表

巡查日期：
巡查班次：
巡查人员：

巡查项目	巡查区域	地 点	异常情况	整改部门
消火栓				
应急照明设备				
消防器械				
手动报警按钮				
火灾探测器				
喷淋头				
排烟口				
安全通道				
消防电梯				
……				

（六）消防设备检修表

编号：
填表日期：

检修部门		检修设备	
检修原因			
检修情况及结果			
更换品种及数量			
备注			

检修员：　　　　　　　　　　　　　　　　　　消防主管：

（七）消防器械检查记录表

填写日期：

编号	检查器械	检查结果
异常处理对策		
检查结果说明		

部门负责人：　　　　　　　　　　　　　　　　检查员：

（八）防火安全检查表

检查部门：
检查日期：

检查内容		检查结果	备注
全面检查	消防设施、消防器材		
	防火通道		
	现场环境		
	违章情况		
	其他		
重点检查	操作人员		
	防护设备、报警装置		
	作业条件		
	其他		

检查人员：　　　　　　　　　　　　　　　审核人员：

注：此表一式两份，行政部和总务部各存一份。符合要求的，在检查结果中画"√"；不符合要求的，在检查结果中画"×"。对于不合格项目，由检查部门下发整改通知单限期整改。

第六章

行政公文写作

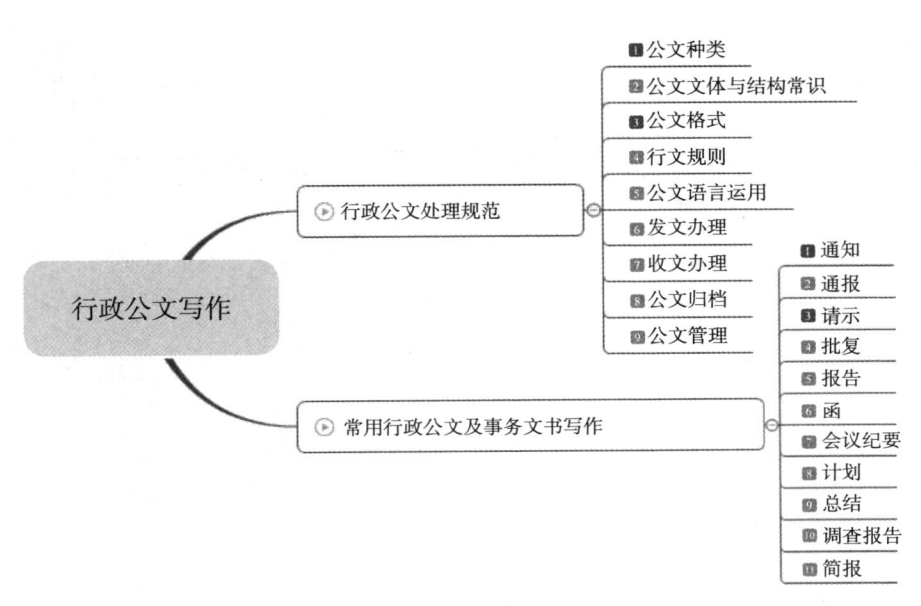

- 行政公文写作
  - 行政公文处理规范
    - ❶ 公文种类
    - ❷ 公文文体与结构常识
    - ❸ 公文格式
    - ❹ 行文规则
    - ❺ 公文语言运用
    - ❻ 发文办理
    - ❼ 收文办理
    - ❽ 公文归档
    - ❾ 公文管理
  - 常用行政公文及事务文书写作
    - ❶ 通知
    - ❷ 通报
    - ❸ 请示
    - ❹ 批复
    - ❺ 报告
    - ❻ 函
    - ❼ 会议纪要
    - ❽ 计划
    - ❾ 总结
    - ❿ 调查报告
    - ⓫ 简报

扫一扫，获取
本章规范表格

第一节　行政公文处理规范

行政公文是行政管理过程中形成的具有法定效力和规范体式的行政文书，是依法行政和进行公务活动的重要工具。为了使行政公文处理工作进一步规范化、制度化，提高公文质量和公文处理效率，保证公文的严肃性，公司应当结合自身实际情况，制定行政公文处理规范。

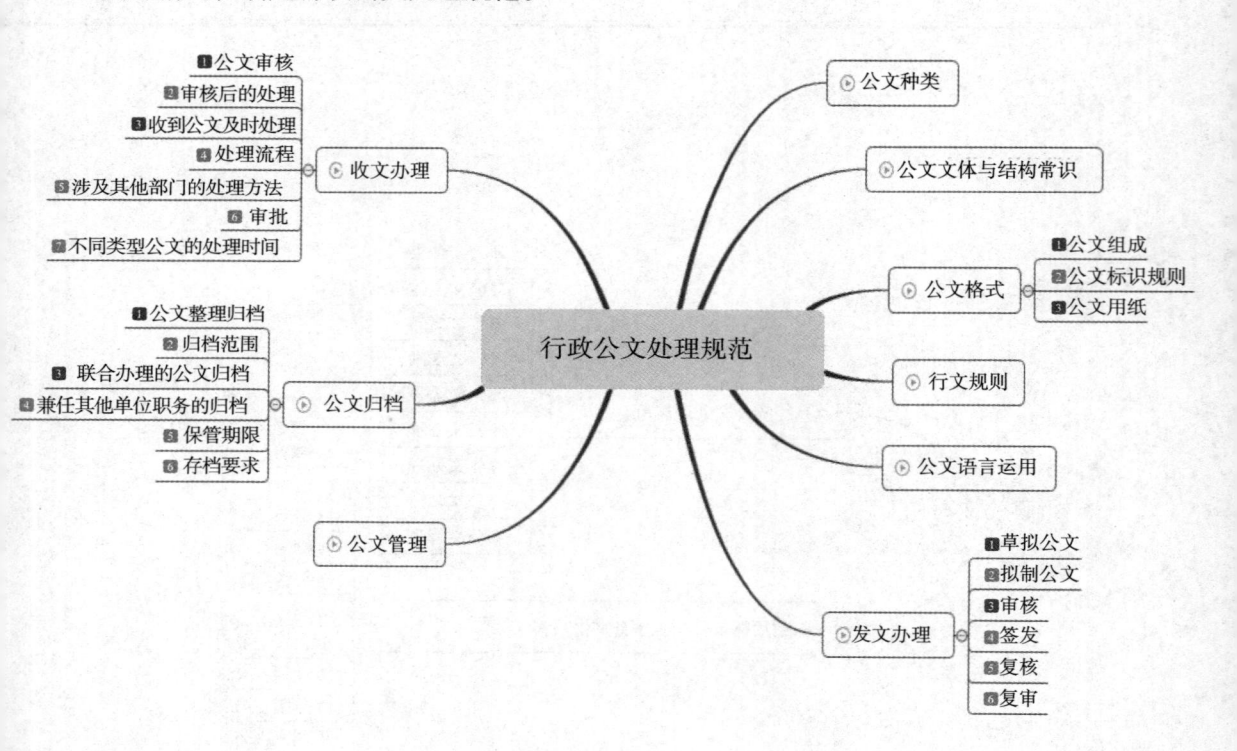

```
                        1 公文审核
                        2 审核后的处理
                        3 收到公文及时处理
                        4 处理流程        ── 收文办理 ──┐         ┌── 公文种类
                        5 涉及其他部门的处理方法                │         │
                        6 审批                                   │         ├── 公文文体与结构常识
                        7 不同类型公文的处理时间                 │         │
                                                                 │         │                ┌ 1 公文组成
                        1 公文整理归档                           │         ├── 公文格式 ──┤ 2 公文标识规则
                        2 归档范围                               │         │                └ 3 公文用纸
                        3 联合办理的公文归档                     │         │
                        4 兼任其他单位职务的归档 ── 公文归档 ── 行政公文处理规范 ── 行文规则
                        5 保管期限                               │         │
                        6 存档要求                               │         ├── 公文语言运用
                                                                 │         │
                                                                 │         │                ┌ 1 草拟公文
                                                                 │         │                │ 2 拟制公文
                                                    公文管理 ────┘         │                │ 3 审核
                                                                           └── 发文办理 ──┤ 4 签发
                                                                                            │ 5 复核
                                                                                            └ 6 复审
```

一、公文种类

1. 决定

适用于对重要事项或者重大行动做出安排，奖惩有关单位及相关人员，以及变更或者撤销公司内各单位不适当的决定事项。

2. 公告

适用于向公司内、外宣布重要事项或者法定事项。

3. 通告

适用于公司公布各单位有关方面应当遵守或者周知的事项。

4. 通知

适用于批转、转发公文，传达公司要求有关单位办理和需要有关单位周知或者执行的事项，以及任免人员。

5. 通报

适用于公司表彰先进、批评错误、传达重要精神或者情况。

6. 议案

适用于公司以及下属单位按照法律程序向同级单位提请审议事项。

7. 报告

适用于向上级单位汇报工作、反映情况以及答复上级单位的询问。

8. 请示

适用于向上级单位请求指示、批准。

9. 批复

适用于答复下级单位的请示事项。

10. 意见

适用于对重要问题提出见解和处理办法。

11. 函

适用于不相隶属单位之间商洽工作、询问和答复问题以及请求批准和答复审批事项。

12. 会议纪要

适用于记载、传达公司会议情况及议定事项。

二、公文文体与结构常识

公文应用文体区别于其他文体的特殊属性主要体现在直接应用性、全面真实性、结构格式的规范性等方面。公文属于特殊应用文，其区别于一般应用文的特征主要表现为：被强制性规定采用白话文形式；兼用议论、说明、叙述三种基本表达方法。

公文的基本组成部分有：标题、正文、作者、日期、印章或签署、主题词。

公文的其他组成部分有文头、发文字号、签发人、保密等级、紧急程度、主送机关、附件及其标记、抄送机关、注释以及印发说明等。

印章或签署均为证实公文作者合法性、真实性及公文效力的标志。

三、公文格式

（一）公文组成

（1）公文通常由保密级别和保密期限、紧急程度、发文单位标识、发文字号、签发人、标题、主送单位、正文、附件说明、成文日期、印章、附注、附件、主题词、抄送机关、印发机关和印发日期等部分组成。

（2）涉及国家秘密的公文应当标明密级和保密期限。其中，"绝密""机密"级公文还应当标明份数序号。

（3）对于紧急公文，应当根据公文的紧急程度，分别标明"特急""急件"。

（4）发文单位标识应当使用发文单位全称或者规范化简称；联合行文，主办单位排列在前。

（5）发文字号应当包括单位代字、年份和序号。对于联合行文，只标明主办单位发文字号即可。

（6）上行文应当注明签发人、会签人姓名。其中，"请示"应当在附注处注明联系人的姓名和电话。

（7）公文的标题应当准确、简要地概括公文的主要内容并标明公文种类，通常应当标明发文单位。公文标题中除了法规、规章名称加书名号外，一般不用标点符号。

（8）主送单位指公文的主要受理机关，应当使用全称或者规范化简称、统称。

（9）公文如有附件，应当注明附件顺序和名称。

（10）公文除了"会议纪要"外，应当加盖印章。对于联合上报的公文，则由主办单位加盖印章；对于联合下发的公文，发文单位也应当加盖印章。

（11）成文日期以负责人签发的日期为准，联合行文以最后签发单位负责人签发日期为准。

（12）公文如有附注（需要说明的其他事项），应当加括号标注。

（13）公文应当标注主题词。上行文按照上级单位的要求标注主题词。

（14）抄送单位主要指除了主送单位外需要执行或知晓公文的其他单位，应当使用全称或者规范化简称、统称。

（15）文字从左至右横写、横排。

（二）公文标识规则

公文中各组成部分的标识规则，参照《国家行政机关公文格式》国家标准执行。

（三）公文用纸

公文用纸一般采用国际标准 A4 型（210mm×297mm），左侧装订。张贴的公文用纸大小，根据实际需要确定。

四、行文规则

（1）行文应当确有必要，且注重效用。

（2）行文关系根据隶属关系和职权范围确定，通常不得越级请示和报告。

（3）公司各职能部门依据部门职权可以相互行文和向各相关业务部门行文。各单位不得对外正式行文。

（4）同级单位可以联合行文，行政单位与同级党委可以联合行文。

（5）属于部门职权范围内的事务，应当由部门自行行文或联合行文。联合行文应当明确主办部门。须经公司行政审批的事项，经公司行政同意也可以由部门行文，文中应当注明经公司行政同意。

（6）属于主管职能部门职权范围内的具体问题，应当直接报送主管职能部门处理。

（7）职能部门之间对有关问题未经协商一致，不得各自向下行文。如擅自行文，公司行政应当责令纠正或撤销。

（8）各单位的重要行文，应当同时报送上级单位行政。

（9）"请示"应当一文一事；通常只写一个主送单位，需要同时送其他单位的，应当用抄送形式，但不得抄送其下级单位。

（10）"报告"不得夹带请示事项。

（11）除了上级单位负责人直接交办的事项外，通常不得以单位名义向上级单位负责人报送"请示""意见"和"报告"。

（12）受双重领导的单位向上级单位行文，应当写明主送单位和抄送单位。上级单位向受双重领导的下级单位行文，必要时应当抄送其另一上级单位。

五、公文语言运用

公文语言的特点主要有：庄重、准确、朴实、精练、严谨及规范。

公文中需用历史年号时，应当先标出公历年份，然后注历史年号并加圆括号，例如1912年（民国元年）。

当公文中需用数量表示时，表示增加时用倍数或分数，表示减少时只能用分数。

公文常用特定用语见下表。

用语类别	主要作用	常用特定用语
开端用语	用于文章开头，表示发语、引据	为、为了、为着、查、接、顷接、根据、据、遵照、依照、按照、按、鉴于、关于、兹、兹定于、今、随着、由于
称谓用语	用于表示人称或对单位的称谓	第一人称：我、我单位、本人、本公司、我们、敝单位
		第二人称：你、你局、贵公司、贵方
		第三人称：他、该公司、该项目
递送用语	用于表示文、物递送方向	上行：报、呈
		平行：送
		下行：发、颁发、颁布、发布、印发、下达
引叙用语	用于复文引据	悉、接、顷接、据、收悉
拟办用语	用于审批拟办	拟办、责成、交办、试办、办理、执行
经办用语	用于表明进程	经、业经、已经、兹经
过渡用语	用于承上启下	鉴于、为此、对此、为使、对于、关于、如下
期请用语	用于表示期望请求	上行：请、恳请、拟请、特请、报请
		平行：请、拟请、特请、务请、如蒙、即请、切盼
		下行：希、望、尚望、切望、请、希予、勿误

续表

用语类别	主要作用	常用特定用语
结尾用语	用于结尾表示收束	上行：当否，请批示、可否，请指示、如无不当，请批转、如无不妥，请批准、特此报告、以上报告，请批转、以上报告，请审核
		平行：此致敬礼、为盼、为荷、特此函达、特此证明、尚望函复
		下行：为要、为宜、为妥、希遵照执行、特此通知、此复、为……而努力、……现予公布
谦敬用语	用于表示谦敬	承蒙惠允、不胜感激、鼎力相助、蒙、承蒙
批转用语	用于上级对下级来文的批转处理	批转、转发
征询用语	用于征请、询问对有关事项的意见、态度	当否、妥否、可否、是否妥当、是否同意、如无不当、如无不妥、如果可行

上表所列的常用特定用语，或者在结构上引起开端，导向过渡，收束结尾；或者在语意上表示郑重、强调；或者在意向上提出请示，表示盼望。特定用语要恰当运用，要根据行文的实际灵活处理。

六、发文办理

（一）草拟公文

行政部门在草拟公文时，应符合下列要求：

（1）公文应当符合国家法律、法规及其他有关规定。如提出新的政策、规定等，应当切实可行并加以说明。

（2）情况确实，观点明确，条理清楚，表述精确，结构严谨，直述不曲，字词规范，标点正确，篇幅力求简短。

（3）公文的文种应当根据行文的目的、发文单位的职权和与主送单位的行文关系确定。

（4）在拟制紧急公文时，应当体现紧急的原因，并且根据实际需要确定公文的紧急程度。

（5）人名、地名、数字、引文准确。引用公文应当先引标题，后引发文字号。

引用外文应当注明中文含义。日期应当写明具体的年、月、日。

（6）公文的结构层次序数，第一层为"一"，第二层为"（一）"，第三层为"1"，第四层为"（1）"。

（7）公文应当使用国家法定计量单位。

（8）公文的文内使用非规范化简称，应当先用全称并注明简称。使用国际组织外文名称或其缩写形式，应当在第一次出现时注明准确的中文译名。

（9）公文中的数字，除了成文日期、部分结构层次序数和在词、词组、惯用语、缩略语、具有修辞色彩语句中作为词素的数字必须使用汉字外，应当使用阿拉伯数字。

（二）拟制公文

行政部门在拟制公文时，对于涉及其他单位职权范围内的事项，主办单位应当主动与有关单位协商，取得一致意见后方可行文；如有分歧，主办单位的主要负责人应当出面进行协调，如仍然不能取得一致，主办单位可以列明各方理据，提出建设性意见，并且与有关单位会签后报请公司办公室协调或公司行政部裁定。

（三）审核

公文在送负责人签发前，应当由办公室（综合科）进行审核。审核的重点主要是：是否确需行文，行文方式是否妥当，是否符合行文规则和拟制公文的有关要求以及公文格式是否符合规定等。

（四）签发

（1）对于以本单位名义制发的上行文，通常由主要负责人或者主持工作的负责人签发。

（2）对于以本单位名义制发的下行文或平行文，通常由主要负责人或者由主要负责人授权的其他负责人签发。

（五）复核

公文在正式印制前，行政部门应当进行复核，复核的重点是审批、签发手续是否完备，附件材料是否齐全，格式是否统一、规范等。

（六）复审

经复核需要对文稿进行实质性修改的，应当按程序复审。

七、收文办理

收文办理主要指对收到公文的办理过程，具体包括签收、登记、审核、拟办、批办、承办和催办等程序。

（一）公文审核

在收到公司内各单位上报公司行政的公文后，行政部门应当进行审核。审核的重点是：是否应由公司行政部办理，是否符合行文规则，内容是否符合国家法律、法规及其他有关规定，对于涉及其他部门或地区职权的事项是否已协商、会签，以及文种使用、公文格式是否规范等。

（二）审核后的处理

经行政部门审核，对于符合规定的公文，公司行政部门应当及时提出拟办意见送公司行政领导批示或者交有关部门办理，需要两个以上部门办理的应当明确主办部门。对于紧急公文，应当明确办理时限。对于不规范的公文，经过主管领导批准后，可以退回呈报单位并说明理由。

（三）收到公文及时处理

承办部门收到交办的公文后，应当及时办理，不得延误、推诿。紧急公文应当按时限要求办理，如确有困难的，应当及时予以说明。对于不属于本单位职权范围或者不宜由本单位办理的，应当及时退回公司行政部门并说明理由。

（四）处理流程

收到上级单位下发或交办的公文，由行政部门提出拟办意见，送公司行政部门主管领导批示后办理。

（五）涉及其他部门的处理方法

对于公文办理中遇有涉及其他部门职权的事项，主办部门应当主动与有关部

311

门协商。如有分歧，主办部门主要负责人要出面协调；如仍不能取得一致，可以报请公司行政部门协调或公司行政部门裁定。

（六）审批

在审批公文时，对于有具体请示事项的，主批人应当明确签署意见、姓名和审批日期，其他审批人圈阅视为同意。没有请示事项的，圈阅表示已阅知。

（七）不同类型公文的处理时间

送公司行政领导批示或者交有关部门办理的公文，行政部门应当负责催办，做到紧急公文跟踪催办，重要公文重点催办，一般公文定期催办。

八、公文归档

（一）公文整理归档

公文办理完毕后，行政部门应当根据《中华人民共和国档案法》和其他有关规定，及时整理（立卷）、归档。个人不得保存应当归档的公文。

（二）归档范围

归档范围内的公文根据其相互联系、特征和保存价值等整理（立卷），应当保证归档公文齐全、完整，能够正确反映本单位的主要工作情况，便于保管和利用。

（三）联合办理的公文归档

对于联合办理的公文，公文的原件应当由主办单位整理（立卷）、归档，其他单位保存复印件或其他形式的公文副本。

（四）兼任其他单位职务的归档

本单位负责人兼任其他单位职务，在履行所兼职务职责过程中形成的公文，由其兼职单位整理（立卷）、归档。

（五）保管期限

归档范围内的公文应当确定保管期限，按照有关规定定期向档案部门移交。

（六）存档要求

拟制、修改和签批公文，书写及所用纸张和字迹材料应当符合存档要求。

九、公文管理

（1）公文应当由专职人员统一收发、审核、用印、归档及销毁。

（2）各单位办公室（综合科）应当建立健全本单位公文处理的有关制度。

（3）上级单位来文，除了绝密级和注明不准翻印的以外，公司内各单位经主任批准，可以翻印。翻印时，应当注明翻印的单位、日期、份数和印发范围。

（4）当公文复印件作为正式公文使用时，应当加盖复印单位证明章。

（5）公文被撤销，视作自始不产生效力；公文被废止，视作自废止之日起不产生效力。

（6）销毁：

①对于不具备归档和存查价值的公文，经过鉴别并经主任批准，可以销毁。

②销毁秘密公文应当指定场所由两人以上监销，保证不丢失、不漏销。其中，销毁绝密公文（含密码电报）应当进行登记。

（7）其他：

①当单位合并时，全部公文应当随之合并管理。当单位撤销时，需要归档的公文经整理（立卷）后按有关规定移交档案部门。

②当工作人员调离岗位时，应当将本人暂存、借用的公文按照有关规定移交、清退。

第二节　常用行政公文及事务文书写作

行政公文是行政机关在行政管理过程中具有法律效力和规范的文体，是依法行政和进行公务活动的重要工具。事务文书是企业在处理日常事务时用来沟通信息、安排工作、总结得失、研究问题的实用文体，是应用写作的重要组成部分。

行政办公规范化管理制度与表格范例

常用行政公文及事务文书写作思维导图

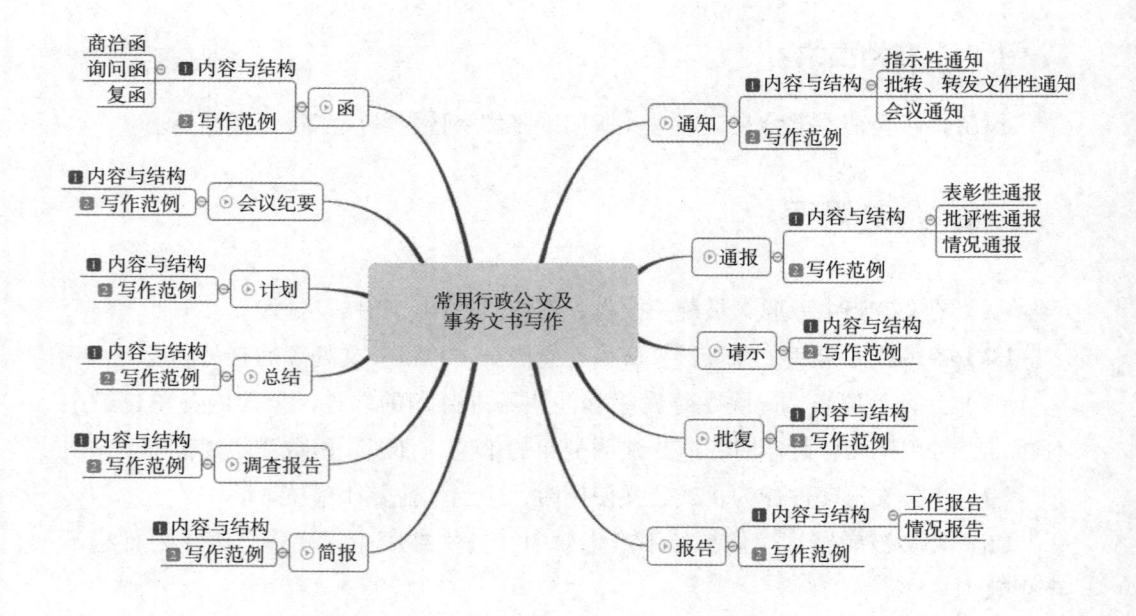

- 函
  - 内容与结构：商洽函、询问函、复函
  - 写作范例
- 会议纪要
  - 内容与结构
  - 写作范例
- 计划
  - 内容与结构
  - 写作范例
- 总结
  - 内容与结构
  - 写作范例
- 调查报告
  - 内容与结构
  - 写作范例
- 简报
  - 内容与结构
  - 写作范例
- 通知
  - 内容与结构：指示性通知、批转、转发文件性通知、会议通知
  - 写作范例
- 通报
  - 内容与结构：表彰性通报、批评性通报、情况通报
  - 写作范例
- 请示
  - 内容与结构
  - 写作范例
- 批复
  - 内容与结构
  - 写作范例
- 报告
  - 内容与结构：工作报告、情况报告
  - 写作范例

一、通知

通知是指批转下级机关的公文，转发上级机关和不相隶属机关的公文，传达要求下级机关办理和需要有关单位周知或执行的事项，任免人员所使用的公文。

（一）内容与结构

1. 指示性通知

概念			用于部署工作和传达上级的有关精神
写作格式	标题		写明发文机关、事由及文种
	主送机关		准确写明承办、执行的有关机关名称
	正文 即应知应办的事项，是工作通知的核心部分，由缘由、事项和执行要求组成	缘由	需要说明开展工作的事由和依据；事项中要交代清楚要求下级"做什么，怎么做，按什么要求做"等内容
		事项	需要写清对通知内容贯彻执行的要求，如"以上通知，望认真贯彻执行"
		执行要求	较重要的通知应当选用反馈式结语，如"以上通知，在认真贯彻执行的同时，请将执行情况于×日报部"
	落款和成文时间		写出发文机关名称和发文时间。如已在标题中写了机关名称和时间，这里可以省略不写

2. 批转、转发文件性通知

概念		主要用于批转、转发有关文件，要根据实际情况正确选用
写作格式	标题	写明"谁发文，批转、转发什么机关的什么文"以及文种。标题中除了标明"批转""转发"等字样外，还应当列出原文件名称。 当逐层转发通知时，标题可能会出现"通知的通知"这种赘语，因此标题中可只保留一个"关于"，一个"通知"，并去掉多级转发的中间搭桥单位
	正文	由被转发文件、简要评价（转发机关的"批语"）和执行要求三部分组成
	落款和成文时间	写出发文机关名称和发文时间

3. 会议通知

概念		会议通知的要素要齐全、事项明确具体、结构完整
写作格式	标题	由召集单位、会议名称和文种组成
	正文	包括会议基本情况和具体事项： ①开头应当概要写明会议的目的、日期、地点、名称、会期等，再由"现将有关事项通知如下"的惯用语引出通知事项。 ②通知事项要依次写明： a. 会议主要内容、任务和议题。 b. 与会人员的范围（职务、人数）。 c. 报到及开会的时间、地点。 d. 应携带的材料和其他有关要求
	落款和成文时间	写出发文机关名称和发文时间

> ❖ 小贴士
>
> 通知写作的注意事项主要有：
>
> （1）不允许超越职权，给不相隶属机关发文。不相隶属机关间商洽或协调工作，通常用函的形式。在这方面的滥用或错用最常见的，如一些行政机关需召开业务上没有关系的单位（尤其是某些科研机构、事业单位等）开会时，通常以会议通知的形式发出，这种做法实际上是一种越权行为。正确的做法应是发出邀请函，在函中讲明会议的内容，邀请其参加。

（2）不能混淆公文与事务文书。公文是行政机关在行政管理过程中形成的具有法律效力和规范体式的文书，而事务文书则是就某一事务的晓喻性文书，因此两者不能混淆。此外，不能将向公众告晓的"启事"误当作"通知"。

（3）不能向上级发通知。通知属于下行文，主送单位是下级机关或所属部门。平行或不相隶属机关需要了解的，可用"抄送"的形式，对上级机关只能抄送，不能作为主送单位下通知。

（4）"通知"不能与"通告"混淆。通知和通告经常容易混淆，因此应认真辨析其差别。从受文的对象上说，通知的对象通常是下属单位，而通告的对象则是社会公众。从行文要求上说，通知除了需要周知以外，有些通知还需要办理或执行，通告则主要是要求遵守或周知。从公文的意义上说，通知的事项只局限于受文机关知照或执行，而通告的事项则具有普遍意义。

（5）如果通知的内容重要或者紧急，可以在标题中加"重要"或"紧急"两字，写成"重要通知"或"紧急通知"。

（二）写作范例

1. 范例一

关于×××××××××（拟采取措施）的通知

_____（主送单位）：

  近期，_____（从正反两面分析面临的形势和存在的问题）。_____（指出采取进一步措施的重要性、必要性和紧迫性。）根据_____（依据），为了_____（目的主旨），经过研究，决定_____（拟采取措施），现就有关事项通知如下：

  一、_____。
  二、_____。
  三、_____。
  四、_____。

  ……（通知的具体内容）
  ……（提出希望和要求）

_____ 总公司
（印章）
_____年_____月_____日

2. 范例二

关于召开××××年××××工作会议的通知

_____（主送单位）：

　　为了_____（目的，例如贯彻市安全工作会议精神），研究落实我公司_____事宜，总公司决定召开_____年度_____工作会议，现将有关事项通知如下：

1. 参加会议人员：_____。
2. 会议时间：_____月_____日，会期_____天。
3. 报到时间：_____月_____日至_____月_____日上午_____时前。
4. 报到地点：_____，联系人：_____。
5. 各单位报送的经验材料，请打印_____份，于_____月_____日前报公司技安科。

特此通知

_____总公司
（印章）
_____年_____月_____日

3. 范例三

关于印发《××××××××规定》的通知

_____（主送单位）：

　　为了_____（目的），根据_____（依据），我公司制定了《××××××××》规定，现印发给你们，请结合实际情况，认真贯彻执行。贯彻执行中有任何问题，请及时反馈_____。

_____总公司
（印章）
_____年_____月_____日

二、通报

通报是指表彰先进，批评错误，传达重要精神或情况时使用的公文。

（一）内容与结构

1. 表彰性通报

概念		主要用于表彰公安工作中有突出贡献的个人或群体
写作格式	标题	写明机关名称、通报对象和文种
	正文	由通报事实、分析评价、有关决定说明和希望要求四个部分组成： ①简述先进事迹或典型经验。 ②对事迹和经验加以精要的分析评价。 ③说明有关表彰决定。 ④提出希望和要求
	落款和成文时间	写出发文机关名称和发文时间

2. 批评性通报

概念		主要用于批评公安工作中错误性质比较严重的反面典型
写作格式	标题	写明机关名称、通报对象和文种
	正文	由通报事实、分析剖析、处理决定和告诫要求四个部分组成： ①通报错误事实或事故情况。 ②精要地分析错误或事故的性质、原因及危害。 ③说明处理决定。 ④提出告诫和预防要求
	落款和成文时间	写出发文机关名称和发文时间

3. 情况通报

概念	主要用于通报公安工作中出现的带有倾向性的新情况、新问题	
写作格式	标题	写明机关名称、通报情况内容和文种
	正文	由通报情况、原因分析和希望要求三部分组成： ①概括叙述所通报事件的主要情况，例如时、地、人、事、因、果等要素；要注意突出重点，如主要结果、伤亡损失情况等。 ②针对有关情况分析原因，揭示本质，常常用序号结构法写作。 ③提出希望要求，针对情况特点和事件原因，提出改进工作的要求
	落款和成文时间	写出发文机关名称和发文时间

❖ 小贴士

通报与通知的区别主要有：

（1）内容作用不同。通报事项所涉及的人和事大多在下级，情况也大多来自下级机关，上级机关了解以后认为其有普遍意义，便整理成通报发往所属的各机关；而通知事项则是上级机关根据需要确定。

（2）目的特点不同。通报的重点在于"报"，大多用于报道和传播信息；而通知的重点在于"知"，而且要知之而后行，要求贯彻执行。

（3）制发时间不同。通报的制发时间在事情发生之后，而通知的制发时间在事情发生之前。

（4）受文机关不同。通知的受文机关是特定的，只发给与本通知有关的机关单位；而通报受文机关不是特定的，通常是下属单位，要求"全体周知"。

（二）写作范例

1. 范例一

关于对×××化工厂实现安全生产年的表彰通报

×××化工厂采取有力措施，切实贯彻《安全生产条例》，建立安全生产责任制，＿＿＿＿年实现全年生产无事故，成为我市第一个安全生产年优秀企业。为此，市政府决定对×××化工厂给予通报表扬，并奖给锦旗一面，奖金人民币×××××元。

市政府号召全市各企业以×××化工厂为榜样，建立健全安全生产岗位责任制，扎实抓好安全生产，争创安全生产年企业，将我市安全生产推上一个新台阶。

＿＿＿＿＿＿市人民政府（印章）
＿＿＿＿年＿＿＿＿月＿＿＿＿日

2. 范例二

关于给予×××同志批评的通报

公司×××部门（部门名称）×××（员工名称）在近半年来的考勤多次出现迟到现象，经总经办劝诫屡教不改，该员工的行为在公司管理层与基层员工中造成严重的负面影响。根据《员工奖惩管理制度》，该员工触犯第 5.3.2 条："违反考勤制度，屡教不改者，给予记大过处分。"经公司行政部门研究决定，给予×××通报批评，并经济处罚×××元。

各管理处/服务中心及职能部门员工应当引以为戒，端正工作态度，严格遵守公司的管理规定。

特此通报

＿＿＿＿＿＿＿有限公司
总经办（印章）
＿＿＿＿年＿＿＿＿月＿＿＿＿日

3. 范例三

关于××××××情况的通报

_____（主送单位）：

　　××××年××月××日，_____（部门）在_____（地点）发生_____事故（事件）。_____（事故或事件的性质）。为了_____（目的），进一步加强_____（工作），防止此类事故（事件）的发生，现将××××××事故（事件）情况通报如下：

　　一、××××××（事故或事件的原因分析）
　　二、××××××（对有关部门和相关人员的处理情况）
　　三、××××××（应吸取的教训和拟采取的措施等）

_____总公司（印章）
_____年_____月_____日

三、请示

请示是下级机关或企事业单位向上级机关或单位请求对某项工作、问题作出指示，对某项政策或者计划界限给予明确批复，对某事予以审核批准时使用的一种请求性公文。请示是应用写作实践中的一种常用文体，可分为解决某种问题的请示和请求批准某种事项的请示。

（一）内容与结构

写作格式	标题	由发文机关、事由和文种三部分组成。其中，事由要高度概括请示事项的内容，使其简明准确
	主送机关	请示应当标明主送机关，通常是行文机关的直接上级，请示的事项应是主送机关权限范围内能够解决的问题。一份请示只送一个上级机关。如有需要，则可以抄送

续表

写作格式	正文	包括请示的缘由、请示的事项和请示的要求三部分	请示的缘由	用有说服力的事实和情况说明"为什么请示",以引出请示的事项。这部分是请示写作的重点,它是上级能否顺利批复的关键,因此内容应当明了、充分、实在,具有说服力
			请示的事项	重点写明"请示什么,有什么具体要求",同时提出本单位解决问题的意见和方案,以供上级批复时参考选用。请示事项必须明确、具体,方案应当具可行性
			请示的要求	常用"特此请示,请审批""以上妥否,请审批"等惯用语,提出批复的要求
	附件	请示要充分利用附件。如请示有附件材料,则正文不必详述		

> ❖ 小贴士
>
> 请示与报告的区别主要有以下4个方面：
>
> （1）适用和性质不同。报告是向上级汇报工作,反映情况,回复上级询问的陈述性公文；而请示则是向上级提出请求指示和批准的请求性公文。此外,报告属于"陈述性"公文,对于领导来说只是"阅件"；而请示则是"请求性"公文,对于领导来说就是"办件"。
>
> （2）批复的要求不同。报告通常不用批复,而请示则必须要批复。
>
> （3）行文时间不同。报告通常是在事后（重大的在事中）行文；而请示则必须事先行文,不得先斩后奏。
>
> （4）内容含量不同。报告内容既可以是单一事项,也可以是综合多方面事项；而请示则事项单一,只能一事一请示。

(二)写作范例

1. 范例一

××××化工厂关于贯彻按劳分配政策两个具体问题的请示

××省劳动厅：

按劳分配是社会主义分配的基本原则，也是社会主义优越性之一。近年来，我化工厂认真贯彻按劳分配政策，极大地激发了广大职工的社会主义劳动积极性，使化工生产率成倍乃至几倍地增长。

为了全面贯彻按劳分配原则，进一步调动职工的劳动积极性，现就两项劳资政策问题请示如下：

1. 拟用_____年全厂超额利润的_____%为全厂职工晋升工资。其中，××××年××月××日，在册职工每人晋升一级，凡班（组）长和车间先进生产（工作）者及其以上领导和先进人物再依次晋升一级；全厂技术突击组成员每人浮动一级工资，组长每人浮动两级工资。

2. 拟用_____年全厂超额利润的_____%一次性为全厂职工每人增发奖金平均×××元，具体金额按劳动出勤率和完成定额计算。

以上请示，妥否，请批示。

　　　　　　　　　　　　　　　　　　　　　　　××××化工厂（印章）
　　　　　　　　　　　　　　　　　　　　　　　_____年_____月_____日

2. 范例二

××分公司关于拨款修复仓库的请示

××总公司：

我分公司有1060m² 砖瓦结构仓库（平房），因年久失修，于_____年雨季突然倒塌，急需修复。经测算，共需资金15万元。因我分公司资金周转困难，故请能予拨款修复仓库，以解决物资存储之急。

请予审批。

附件：

1. 仓库维修图纸；
2. 仓库维修预算表。

　　　　　　　　　　　　　　　　　　　　　　　　　　　××分公司
　　　　　　　　　　　　　　　　　　　　　　　　　　　（印章）
　　　　　　　　　　　　　　　　　　　　　　　_____年_____月_____日

（联系人：×××　联系电话：××××××××）

3. 范例三

关于××××的请示

××总经理：
　　我部门（省略）_____
_____
_____
　　以上请示如无不妥，请批转各部门执行。

××部门
____年____月____日

四、批复

批复是指上级机关用于答复下级机关的请示事项时使用的公文。批复的主要特点有针对性和指导性。

（一）内容与结构

写作格式	标题	由批复机关、批复事项和文种三部分组成。如同意请示事项，也可在发文机关后加上"同意"二字，以表明态度	
	正文	由批复引语、批复意见和批复结语三部分构成	批复引语	又称为"批复根据"或"批复缘由"，主要是对来文的引叙。简要引述下级请示的日期、标题和发文字号（引用公文应当先引标题，后引发文字号）。引叙来文主要是为了说明批复根据，点出批复对策，使请示的下级机关一看就明白批复何文。但要尽量避免批复引语和批复的标题重复。然后用"经研究，现批复如下"的惯用语引出下文。如内容简单，可以直接用"经研究"承接批复意见
			批复意见	批复意见是答复的具体内容。如果完全同意请示要求，则写肯定性意见；如"部分同意"或"不予批准"，则应当在否定意见后说明理由
			批复结语	可使用"此复""特此批复"等惯用语结束全文
	落款和成文时间	写在批复正文右下方，署成文日期并加盖公章，成文日期用汉字，标全××××年××月××日，"零"写为"〇"	

> ❖ 小贴士
>
> 批复写作要注意以下三点：
> （1）应当先回应后批复。
> （2）态度要鲜明，措辞要明确。
> （3）应当及时批复。

（二）写作范例

1. 范例一

关于增补××机车厂党委委员的批复

××机车厂党委：

你厂《关于增补×××、×××两同志为党委委员的请示》收悉。经集团党委常委会研究，同意增补×××、×××两位同志为××机车厂党委委员。

此复。

××集团党委常委会（印章）
_____年_____月_____日

2. 范例二

××公司关于××公司的批复

××公司（部门）：

你公司（部门）于××××年××月××日××法〔××〕号请示收悉。现批复如下：

 一、××××××

 二、××××××

（正文）

××公司（印章）
_____年_____月_____日

五、报告

报告是指下级机关向上级机关汇报工作，反映情况，答复上级机关的询问时使用的公文。

（一）内容与结构

1. 工作报告

写作格式	标题	由发文机关、事由和文种三部分组成	
	正文	由导语和报告事项组成	导语：先简要交代工作的指导思想、依据、背景、工作基本情况和主要效果，以统领全文。然后由"现将有关情况报告如下"转入主体
			报告事项：重在写清"做了什么，怎么做的"，一般要写明具体的工作任务及完成情况、主要成绩、做法、体会，以及存在问题和对下一步工作的设想
	结尾	工作报告的结束语常用"特此报告"	
	落款和成文时间	①如果标题有发文单位，就不再署名，否则就要在右下方署上单位名称和主要负责人姓名。②于署名下写明日期，然后加盖单位公章或主要负责人章	

2. 情况报告

写作格式	标题	由发文机关、事由和文种三部分组成	
	正文	正文重在汇报本机关出现的新情况、新问题，主要应写清有关情况综述、基本看法和处理意见三部分内容	有关情况综述：这部分可以先用引言交代事件要素，然后用承启用语"现将具体情况报告如下"引出主体。也可开门见山，直接综述具体情况。既要写清事件或问题发生、发展的主要经过，以及所造成的后果，又要注意列举有关数据和典型材料，使上级机关能较全面直观地掌握情况
			基本看法：围绕着所报告的情况来分析原因、事件实质，分清是非、责任，提出自己的看法。分析应当一针见血、切中要害，为下文提出的解决办法打下基础
			处理意见：针对以上情况及所挖掘的原因，对症下药，提出具体可行的处理意见或解决办法，以供上级机关参考

续表

写作格式	结尾	情况报告的结束语常用"特此报告"
	落款和成文时间	①如果标题有发文单位,就不再署名,否则就要在右下方署上单位名称和主要负责人姓名。 ②于署名下写明日期,然后加盖单位公章或主要负责人章

> ❖ **小贴士**
>
> 报告的写作有以下要求:
> (1)陈述事实应当清楚扼要。
> (2)表述观点应当精练清晰。
> (3)语言应当简洁朴实。

(二)写作范例

1. 范例一

××公司/部门关于××××的××报告

××公司(部门):
　你公司(部门)关于 _____
_____

　现将具体情况报告如下:
(正文)

××公司(印章)
　　年　　月　　日

327

2. 范例二

关于××××工作情况的报告

××公司（部门）：

　　根据_____办公厅印发了《××××》的精神，我们进行了_____工作。工作基本情况：_____。但工作中遇到_____问题如下：

　　1. ××××××

　　2. ××××××

　　我们无法对有关情况做出权威解释，或因条件限制自身难以解决困难，恳请×××给予指导和帮助，或请求上级解决或协调解决。

　　特批报告，盼复。

　　联系人：×××

　　电　话：××××-×××××××

　　附　件：

　　1. ××××××

　　2. ××××××

　　3. ××××××

××公司（印章）
_____年_____月_____日

六、函

函是指不相隶属机关之间商洽工作，询问和答复问题或请求批准和答复审批事项，知照有关事项时使用的公文。

（一）内容与结构

1. 商洽函

写作格式	标题	由发文机关、事由和文种三部分组成
	正文	由发函的原因、商洽的事项、解决的办法三项构成。 ①开头应以开门见山的手法简要说明商洽的原因、目的，以便对方了解情况。 ②事项应当具体说明要求对方协助办理什么事项，应说明本单位的意见

续表

写作格式	结语	使用诚恳谦和的语言和商量、征询的语气写明答复要求。常用"请予协助""请予函复"等惯用语
	落款和成文时间	在右下方署明发文单位名称，加盖公章并在下面写明年、月、日

2. 询问函

写作格式	标题	由发文机关、事由和文种三部分组成
	正文	主要写清询问的起因和询问的事项即可。应当先简单地交代询问的起因、目的，然后直接提出要询问的问题
	结语	提出企盼回复的要求，常用"请即函得""请函复为盼"等惯用语
	落款和成文时间	在右下方署明发文单位名称，加盖公章并在下面写明年、月、日

3. 复函

写作格式	标题	由发文机关、事由和文种三部分组成
	正文	由引叙来文和答复内容两部分构成。 写法与批复类似，通常先直接引述对方来函的日期、标题和发文字号，并且说明收文情况；然后说明答复的内容，要针对来文的内容一一作答，答复要具体明确。如果因不了解情况，一时难以回答，应当作出说明，便于对方了解情况
	结语	常用"特此函复""特此函告"等惯用语
	落款和成文时间	在右下方署明发文单位名称，加盖公章并在下面写明年、月、日

❖ 小贴士

函的写作，总的来说要注意：一事一"函"，直陈其事，语言要平实、亲切、自然。

（二）写作范例

1. 范例一

×××告知函

敬启者：
　　贵方_____已获批准。_____即于_____天内制作完成，特此奉告。我方建议，以见到由中华人民共和国中国银行开出的不可撤销信用证后付款。
　　我方一接到贵方确认书后，信用证就已开出，而_____即行启运并将文件寄出，作为向银行结账的依据。
　　敬上

×××公司（印章）
_____年_____月_____日

2. 范例二

××××单位关于××××的函

_____：
　　为_____，
_____。
　　特此商洽，盼予函复。

×××公司（印章）
_____年_____月_____日

3. 范例三

<u>××××单位关于××××的函</u>

_____:

　　根据_____,为_____,现函告如下：

　　一、××××××
　　二、××××××
　　三、××××××

　　特此函告。

×××公司（印章）
_____年_____月_____日

4. 范例四

<u>关于××××的复函</u>

_____:

　　贵单位《××××××》（文号）收悉，经_____研究，_____现复函如下：

　　一、××××××
　　二、××××××
　　三、××××××

　　特此复函。

×××公司（印章）
_____年_____月_____日

七、会议纪要

会议纪要是一种记载和传达会议基本情况或主要精神、议定事项等内容的规定性公文。会议纪要具有指导性、纪实性和概括性的效果。

（一）内容与结构

写作格式	标题		最常用的形式是会议名称加文种。另外，还有三要素俱全的公文式和正副标题式标题。重要会议常在纪要标题下用题注标明生效时间
	正文	会议概况	概括交代会议的召集单体、时间、地点、与会人数、主持人、到会领导人的有关活动及会议主要议题等。其详略程度通常视实际需要而定。然后用"现纪要如下"引出主体部分
	包括会议概况、会议议定事项和结尾三部分	会议议定事项 办公会议纪要和专业会议纪要	大多采用条文式写法，先用小标题标出所研究的问题，如"一、领导分工问题；二、经费分配问题"等，然后写清研究结果，内容一目了然
		经验交流会和研讨会	如涉及问题比较重大，比较复杂，政策性较强的会议大多采用综述式写法，将内容综合归类，既反映全面，又突出重点。在表述中，使用惯用语"会议"作为主语，比如"会议认为""会议要求""会议决定"等作为每一自然段的引语

续表

写作格式	正文	包括会议概况、会议议定事项和结尾三部分	会议议定事项	各类座谈会、专题研究会	常用摘记式写法，摘要直接记录会议发言内容。大多是按发言顺序或内容性质归类安排，特点是保留各人发言的观点，反映不同看法
	结尾	提出贯彻执行的希望和要求，也可不写，视需要而定			
	落款和成文时间	署名只用于办公会议纪要，署上召开会议的领导机关的全称，下面写上成文的年、月、日，加盖公章。一般会议纪要不需要署名，只写成文时间，加盖公章			

（二）写作范例

1. 范例一

会议纪要

〔××××〕×××号

会议时间：××××年××月××日
会议地点：××××××
参加人员：×××、×××、×××、×××
会议议题：_____。
纪要内容：
本次例会由_____召集，_____主持，_____录。
整个会议共持续_____小时，会议听取_____汇报，研究讨论了_____，部署了_____工作，现纪要如下：
_____
_____。

决定事项如下：
1. _____。
2. _____。
3. _____。
4. _____。

附：_____例会重点任务指令

（公章）
_____年_____月_____日

333

2. 范例二

会议纪要

〔××××〕×××号

××××有限公司综合部

会议时间：××××年××月××日××：××—××：××
会议地点：××××××
主 持 人：×××
参加人员：×××、×××、×××、×××、×××
记 录 人：×××、×××
会议议题：_____。
会议内容：
一、例会
时间：每周一上午××：××—××：××
参加部门：总经理、财务部、后勤部、行政办公室。
参加人员：以上部门所有人员。
参会内容：汇报上周工作总结，本周工作进度，下周工作计划。
二、车辆管理办公室
成立专门的司机办公室，管理公司车辆的使用。
工作内容：
1. 车辆的钥匙保管。所有的车辆钥匙应统一保管，不得私人专管。
2. 需要出车部门应先到行政办公室填写"车辆使用登记表"，拿到登记表后方可出车，使用人出车前先在"车辆出勤统计表"上填写清楚，如有漏填或者不填发现后严肃处理。
3. 每月月初至月末的时数里程及费用支出填写"车辆费用支出月报表"，交由行政办公室存档。
三、工作人员责任制及工作安排
1. ××月××日递交××××调研报告，由×××负责，行政办公室人员协助。
2. ××月××日对库房酒水盘点，由行政办公室登记造册，×××和×××协助盘点，提供酒水发票和数量，并每月月底对账核实。
3. ××月××日开始做××××文化收集工作，由×××负责，×××协及行政办公室人员协助。
4. ×××负责公司网站建设，以及辅助行政办公室工作。
5. 由×××负责工程进度的督促及人员考核，×××配合工程方面的工作。

呈报：董事长
主送：总经理
抄送：财务部、后勤部、行政办公室留存
一式4份

（公章）

××××年××月××日

八、计划

计划是指单位或个人在工作和行动之前拟订的为完成工作任务，实现具体目标，做好工作而制定的，指导实践用的事务文书。

（一）内容与结构

写作格式	标题		①计划的标题由单位、适用期限、计划内容和文种四部分组成。 ②工作方案的标题由计划对象和"方案"两部分组成。 ③工作要点的标题由单位、适用期限和工作要点三部分组成
	正文	前言	先制订计划的指导思想，简要说明"为什么制订计划"，即行文的目的和依据、总体目标，再用"特制订本工作计划""特制订以下方案"等惯用语引出主体
		主体	①写清计划的"三要素"，即"做什么"（任务目的），"怎么做"（方法措施），"何时完成"（时限、步骤）。其中，"怎么做"应当写明做到什么程度，由谁负责，具体的措施和有效的方法是什么。 ②工作方案应当分项写清组织和分工并提出工作要求。 ③工作要点应当分条列出何时做、做什么、由谁负责
		结尾	通常是发出号召或提出要求，如主体已交代明确，也可不写
	落款和成文时间		在右下方署明发文单位名称，加盖公章，并在下面写明年、月、日

（二）写作范例

××公司行政部办公室工作计划

一、行政部自身建设

行政工作作为企业发展的动力源，自身的正规化建设十分重要，因此，行政部在××××年将大力加强本部门内部管理和规范。行政部××××年度自身建设目标为：

1. 完善行政部门组织结构职能。
2. 完成行政部门人员配备。
3. 提升行政从业人员专业技能和业务素质。
4. 提高行政部门工作质量要求。
5. 圆满完成行政部门年度目标和公司交给的各项任务。

二、建立职位分析制度

建立职位分析制度，通过职位分析不仅可以了解公司各部门各职位的任职资格、工作内容，从而使公司各部门的工作分配、工作衔接和工作流程设计更加精确，而且有助于公司了解各部门、各职位全面的工作要素，并适时调整公司及部门组织架构，进行扩、缩编制。此外，通过职位分析可以对每个岗位的工作量、贡献值、责任程度等方面进行综合考量，以便为制定科学合理的薪酬管理制度提供良好的基础。

三、完善绩效评价体系

绩效考核工作的根本目的不是为了处罚未完成工作指标和不尽职尽责的企业员工，而是有效激励企业员工不断改善工作方法和工作品质，建立公平的竞争机制，持续不断地提高组织工作效率，培养员工工作的计划性和责任心，及时查找工作中的不足并加以调整改善，从而推进企业的发展。××××年行政部将继续完善绩效评价体系工作，并且保证与薪资挂钩，进而提高绩效考核有效性。

1. 在操作过程中，行政部将注重听取各部门、各层次人员的意见和建议，及时调整和改进工作方法。从正面引导企业员工用积极的心态对待绩效考核工作，以期达到通过绩效考核改善工作、校正目标的目的。
2. 绩效考核工作本身是一项沟通工作，也是一个持续改善的过程。在操作过程中，行政部应当注意纵向与横向的沟通，确保绩效考核工作的顺利进行。
3. 由于绩效考核工作牵涉到各部门、各职员的切身利益，因此行政部在保证绩效考核与薪酬体系链接的基础上，应当做好绩效考核根本意义的宣传和释疑。

四、建立内部纵向、横向沟通机制，强化日常行政管理

（一）员工培训制度

员工培训是培养员工忠诚度、凝聚力的重要方法之一。通过对员工的培训与开发，员工的工作技能、知识层次及工作效率、工作品质均将进一步加强，从而全面提高公司的整体人才结构构成，增强企业的综合竞争力。因此，××××年行政部将加强员工培训制度。

1. 大力加强员工岗位知识、技能和综合素质培训，加大内部人才开发力度。
2. 争取对有培养前途的职员进行轮岗培训；以老带新培训；员工自我培训（如读书、工作总结等方式）等。

续表

　　3. 做到有培训、有考核、有提高。行政部应当注意培训后的考评组织和工作绩效观察，其结果存入员工个人培训档案，并作为员工绩效考核、升迁和调薪、解聘的依据之一。第三部分建立人才招募与评定薪资标准。

　　（二）企业文化的深化塑造

　　企业文化的形成是一个不断累积、不断传承、不断发扬的过程。对于一个拥有良好企业文化的企业，员工的向心力和凝聚力也会不断增强，企业的团队精神和拼搏精神也非常明显。因此，××××年行政部将加强企业文化的深化塑造工作。

　　1. 将公司发展多年来积累的优良传统和企业文化精髓加以总结、归纳，此建议如通过，争取在××××年第一季度内完成。

　　2. 修改《员工手册》，将企业理念、企业精神、企业宗旨、企业发展简史、企业奋斗目标等内容增加进《员工手册》，并在××××年第一季度内完成此项工作。

　　3. 对于所有新进员工，在正式入职前，不仅要做好人事培训和工作培训，还要做好企业文化的培训。

　　4. 加强对优秀员工、好人好事的宣传力度，弘扬正气。

　　（三）建立公司内部沟通机制

　　1. 建立民主评议机制。行政部计划在××××年对本公司部门主管进行民主评议。原则上，计划半年一次。对部门主管的工作能力、工作效率、工作成绩、工作作风、模范作用、员工信任度等德、智、能、勤方面进行综合评议。评议的结果作为年度部门主管绩效评价参考依据之一。通过评议，建立健全对部门经理的监督机制，避免公司对部门主管的评价的主观性。

　　2. 行政部在××××年将加强行政部员工晤谈的力度。员工晤谈的主要是在员工升迁、调动、离职、学习、调薪、绩效考核或其他因公因私出现思想波动的时机进行。平时行政部也可以有针对性地对与员工进行工作晤谈。目标标准为：每月晤谈员工不少于×人/次，并且对每次晤谈进行文字记录，晤谈掌握的信息必要时应当及时与员工所在部门经理或总经理进行反馈，以便于根据员工思想状况有针对性地做好沟通工作。

　　3. 其他沟通机制的完善。例如员工满意度调查、部门经理会议等传统行政部将继续保持和完善。

××公司（印章）
_____年___月___日

九、总结

　　总结是单位或个人对过去一个时期内的实践活动做出系统的回顾归纳、分析评价，从中得出规律性认识用以指导今后工作的事务性文书。

（一）内容与结构

写作格式	标题	公文式	由单位名称、总结的时间、内容和文种四部分组成，例如《××××公司20××年工作总结》
		提要式	由总结内容和文种两部分组成，如《×××工作总结》
		内容式	出现中心内容，不一定出现文种名称，常用于经验总结，例如《我们是怎样做好××××安全保卫工作的》
		双题式	正标题揭示主题，副标题补充说明，例如《加强治安管理，增强消防安全意识——××××公司20××年消防安全管理工作总结》
	正文 由前言、主体和结尾三部分组成	前言	综述工作基本情况，交代工作的时间、背景、条件、任务效果，并简括主要成绩，反映整体情况。使用"现总结如下"或"一年来，我们主要做了以下工作"等惯用语引出主体部分
		主体	①做法过程。即回顾实践部分。这部分要写清：做了什么（完成了什么任务）；怎么做的（采取了哪些方法措施）；有什么效果（主要成绩是什么）；再以"能取得以上的好成绩，我们的体会是"衔接下文。 ②经验体会。这是总结的重点内容，也是探寻规律的部分，应当在以上摆事实的基础上分析取得成绩的主客观原因是什么；主要的经验体会有哪些。通常用条文式表述。这里常用"虽然……但是……"总结前文，引出结尾
		结尾	包括存在的问题和以后的方向。通常应当先点出没有做好和有待解决的问题是什么，然后提出以后的打算和努力方向
	落款和成文时间		单位名称如标题中已有，这里也可省略

> ❖ **小贴士**
>
> 在经验总结的写作中，通常采用"体会式"结构，即以体会（而不是以工作本身）为中心来安排结构。前言的基本情况部分通常可以稍详一些，然后用惯用语"我们的经验是""我们的体会是"直接引出经验体会。写法是将回顾实践和经验体会揉在一起，以小标题概括主要经验，然后以典型材料说明工作的做法和过程，夹叙夹议，突出重心。

（二）写作范例

××公司行政办公室年终工作总结

光阴如梭，时光荏苒，转眼又迎来新的一年，过去的××××年行政办公室在公司领导的带领下，办公室人员紧紧围绕着理顺工作服务公司等工作要点，充分发挥好行政办公室承上启下联系左右协调各方的中心枢纽作用，较好地完成了公司领导下达的各项工作任务，具体总结如下：

一、主要工作回顾

办公室工作千头万绪，包括文书处理、档案管理、会议安排、客户接待、文件转批等。面对繁杂琐碎的大量事务性工作，自我强化工作意识，加快工作节奏，提高工作效率，冷静办理各项事务，力求周全、准确、适度、避免疏漏和差错，至今基本做到了事事有着落。现将××××年的工作情况总结如下：

（一）日常工作

（1）行政统筹工作的关键事务控制和内部的管理。××××年，行政统筹工作包括行政事务性工作的内部分工、部门人员的管理、办公室环境卫生保洁、资料的分配整理及客户的服务工作。

（2）切实做好公司管理的日常工作。按照预算审批制度，组织落实公司办公用品、办公设施、营销活动礼品等物品的采购、调配和实物管理工作，联系办公设施的维修合作单位，与饮用水公司洽谈优惠条件，对比办公室用品等的采购渠道，寻找性价比高的供应商。

（3）爱岗敬业，严格要求自己，摆正工作位置。以谨慎、律己的态度开展每项工作，认真履行自己的岗位职责。

（4）做好各部门的协调工作。行政部门作为办公协调的核心部门，在理顺各部门关系，提高管理效率，保证上传下达等方面具有枢纽的作用。在过去的××××年，行政办公室以沟通协调作为开展工作的切入点，在做好办文办会工作的同时，更注重与公司各部门的协调配合。

（5）认真做好公司的文字工作。负责办公会议的记录、整理和会议纪要的提炼，认真做好公司相关文件的收发、分递和督办工作，及时传达并贯彻公司有关会议、文件、批示的精神，做好公司重要文件资料、批文等整理归档工作。

续表

（6）组织落实公司人事、劳资管理工作。组织落实公司的劳动、人事和员工的考勤监督工作。依法办理好缴纳社保、医疗保险等手续。

（7）做好公司工作汇报会议以及其他各部门会议的组织和后勤服务工作。落实各类会议的会前准备、会议资料搜集等以及会后的会议记录、整理及重点提炼汇总等工作。

（二）参与部分销售管理工作

从××××年××月份开盘至今完成合同备案××户，办理好预告证××户，预抵证××户，银行按揭款资金回笼××××万元，并在××月份到省厅将企业暂定资质延期办理好。

（三）加强自身学习，提高业务水平

作为行政办公室人员，自身素质和工作能力是决定办公室是否能够正常运转的基础，对推动各项工作起着决定性因素。随着公司发展形势的需要，作为行政办公室人员应当加强自身的学识、能力学习，增加自身阅历，持续学习。

经过不断地学习和积累，全室人员能够比较从容地处理行政日常工作中出现的各类问题。在组织管理能力、综合分析能力、协调办事能力等方面均有了一定程度的提高，保证了本岗位各项工作的正常运行；能够以正确的态度对待各项工作任务，并努力贯彻到实际工作中去；积极提高自身各项业务素质，争取工作的主动性。

二、工作中存在的问题

回顾××××年的工作，虽然取得了一些成绩，但也同样存在问题和不足，主要表现在：

（1）面对全新的环境，花费了较多的时间去了解领导、同事们的做事方式、方法，工作效率有待进一步提高。

（2）行政办公室的工作是一项很繁杂的事务性工作，处理日常事务必须细心，在工作协调方面，考虑问题应当更加周到详尽。

（3）工作人员自身的管理水平离公司的高效要求还有一定的距离。对本部门行政管理工作不够细致具体、对其他部门监督工作力度缺乏持续性。以后应当努力提高自身管理水平，同时加强工作能力的培养。

十、调查报告

调查报告是针对现实中发生的较重大的问题，作专门调查后，利用调查材料写成的书面报告。系统周密的调查、客观深入的研究、准确完善的表达是写好调查报告的三个重要环节。

（一）内容与结构

写作格式				
标题	可以直接指明调查的对象和范围，也可以突出调查后的评价或判断	规范化的标题格式	即"对象范围"加"文种"，基本格式为"××关于××××的调查报告"、"关于××××的调查报告""××××调查"等	
		自由式标题	包括陈述式、提问式和正副题结合使用等三种	陈述式如《××××销售情况调查》
				提问式如《为什么大学毕业生择业倾向沿海和京津地区》
				正副标题结合式，正题陈述调查报告的主要结论或提出中心问题，副题标明调查的对象、范围、问题，如《公司发展重在制度建设——××公司制度建设实践的思考》等
正文	包括调查背景、依据、目的或意义，基本情况，调查内容和结论及建议	调查背景、依据和目的或意义	开头应当交代调查报告的背景，说明为什么要进行调查研究，写明调查的依据和预期达到的目的，强调调查报告存在的合理性及现实意义	
		基本情况	说明调查的主体、调查对象的基本情况及相关构成和分布情况，调查范围的大小和数量的多少，调查的时间、地点、程序、方法等情况，也可以简要介绍调查的成果和结论	
		调查内容	包括所有调查得来的原始资料，以及对原始资料的加工、整理及分析	
		结论及建议	调查结论要求概括出调查所反映出的主要问题、特点及其规律，突出主旨，针对结论提出相应的对策及建议。此外，也可以评价调查工作的得失，指出存在的局限性，为进一步调查研究提出参考性的意见和建议	

> ❖ **小贴士**
>
> 调查报告的写作应当注意：深入细致、客观公正的调查是写好调查报告的前提。

（二）写作范例

××公司电暖器销售市场调查报告

1. 生产情况

据调查，国内以电暖器为主要产品的生产企业为数不多，大约有××多家。××××年，这些企业电暖器总产量约××万台。其中年产量超过××万台的主要有××家电厂、××实业公司……八家企业。这八家企业电暖器总产量约××万台，占国内电暖器总产量的×%。具体数字见表一。（略）

以上情况表明：虽然电暖器行业目前处于起步阶段，但生产集中程度都非常高。特别是产量排行第一的××家电厂，其产量超过国内总产量的四分之一，在本行业中处于明显的垄断地位。

2. 销售情况

据对××、××、××、××、××、××六个城市的××家大商场的调查，××××年总销量约为×××××台。其中，销量超过××××台的有××商场、××百货大楼……五家商场，年销售总量约×××台，占××家销售总量的×%。具体数字见表二。（略）

以上情况表明：与电暖器生产的高度集中类似，电暖器销售的集中程度也非常高。这种现象一方面反映了电暖器市场正处于开发阶段，大部分商场都将电暖器作为试销商品经营，将电暖器作为主要商品经营的为数甚少；另一方面，尽管经销电暖器获得成功的商场数量不多，但是这些成功者的事实至少说明，电暖器极具市场潜力，具有良好的发展前景。

3. 各种品牌的竞争

（略）

4. 市场分析与展望

产品与建筑面积、供热面积的分析，产品生产和销售情况的分析。（略）

5. 几点建议

（略）

十一、简报

简报是指单位用来传达工作动态、反映情况、交流经验和互通信息的内部刊物。

（一）内容与结构

写作格式	标题	没有硬性的规定，只要突出主旨、概括适度、形式新颖即可	概括式标题	用概括的写法揭示文章的内容，如《××公司焊工技能大赛隆重举行》
			形象化标题	运用比喻、借代及比拟等修辞手法，或运用对仗、押韵等文学方法，使标题生动形象
			提问式标题	以问句的形式提出问题，引发读者的思考
			正副标题式	也称为双标题，可以由正题和副题组成，也可以由引题与正题组成，副题或引题都是对正题的说明、烘托或加强
写作格式	按语	按语是编者对所编发稿件的说明或批注，也是编者对稿件内容表态的一种方式。按语不仅可以提示文章的内容，加深读者对文章的理解；而且可以对文章进行讨论和评价，以强调文章的重要性。此外，还可以把文章的内容与现实的工作联系起来，提出希望和号召等。 　　按语通常在标题之上，采用不同于正文宋体的楷体，用"按"或"编者按"标出。 　　①说明性按语。这种按语通常应当写出为什么编发这篇稿件，交代简报文章的来源，说明编者编发的目的、意义等。 　　②评价性按语。这种按语应当明确表达对所编发文章的看法，申明意义，提出要求，引导读者掌握政策界限，以便正确处理相关问题，做好工作。 　　③提示性按语。这种按语应当揭示简报的中心内容或简报报道的主要问题，以帮助读者把握文章的精神实质，从而加深理解		
	正文		消息式	应当交代消息的六要素，即什么时间、在什么地点、什么人、发生了什么事、原因及结果如何。报道单一事件往往采取这种写法，通篇记叙，较少议论或说明
			摘要选登式	机关工作简报或会议简报通常采用摘要选登式写法
			分栏集锦式	将所编辑的文章根据内容分成几个栏目予以刊出

❖ **小贴士**

简报类文书的写作要求：

（1）内容要真实、确凿。

（2）篇幅要短小。

（3）针对性、指导性要强。

（二）写作范例

××局开展"××××，××××"机关特色文明创建活动简报

　　_____（省、市）××局结合社会主义核心价值观建设，组织开展"××××，××××"机关特色文明创建活动。

　　一是开展队伍作风整顿月活动。××××年××月下旬至××月中旬，××局在全体党员中开展为期一个月的队伍作风整顿活动，致力解决队伍中存在的不作为、乱作为的问题，实现"××××、××××"的目标。通过教育整顿，××局执法队伍为民服务意识进一步提高。

　　二是开展"××××××"执法宣传活动。每季度开展法律法规"六进"活动，结合互联网、宣传栏等方式方法进行活动情况和典型宣传报道，主动接受广大人民群众的监督，树立队伍服务为民的良好形象。

　　三是深化"××××××"创建活动。××局志愿服务队伍深入开展志愿服务，落实机关联系基层、干部联系群众的双联系制度，营造"××××，××××"的氛围。

_____（省、市、区、县）委文明办、区执法局（印章）
_____年____月____日

参考文献

[1] 刘俊生. 新编行政办公制度与常用范本大全 [M]. 北京：中国法制出版社，2013.

[2] 刘少丹. 行政办公工作流程与制度手册 [M]. 北京：人民邮电出版社，2018.

[3] 张浩. 新编办公室管理制度范本大全 [M]. 北京：中国文史出版社，2019.

[4] 滕宝红. 行政办公流程设计与制度范本 [M]. 北京：化学工业出版社，2011.

[5] 王益峰. 企事业单位行政办公流程与制度范本 [M]. 北京：人民邮电出版社，2017.